Learn Spanish For Beginners

Learn 80% Of The Language With These 2000 Words!

Spanish Hacking

"One language sets you in a corridor for life. Two languages open every door along the way."

- Frank Smith

Who's it for?

This book is written for students who are just starting out all the way to intermediate Spanish learners (if you're familiar with the Common European Framework of Reference - CEFR, it would be the equivalent to A1-B1).

Why you'll enjoy this book

- Not a kids story, they have too many wizards and animals that you don't use in everyday speech.
- The story line is interesting and something you can relate to, unlike children's books.
- There is relevant vocab you can use right away which will motivate you to read more.
- No dictionary needed as there are easy to follow translations under each sentence.

How to get the most out of this book

1. If you're not already an Audible member, you can download the audiobook for FREE! Grab the audiobook and follow along to increase your comprehension skills. Try to listen a few times before you read to see how much you can pick up on and understand.

2. READ READ READ. It's rare that you learn a word by seeing it once. Come back to the book and read them over. Since you'll know what the book is about after the first read, you can focus on other concepts the second time round.

3. Listen and read at the same time so you can hear the pronunciation of each syllable while seeing how the word looks like. You'll also be less distracted with this method as you'll be fully immersed.

TABLE OF CONTENTS

Top 2000 Most Used Words in Spanish

1. un, una - a, an (indefinite article)
Mi mamá se compró <u>un</u> nuevo abrigo en el centro comercial de la zona.

My mom bought <u>a</u> new coat at the local mall.

2. abandonar - to abandon (verb)
Ayer perdí mi trabajo, creo que voy a <u>abandonar</u> la universidad, no podré pagarla.

Yesterday I lost my job. I think I'm going to <u>abandon</u> college, I won't be able to pay for it.

3. capacidad - ability (noun)
El público nunca tuvo fe en su <u>capacidad</u> para manejar este trabajo.

The public never had faith in his <u>ability</u> to handle this job.

4. poder - to be able (verb)
Desde que aprendí inglés, <u>puedo</u> entender las películas sin subtítulos.

Since I learned English, <u>I'm able</u> to understand movies without subtitles.

5. acerca de - about (adverb, preposition)
Mañana Diego tiene que exponer <u>acerca de</u> los cambios climáticos.

Tomorrow Diego has to present <u>about</u> climate change.

6. encima - above (adverb, preposition)
El volumen del televisor está por <u>encima</u> de lo habitual en esta casa.

The volume of the TV is <u>above</u> what is usual in this house.

7. extranjero - abroad (adverb)
Este año, Kevin no irá al <u>extranjero</u> de vacaciones.

This year, Kevin will not be going <u>abroad</u> on vacation.

8. absoluto - absolute (adjective)
El control <u>absoluto</u> que ejerce el gobierno sobre la población es inaceptable.

The <u>absolute</u> control exercised by the government over the population is unacceptable.

9. absolutamente - absolutely (adverb)
Es <u>absolutamente</u> innegable que Ana María ama a su perro Lucky.

It is <u>absolutely</u> undeniable that Ana María loves her dog Lucky.

10. académico - academic (noun, adjective)

Juan tiene el mejor índice <u>académico</u> de su clase.

Juan has the best <u>academic</u> index in his class.

11. aceptar - to accept (verb)

Carlos se niega a <u>aceptar</u> que cometer errores denota una gran arrogancia.

Carlos refuses to <u>accept</u> that making mistakes denotes great arrogance.

12. aceptable - acceptable (adjective)

El Internet de la universidad es un poco lento pero <u>aceptable</u>.

The university Internet is a little slow but <u>acceptable</u>.

13. acceso - acces (noun)

El <u>acceso</u> al edificio está bloqueado por dos camionetas de carga.

<u>Access</u> to the building is blocked by two cargo vans.

14. accidente - accident (noun)

El otro día hubo un <u>accidente</u> de una moto y un autobús cerca de mi trabajo.

The other day there was an <u>accident</u> involving a motorcycle and a bus near my work.

15. alojamiento - accommodation (noun)

Jesús y Diana se ganaron un viaje a Cancún con <u>alojamiento</u> pago.

Jesús and Diana won a trip to Cancun with paid <u>accommodations</u>.

16. acompañar - to accompany (verb)

Anoche decidimos <u>acompañar</u> a Grecia hasta su casa porque era muy tarde.

Last night we decided to <u>accompany</u> Grecia home because it was very late.

17. de acuerdo a - according to (preposition)

Cuando vote, lo haré <u>de acuerdo a</u> mi ideología.

When I vote, I will vote <u>according to</u> my ideology.

18. cuenta - account (noun)

Mi <u>cuenta</u> del banco ha sido bloqueada porque se me olvidó la clave de ingreso.

My bank <u>account</u> has been blocked because I forgot my password.

19. preciso - accurate (adjective)

El traductor de Google no es 100% <u>preciso</u> con algunas traducciones.

The Google translator is not 100% <u>accurate</u> with some translations.

20. acusar - to acusse (verb)

Tenemos que <u>acusar</u> a Diego, ayer vi cómo robó una bicicleta en el vecindario.

We have to <u>accuse</u> Diego, yesterday I saw how he stole a bicycle in the neighborhood.

21. lograr - to achieve (verb)

Héctor trabaja duro para <u>lograr</u> su objetivo. Quiere empezar su propio negocio.

Hector works hard to <u>achieve</u> his goal. He wants to start his own business.

22. logro - achievement (noun)

Nos sentimos orgullosos de los <u>logros</u> alcanzados este año.

We are proud of our <u>achievements</u> this year.

23. reconocer - to acknowledge (verb)

Es importante <u>reconocer</u> que Pedro es muy bueno con las Matemáticas.

It is important to <u>acknowledge</u> that Pedro is very good at Mathematics.

24. adquirir - to acquire (verb)

Para <u>adquirir</u> un apartamento se deben proporcionar ciertos documentos.

In order to <u>acquire</u> an apartment, certain documents must be provided.

25. a través de - across (preposition)

Hay una conexión <u>a través de</u> la frontera con Polonia.

There is a connection <u>across</u> the border to Poland.

26. actuar - to act (verb)

No sabía cómo <u>actuar</u> durante aquel momento, estaba muy nerviosa.

I didn't know how to <u>act</u> during that moment, I was so nervous.

27. acción - action (noun)

La valiosa <u>acción</u> de aquel perro salvó al vecino de ser robado.

That dog's courageous <u>action</u> saved neighbor from being robbed.

28. activo - active (adjective)

Rubén es jugador <u>activo</u> de la lotería y hoy ganó el premio mayor.

Rubén is an <u>active</u> lottery player and today he won the jackpot.

29. actividad - activity (noun)

A los niños les gustan más las <u>actividades</u> cuando son en equipo.

Children like <u>activities</u> best when they are team activities.

30. actor - actor (noun)

Aquel <u>actor</u> se cayó durante el rodaje del episodio de esta semana.

That <u>actor</u> fell during the filming of this week's episode.

31. actriz - actress (noun)

Jennifer Lawrence es la <u>actriz</u> más linda y chistosa que he visto.

Jennifer Lawrence is the cutest and funniest <u>actress</u> I've ever seen.

32. real - actual (adjective)

Firmaron el acuerdo, pero la venta <u>real</u> no se realizó hasta ese verano.

They signed the agreement, but the <u>actual</u> sale wasn't made until that summer.

33. realmente - actually (adverb)

Después de pensarlo bastante, <u>realmente</u> no quiero dejar ese empleo.

After giving it a lot of thought, I <u>actually</u> don't want to leave that job.

34. anuncio - ad (noun)

Los vídeos de YouTube contienen muchos <u>anuncios</u> largos.

YouTube videos contain many long <u>ads</u>.

35. adaptar - to adapt (verb)

A veces es difícil <u>adaptarse</u> a los cambios climáticos.

Sometimes it is difficult to <u>adapt</u> to climate change.

36. añadir - to add (verb)

Vamos a <u>añadir</u> a Juan a la lista de invitados de la fiesta de mañana.

We are going to <u>add</u> Juan to the guest list for tomorrow's party.

37. adición - addition (noun)

A menudo se abusa de la <u>adición</u> de aditivos en los productos alimenticios.

The <u>addition</u> of additives in food products is often abused.

38. adicional - additional (adjective)

Ampliamente remodelada, esta casa incluye dos estudios para un ingreso <u>adicional</u>.

Extensively remodeled, this house includes two studios for <u>additional</u> income.

39. dirección - address (noun)

Para poder ir a la casa de Pedro necesitamos su <u>dirección</u>. ¿La conocen?

In order to go to Pedro's house we need his <u>address</u>. Do you know it?

40. administración - administration (noun)

Su padre era un alto funcionario de la administración imperial.	Their father was a senior official of the imperial administration.

41. admirar - to admire (verb)

Cada vez que voy a las montañas, me tomo un segundo para admirar su belleza.	Every time I go to the mountains, I take a second to admire their beauty.

42. admitir - to admit (verb)

Eduardo tiene que admitir que tiene problemas con el alcohol.	Eduardo has to admit that he has a problem with alcohol.

43. adoptar - to adopt (verb)

Mi cuñado decidió adoptar a unos perritos callejeros de la zona.	My brother-in-law decided to adopt some stray dogs in the area.

44. adulto - adult (noun)

Si tienes más de 18 años, serás considerado un adulto en muchos países.	If you are over 18, you will be considered an adult in many countries.

45. avanzar - to advance (verb)

Soltó el pie del freno y el auto empezó a avanzar.	He took his foot off the brake and the car began to advance.

46. avanzado - advanced (adjective)

Kevin hizo un curso de inglés avanzado y ahora habla muy fluido con sus amigos.	Kevin took an advanced English course and is now very fluent with his friends.

47. ventaja - advantage (noun)

Pedro tenía ventaja en la carrera de la semana pasada.	Pedro had the advantage in last week's race.

48. aventura - adventure (noun)

Roberto nos contó sus aventuras de cuando era más joven.	Roberto told us about his adventures when he was younger.

49. anunciar - to advertise (verb)

Vamos a anunciar los nuevos precios de nuestros productos en Abril.	We are going to advertise the new prices of our products in April.

50. anuncio - advertisement (noun)

Mucha gente fue engañada por ese anuncio.

Many people were misled by that advertisement.

51. publicidad - advertising (noun)
Los estudiantes de publicidad y mercadeo siempre llegan temprano a clase.

Advertising and marketing students are always early for class.

52. consejo - advice (noun)
Los abuelos siempre dan los mejores consejos.

Grandparents always give the best advice.

53. asunto - affair (noun)
No tengo nada que ver en ese asunto.

I have nothing to do with that affair.

54. afectar - to affect (verb)
El calentamiento global es un problema que afecta a toda la humanidad.

Global warming is a problem that affects all of humanity.

55. permitir - to afford (verb)
Ahora que no tengo trabajo, no puedo permitirme unas vacaciones.

Now that I don't have a job, I can't afford a vacation.

56. temeroso - afraid (adjective)
Temeroso, metió la mano en el agujero sin saber qué había dentro.

Afraid, he reached into the hole without knowing what was inside.

57. después - after (adverb)
Después de la fiesta, nos fuimos a casa de Sofía para cenar.

After the party, we went to Sofia's house for dinner.

58. tarde - afternoon (noun)
La panadería cierra por la tarde, pero abre muy temprano.

The bakery closes in the afternoon, but opens very early.

59. después - afterwards (adverb)
Después, no hablé con ellos del tema.

Afterwards, I did not talk to them about it.

60. de nuevo - again (adverb)
Tendré que comprar queso de nuevo, no fue suficiente para la semana.

I'll have to buy cheese again, it wasn't enough for the week.

61. en contra - against (preposition)

Mi mamá siempre está <u>en contra</u> de todo lo que yo digo o hago.

My mom is always <u>against</u> everything I say or do.

62. años - age (noun)

Murió a la avanzada edad de 90 <u>años</u>.

She died at the ripe old <u>age</u> of 90 years old.

63. envejecido - aged (adjective)

La pintura de la puerta de la casa se ha <u>envejecido</u> con los años.

The paint on the door of the house has <u>aged</u> over the years.

64. agencia - agency (noun)

En el centro comercial hay una <u>agencia</u> de viajes, la cual tiene muy buenos precios.

In the shopping center there is a travel <u>agency</u>, which has very good prices.

65. agenda - agenda (noun)

Tuve que cancelar la reunión porque mi <u>agenda</u> estaba llena.

I had to cancel the meeting because my <u>agenda</u> was full.

66. agente - agent (noun)

Paulina trabaja en un call center como <u>agente</u> de atención al cliente.

Paulina works in a call center as a customer service <u>agent</u>.

67. agresivo - aggressive (adjective)

Hay gente que cree que hay razas de perros que son <u>agresivos</u> por naturaleza.

Some people believe that there are breeds of dogs that are <u>aggressive</u> by nature.

68. hace - ago (adverb)

El mensaje fue leído <u>hace</u> 5 minutos.

This message was read 5 minutes <u>ago</u>.

69. de acuerdo - to agree (verb)

Jesús y Daniel están <u>de acuerdo</u> en renunciar a sus empleos.

Jesús and Daniel <u>agree</u> to quit their jobs.

70. acuerdo - agreement (noun)

El <u>acuerdo</u> fue firmado durante la mañana por el presidente.

The <u>agreement</u> was signed during the morning by the president.

71. ah - ah (exclam)

¡Ah! ¿Entonces estuviste enfermo toda la semana?

Ah! So you've been sick all week?

72. adelante - ahead (adverb)

Más adelante se encuentra el hotel en el que nos vamos a quedar hoy.

Up ahead is the hotel where we will be staying today.

73. ayuda - aid (noun)

Cuando estaba enferma, Linda le pidió ayuda a sus vecinos.

When she was sick, Linda asked her neighbors for aid.

74. apuntar - to aim (verb)

Gabriel apuntó con cuidado y se preparó para disparar.

Gabriel took careful aim and prepared to fire.

75. aire - air (noun)

Debo rellenar el aire de los cauchos de mi bicicleta lo más pronto posible.

I must refill the air in the tires of my bike as soon as possible.

76. aeronave - aircraft (noun)

Un dirigible, un aerostato, un avión y una lanzadera espacial son tipos de aeronaves.

A blimp, an airship, an airplane and a space shuttle are types of aircraft.

77. aerolínea - airline (noun)

Lisa se comunicó con la aerolínea para poder cambiar el día de su vuelo.

Lisa contacted the airline in order to change the day of her flight.

78. aeropuerto - airport (noun)

El aeropuerto de Los Ángeles siempre está lleno, sin importar la hora.

The airport in Los Angeles is always full, no matter what time of day it is.

79. alarma - alarm (noun)

Sin importar a qué hora ponga mi alarma, siempre llego tarde al trabajo.

No matter what time I set my alarm, I'm always late for work.

80. álbum - album (noun)

El último álbum de Lady Gaga suena distinto a los anteriores.

Lady Gaga's latest album sounds different from previous ones.

81. alcohol - alcohol (noun)

Diego y Andrés estuvieron bebiendo alcohol toda la noche.

Diego and Andrés were drinking <u>alcohol</u> all night long.

82. alcohólico - alcoholic (adjective)

Pedro tiene que controlarse o sino se volverá <u>alcohólico</u>.

Pedro has to control himself or else he will become an <u>alcoholic</u>.

83. vivo - alive (adjective)

Mi perra fue atropellada por un autobús, pero sigue <u>viva</u>.

My dog was hit by a bus, but she is still <u>alive</u>.

84. todos - all (pronoun)

<u>Todas</u> mis amigas están arreglándose para la boda de esta tarde.

<u>All</u> my friends are getting ready for the wedding this afternoon.

85. todo bien - all right (adverb)

¿<u>Todo bien</u>? Oí un ruido extraño que venía de tu habitación.

Is everything <u>all right</u>? I heard a strange noise coming from your room.

86. permitir - to allow (verb)

Hemos hecho un cambio y ahora vamos a <u>permitir</u> mascotas en nuestra tienda.

We have made a change and now we are going to <u>allow</u> pets in our store.

87. casi - almost (adverb)

Caí por las escaleras y <u>casi</u> me mato.

I fell down the stairs and <u>almost</u> killed myself.

88. solo - alone (adjective)

Desde que adopté a mi gatito ya no me siento <u>solo</u>.

Since I adopted my kitten, I no longer feel <u>alone</u>.

89. a lo largo - along (preposition)

Por motivos de seguridad, hay una valla <u>a lo largo</u> del río.

For security reasons, there is a fence <u>along</u> the river.

90. ya - already (adverb)

No puedo creer que <u>ya</u> te hayas terminado el pastel. ¡Comes muy rápido!

I can't believe you've <u>already</u> finished your cake. You eat so fast!

91. además - also (adverb)

No me gusta cocinar, <u>además</u> luego me toca lavar los platos.

I don't like to cook, and I <u>also</u> have to wash the dishes.

92. cambiar - to alter (verb)

Hasta ahora se ha hecho así y no hay motivo para <u>cambiar</u> esta práctica.

This has been the practice so far and there is no reason to <u>alter</u> it.

93. alternativa - alternative (noun)

Nuestra última <u>alternativa</u> era pedir un préstamo al banco.

Our last <u>alternative</u> was to borrow money from the bank.

94. a pesar de que - although (conjunction)

<u>A pesar de que</u> mis padres se separaron, tuve una infancia muy feliz.

<u>Although</u> my parents separated, I had a very happy childhood.

95. siempre - always (adverb)

<u>Siempre</u> es importante dedicarle tiempo a las cosas que te gustan.

It is <u>always</u> important to dedicate time to the things you love.

96. asombrado - amazed (adjective)

Santiago quedó <u>asombrado</u> con los trabajos de pintura de Orlando.

Santiago was <u>amazed</u> with Orlando's painting work.

97. asombroso - amazing (adjective)

Es <u>asombroso</u> cómo crecen los niños en tan solo unos meses.

It is <u>amazing</u> how children grow in just a few months.

98. ambición - ambition (noun)

A Belkis le falta un poco de talento, pero definitivamente no le falta <u>ambición</u>.

Belkis lacks a bit of talent, but she definitely does not lack <u>ambition</u>.

99. ambicioso - ambitious (adjective)

Era lo suficientemente <u>ambiciosa</u> como para aspirar a la presidencia.

She was <u>ambitious</u> enough to aspire to the presidency.

100. entre - among (preposition)

Los centros comerciales son populares <u>entre</u> los adolescentes.

Shopping malls are popular <u>among</u> teenagers.

101. cantidad - amount (noun)

Se te pagará según la <u>cantidad</u> de trabajo que realices.

You will be paid according to the <u>amount</u> of work you perform.

102. analizar - to analyze (verb)

El experto en aviación va a <u>analizar</u> las estadísticas en detalle.

The aviation expert is going to <u>analyze</u> the statistics in detail.

103. análisis - analysis (noun)

Ella defiende que su <u>análisis</u> es correcto.

She argues that her <u>analysis</u> is correct.

104. antiguo - ancient (adjective)

La democracia se originó en la <u>antigua</u> Grecia.

Democracy originated in <u>ancient</u> Greece.

105. y - and (conjunction)

Vicente <u>y</u> Jesús fueron al cine a ver Avatar.

Vicente <u>and</u> Jesús went to the movies to watch Avatar.

106. enfado - anger (noun)

Tom no pudo controlar su <u>enfado</u>.

Tom could not control his <u>anger</u>.

107. ángulo - angle (noun)

Nosotros consideramos el problema desde todos los <u>ángulos</u>.

We look at the problem from all <u>angles</u>.

108. enfadado - agry (adjective)

Mateo siempre grita cuando está <u>enfadado</u>.

Mateo always yells when he is <u>angry</u>.

109. animal - animal (noun)

Todos estamos en contra del abuso <u>animal</u>.

We are all against <u>animal</u> abuse.

110. tobillo - ankle (noun)

Yo me tropecé con una piedra, torciéndome el <u>tobillo</u>.

I tripped on a rock, twisting my <u>ankle</u>.

111. aniversario - anniversary (noun)

Ayer celebramos el décimo <u>aniversario</u> de nuestra boda.

Yesterday we celebrated our 10th wedding <u>anniversary</u>.

112. anunciar - to announce (verb)

Mary le va a <u>anunciar</u> a Oliver que pronto tendrá una nueva hermana.

Mary is going to <u>announce</u> to Oliver that he will soon have a new sister.

113. anuncio - announcemet (noun)

Mi jefe dará un anuncio este jueves. | My boss will make an announcement this Thursday.

114. molestar - to annoy (verb)
Su comportamiento pretendía molestar a los demás, incluso a los adultos. | Her behavior intended to annoy others, including adults.

115. molesto - annoyed (adjective)
Era extremadamente arrogante y molesto. | He was extremely arrogant and annoyed.

116. molesto - annoying (adjective)
Deja de fastidiarme con tus preguntas molestas. | Stop bugging me with your annoying questions.

117. anual - annual (adjective)
El plan anual no está disponible por los momentos. | The annual plan is not available at this time.

118. otro - another (pronoun)
Otra botella de vino, por favor. | Another bottle of wine, please.

119. responder - to answer (verb)
Para terminar la prueba, tiene que responder todas las preguntas. | To complete the test, you need to answer all questions.

120. ansioso - anxious (adjective)
Nuestros amigos están ansiosos por volver a Chicago. | Our friends are anxious to return to Chicago.

121. alguna - any (pronoun)
¿Hay alguna otra manera de llegar a Santiago? | Is there any other way to get to Santiago?

122. cualquiera - anybody (pronoun)
Esto le puede pasar a cualquiera. | This can happen to anybody.

123. más - any more (adverb)
Estaban demasiado cansados para trabajar más. | They were too tired to work any more.

124. nadie - anyone (pronoun)

Ella prometió no decirle a <u>nadie</u>. She promised not to tell <u>anyone</u>.

125. algo - anything (pronoun)
¿Tienes <u>algo</u> más barato? Do you have <u>anything</u> cheaper?

126. de todos modos - anyway (adverb)
Tom no se sentía bien, pero <u>de todos modos</u> fue a trabajar.

Tom wasn't feeling well, but he went to work <u>anyway</u>.

127. en alguna parte - anywhere (adverb)
¿Hay un teléfono <u>en alguna parte</u> de esta ciudad?

Is there any telephone <u>anywhere</u> in this city?

128. aparte - apart (adverb)
Él no tiene otros intereses <u>aparte</u> de su trabajo.

He has no interests <u>apart</u> from his work.

129. departamento - apartment (noun)
Mi <u>departamento</u> está en el tercer piso y tiene ascensor.

My <u>apartment</u> is on the third floor and has an elevator.

130. pedir perdón - to apologize (verb)
Todo lo que tienes que hacer es <u>pedir perdón</u> por llegar tarde.

All you have to do is to <u>apologize</u> for being late.

131. aplicación - app (noun)
La <u>aplicación</u> de Uber no funcionó por la mañana.

The Uber <u>app</u> was down for the morning.

132. aparente - apparent (adjective)
Desde el principio era <u>aparente</u> que no era una niña corriente.

It was <u>apparent</u> from the beginning that she was no ordinary child.

133. aparentemente - apparently (adverb)
<u>Aparentemente</u>, el iPad mini tiene buen sonido.

<u>Apparently</u>, the iPad mini has good sound.

134. apelación - appeal (noun)
Ya en marzo presentó otro recurso de <u>apelación</u>, que fue desestimado.

Already in March he filed another <u>appeal</u>, which was dismissed.

135. aparecer - to appear (verb)

El sol comenzó a <u>aparecer</u> desde detrás de las nubes.

The sun began to <u>appear</u> from behind the clouds.

136. apariencia - appearance (noun)

Mary está obsesionada con su <u>apariencia</u>.

Mary is obsessed with her <u>appearance</u>.

137. manzana - apple (noun)

A mi hermano le encanta comer <u>manzanas</u> por las tardes.

My brother loves to eat <u>apples</u> in the afternoons.

138. solicitud - application (noun)

Para poder ingresar en la universidad debes rellenar la <u>solicitud</u>.

In order to be admitted to the university, you must fill out the <u>application</u> form.

139. aplicar - to apply (verb)

Haga clic en el tema personalizado para <u>aplicarlo</u> en el escritorio.

Click your customized theme to <u>apply</u> it to the desktop.

140. cita - appointment (noun)

Mañana tengo una <u>cita</u> con la ginecóloga.

Tomorrow I have an <u>appointment</u> with the gynecologist.

141. apreciar - to appreciate (verb)

Él aprendió a <u>apreciar</u> la literatura.

He learned to <u>appreciate</u> literature.

142. acercarse - to approach (verb)

Intentó <u>acercarse</u> a ella en el bar, pero ella estaba lejos.

He tried to <u>approach</u> her in the bar, but she was far away.

143. apropiado - appropriate (adjective)

Tomás pensó que lo que llevaba María puesto no era <u>apropiado</u> dada la ocasión.

Tomás felt that what María was wearing was not <u>appropriate</u> for the occasion.

144. aprobación - approval (noun)

¡Finalmente he recibido la <u>aprobación</u> de la inmobiliaria!

I have finally received the real estate <u>approval</u>!

145. aprobar - to approve (verb)

Para conseguir este trabajo, necesito <u>aprobar</u> el examen.

In order to get this job, I need to <u>approve</u> the test.

146. aproximadamente - approximately (adverb)

Los perros respiran aproximadamente treinta veces por minuto.

Dogs breathe approximately thirty times per minute.

147. abril - April (noun)

La boda de ellos será en abril, lo más pronto posible.

Their wedding will be in April, it is as soon as possible.

148. arquitecto - architect (noun)

Es un arquitecto el que ocupa esa oficina.

The office is occupied by an architect.

149. arquitectura - architecture (noun)

Roma es famosa por su antigua arquitectura.

Rome is famous for its ancient architecture.

150. zona - area (noun)

Toda esta zona se quedó sin luz durante todo el día.

The entire area was without power for the entire day.

151. discutir - to argue (verb)

No me gusta discutir, pero a veces mi hermano me pone de los nervios.

I don't like to argue, but sometimes my brother gets on my nerves.

152. argumento - argument (noun)

Nuestro país posee cultura política suficiente para analizar tales argumentos.

Our country has enough political culture to analyze such arguments.

153. surgir - to arise (verb)

¿Qué tipo de conflictos internos suelen surgir en las empresas?

What kind of internal conflicts tend to arise in companies?

154. brazo - arm (noun)

Mantenga los músculos de los brazos fuertes con ejercicio regular.

Keep your arm muscles strong with regular exercise.

155. armado - armed (adjective)

Entonces el soldado está armado con muchos tipos de armas.

So the soldier is armed with many types of weapons.

156. ejército - army (noun)

Cuando mi hermano tenía 18 años se alistó en el ejército.

When my brother was 18, he enlisted in the army.

157. alrededor - around (preposition)

Las mariposas siempre vuelan <u>alrededor</u> de las flores del jardín.

Butterflies always fly <u>around</u> the flowers in the garden.

158. organizar - to arrange (verb)

Acabo de llamar a Luna para <u>organizar</u> una reunión para la próxima semana.

I just called Luna to <u>arrange</u> a meeting for next week.

159. arreglo - arrangement (noun)

Le envié a mi madre un <u>arreglo</u> floral para celebrar su cumpleaños.

I sent my mother a floral <u>arrangement</u> to celebrate her birthday.

160. arrestar - to arrest (verb)

Por fin los oficiales tienen suficientes pruebas para <u>arrestar</u> al culpable.

Finally, the officers have enough evidence to <u>arrest</u> the culprit.

161. llegada - arrival (word)

Según la aerolínea, nuestra <u>llegada</u> será mañana por la noche.

According to the airline, our <u>arrival</u> will be tomorrow night.

162. llegar - to arrive (verb)

Lisa finalmente está por <u>llegar</u> en un par de minutos a Concepción, Chile.

Lisa is finally due to <u>arrive</u> in a couple of minutes in Concepción, Chile.

163. arte - art (noun)

Si seguimos por esta calle, llegaremos en quince minutos al museo de <u>arte</u>.

If we continue along this street, we will reach the <u>art</u> museum in fifteen minutes.

164. artículo - article (noun)

El <u>artículo</u> de prensa sobre esta película se ha vuelto viral.

The news <u>article</u> about this film has gone viral.

165. artificial - artificial (adjective)

El sabor de los jugos en polvo es muy <u>artificial</u> para mi gusto.

The flavor of the powdered juices is too <u>artificial</u> for my taste.

166. artista - artist (noun)

Pudimos observar su obra de arte, pero nunca pudimos conocer al <u>artista</u>.

We were able to observe his artwork, but we never got to meet the <u>artist</u>.

167. artístico - artistic (adjective)

Barcelona tiene un patrimonio cultural y <u>artístico</u> único en Europa.

Barcelona has a unique cultural and <u>artistic</u> heritage in Europe.

168. como - as (adverb)

Su nombre es Elmer Figueroa Arce, pero es mayormente conocido <u>como</u> Chayanne.

His name is Elmer Figueroa Arce, but he is better known <u>as</u> Chayanne.

169. avergonzado - ashamed (adjective)

Mi amiga está <u>avergonzada</u> de trabajar en aquella tienda pequeña.

My friend is <u>ashamed</u> to work in that small store.

170. dormido - asleep (adjective)

Es muy raro ver a Jesús <u>dormido</u>, él duerme muy poco en el día.

It is very rare to see Jesús <u>asleep</u>, he sleeps very little during the day.

171. pedir - to ask (verb)

A mi papá no le gusta <u>pedir</u> ayuda o indicaciones cuando está perdido.

My dad doesn't like to <u>ask</u> for help or for directions when he is lost.

172. aspecto - aspect (noun)

El único <u>aspecto</u> de la vida cotidiana que Bob odiaba era el ruido.

The one <u>aspect</u> of everyday life that Bob hated was the noise.

173. evaluar - to assess (verb)

La calidad de una traducción puede resultar difícil de <u>evaluar</u>.

The quality of a translation can be difficult to <u>assess</u>.

174. evaluación - assessment (noun)

Esta <u>evaluación</u> está disponible a un coste de 50 dólares.

This <u>assessment</u> is available at a cost of $50.

175. asignación - assignment (noun)

En este último capítulo, usted recibirá una <u>asignación</u> especial.

In this last chapter, you will receive a special <u>assignment</u>.

176. ayudar - to assist (verb)

Llamé a la recepción del hotel y se ofrecieron a <u>ayudar</u> con el equipaje.

I called the hotel front desk and they offered to <u>assist</u> with the luggage.

177. asistente - assistant (noun)

La asistente de Pedro es muy organizada y amable.

Pedro's assistant is very organized and friendly.

178. asociar - to associate (verb)

Por algún motivo, suelo asociar a Max con la mantequilla de maní.

For some reason, I tend to associate Max with peanut butter.

179. relacionada - associated (adjective)

Para mucha gente, la navidad está relacionada con los regalos y las compras.

For many people, Christmas is associated with gifts and shopping.

180. asociación - association (noun)

La asociación se reúne cada lunes por la mañana para entregar el reporte semanal.

The association meets every Monday morning to deliver the weekly report.

181. asumir - to assume (verb)

Es absolutamente erróneo asumir que todos los hombres son iguales.

It's absolutely wrong to assume that all men are the same.

182. a - at (preposition)

El tren llega a la estación a las nueve en punto.

The train arrives at the station at nine o'clock.

183. atleta - athlete (noun)

La mayoría de los atletas en la reunión participó de al menos dos eventos.

Most of the athletes at the meeting participated in at least two events.

184. atmósfera - atmosphere (noun)

La atmósfera estaba densa por el humo después de la explosión.

The atmosphere was thick with smoke after the explosion.

185. adjuntar - to attach (verb)

Los interesados en la vacante deberán adjuntar su foto a la solicitud de empleo.

Those interested in the vacancy will need to attach their photo to the application form.

186. ataque - attack (noun)

El ataque de las fuerzas armadas se dio a altas horas de la madrugada.

The attack by the armed forces took place in the early hours of the morning.

187. intento - attempt (noun)

El lunes estaré libre, así que haré el intento de conversar con él.

I'll be free on Monday, so I'll make an attempt to chat with him.

188. asisttir - to attend (verb)

Muchos artistas famosos van a asistir al estreno de la película.

Many famous artists are going to attend the premiere of the film.

189. atención - attention (noun)

Los mejores estudiantes ponen atención en clase.

The best students pay attention in class.

190. actitud - attitude (noun)

Ella siempre tiene una actitud positiva al trabajar.

She always has a positive attitude when working.

191. atraer - to attract (verb)

Los malabares del payaso empezaron a atraer a una multitud.

The clown's juggling began to attract a crowd.

192. atracción - attraction (noun)

La montaña rusa debe ser la atracción más popular de los parques de diversiones.

The roller coaster must be the most popular amusement park attraction.

193. atractivo - attractive (adjective)

Es un hombre realmente atractivo y gusta a muchas mujeres.

He is a really attractive man and many women like him.

194. audiencia - audience (noun)

Después del evento la audiencia aplaude sin cesar.

After the event, the audience applauds incessantly.

195. agosto - August (noun)

Para los países del hemisferio sur, agosto es el mes más frío del año.

For countries in the southern hemisphere, August is the coldest month of the year.

196. tía - aunt (noun)

Ayer me enteré que tengo una tía que vive en Madrid.

Yesterday I found out that I have an aunt who lives in Madrid.

197. autor - author (noun)

A mi novio le encantan los libros de aquel autor, sin importar que tan largos sean.

My boyfriend loves books by that author, no matter how long they are.

198. autoridad - authority (noun)

El delegado de curso hizo valer su autoridad y vetó la decisión del consejo estudiantil.

The course delegate asserted his authority and vetoed the student council's decision.

199. otoño - autumn (noun)

Me encanta cuando llega el otoño, porque puedo usar abrigos muy lindos.

I love it when autumn comes, because I can wear really nice coats.

200. disponible - available (adjective)

Por los momentos esta opción no está disponible, intente más tarde.

This option is not available right now, please try again later.

201. promedio - average (adjective)

El promedio de sus notas es demasiado bajo para entrar en la universidad.

Your grade point average is too low to get into university.

202. evitar - to avoid (verb)

Es evidente que el presidente quiere evitar un conflicto con el país del norte.

It is evident that the president wants to avoid a conflict with the northern country.

203. premio - award (noun)

Mi primo ganó el premio mayor en el concurso de ajedrez.

My cousin won the top award in the chess contest.

204. consciente - aware (adjective)

Martín es consciente de que puede perder el trabajo si sigue llegando tarde.

Martín is aware that he may lose his job if he continues to be late.

205. lejos - away (adverb)

Como vivo lejos, me compré un auto para ir a la oficina.

Since I live far away, I bought a car to go to the office.

206. horrible - awful (adjective)

Los periodistas fueron testigos de la horrible masacre que se produjo en la ciudad.

Journalists witnessed the awful massacre that took place in the city.

207. bebé - baby (adjective)

La bebé de Andrea se comporta muy bien y casi no llora.

Andrea's baby is very well behaved and hardly cries at all.

208. espalda - back (noun)

Desde que trabajo desde casa, me duele mucho la espalda.

Since I've been working from home, my back hurts a lot.

209. antecedentes - background (noun)

Ella tiene antecedentes de mucha pobreza y malas experiencias laborales.

She has a background of great poverty and bad work experiences.

210. hacia atrás - backwards (adverb)

Mi carro tiene un sensor que emite un sonido que te avisa cuando vas hacia atrás.

My car has a sensor that emits a sound that warns you when you go backwards.

211. bacterias - bacteria (noun)

Es importante lavarse las manos al llegar a casa para eliminar todas las bacterias.

It is important to wash your hands when you get home to remove all bacteria.

212. malo - bad (adjective)

La recepción del televisor en la sala del departamento es mala.

TV reception in the living room of the apartment is bad.

213. mal - badly (adverb)

Siento que las cosas hayan terminado tan mal para ti.

I'm sorry things ended so badly for you.

214. bolso - bag (noun)

Ayer conseguí un descuento y logré comprarme este bolso a muy buen precio.

Yesterday I got a discount and managed to buy this bag at a great price.

215. hornear - to bake (verb)

Cuando se acerca la navidad, me encanta hornear galletas.

As Christmas approaches, I love to bake cookies.

216. equilibrar - to balance (verb)

Fui al taller a equilibrar las ruedas porque vibran mucho.

I went to the shop to balance the wheels because they vibrate a lot.

217. pelota - ball (noun)

Hace un par de días le compré una pelota a mi perro para que juegue.

A couple of days ago I bought a ball for my dog to play with.

218. prohibición - ban (noun)

Muchas ciudades tienen prohibición para los fumadores ahora.

Many cities now have smoking bans.

219. plátano - banana (noun)

Mis frutas favoritas son el plátano, la manzana y las uvas.

My favorite fruits are bananas, apples, and grapes.

220. banda - band (noun)

A los festivales de música asisten bandas nacionales e internacionales.

The music festivals are attended by national and international bands.

221. banco - bank (noun)

Para poder pagar, tendré que ir al banco y retirar dinero.

In order to pay, I will have to go to the bank and withdraw money.

222. bar - bar (noun)

El bar del hotel se empieza a llenar después de las 7 pm.

The hotel bar starts to fill up after 7 pm.

223. barrera - barrier (noun)

La policía ha colocado una barrera para bloquear la carretera.

Police have set up a barrier to block the highway.

224. base - base (noun)

La lámpara de piso tiene una base cuadrada, perfecta para las esquinas de la casa.

The floor lamp has a square base, perfect for the corners of the house.

225. béisbol - baseball (noun)

El béisbol es el deporte más popular en Japón y en algunos países de Latinoamérica.

Baseball is the most popular sport in Japan and in some Latin American countries.

226. radicado - based (verbal expression)

El consultor estaba <u>radicado</u> en Miami, pero trabajaba por todo el país.

The consultant was <u>based</u> in Miami, but worked throughout the country.

227. baloncesto - basketball (noun)

Jugamos al <u>baloncesto</u> en el gimnasio los miércoles por la noche.

We play <u>basketball</u> in the gym on Wednesday nights.

228. básico - basic (adjective)

Aún estoy aprendiendo a cocinar, pero ya tengo los conocimientos <u>básicos</u>.

I'm still learning to cook, but I have the <u>basics</u> down.

229. básicamente - basically (adverb)

<u>Básicamente</u>, si quieres postularte, debes llenar este formulario y te llamarán.

<u>Basically</u>, if you want to apply, you must fill out this form and they will call you.

230. base - basis (noun)

Confianza y comunicación son las <u>bases</u> de una buena relación.

Trust and communication are the <u>basis</u> of a good relationship.

231. bañera - bathtub (noun)

El hotel en el que nos hospedamos contaba con <u>bañera</u> y un balcón.

The hotel we stayed at had a <u>bathtub</u> and a balcony.

232. baño - bathroom (noun)

Quiero remodelar el <u>baño</u> de mi departamento, pero es muy costoso.

I want to remodel the <u>bathroom</u> in my apartment, but it is very expensive.

233. batería - battery (noun)

Antes de salir a la calle trato de cargar un poco la <u>batería</u> de mi teléfono.

Before going out on the street, I try to charge my phone <u>battery</u> a bit.

234. batalla - battle (noun)

El ejército perdió una importante <u>batalla</u>, pero ganó la guerra.

The army lost an important <u>battle</u>, but won the war.

235. ser, estar - to be (verb)

Mi madre <u>es</u> bajita y siempre me pide ayuda para llegar a los estantes de la cocina.

My mother <u>is</u> short and always asks me to help her reach the kitchen shelves.

236. playa - beach (noun)

Siempre he querido comprarme una casa en la playa para vacacionar luego.

I have always wanted to buy a house on the beach to vacation later.

237. frijol - bean (noun)

Los frijoles secos son baratos y pueden usarse en multitud de recetas.

Dried beans are inexpensive and can be used in a multitude of recipes.

238. soportar - to bear (verb)

Deseamos que encuentren la fortaleza para soportar esta dolorosa pérdida.

We wish they find the fortitude to bear this painful loss.

239. oso - bear (noun)

Los osos pandas están en peligro de extinción y viven en cautiverio en China.

Panda bears are endangered and live in captivity in China.

240. golpear - to beat (verb)

Nunca habrá una buena razón para golpear a una persona.

There will never be a good reason to beat a person.

241. hermoso - beautiful (adjective)

Mi casa tiene un hermoso jardín lleno de flores, arbustos y césped recién cortado.

My house has a beautiful garden full of flowers, shrubs, and freshly mowed lawn.

242. belleza - beauty (noun)

El maquillaje de la actriz acentuaba la belleza de su rostro.

The actress's makeup accentuated the beauty of her face.

243. porque - because (conjunction)

Aprobé el examen porque estuve estudiando toda la noche.

I passed the exam because I was studying all night.

244. llegar a ser - to become (verb)

Mi hermana quiere llegar a ser una cantante muy famosa y reconocida.

My sister wants to become a very famous and recognized singer.

245. cama - bed (noun)

Quiero comprar sábanas nuevas a mi cama para que combine con mis paredes.

I want to buy new sheets for my bed to match my walls.

246. dormitorio - bedroom (noun)

Actualmente mi novio está en la búsqueda de muebles nuevos para nuestro <u>dormitorio</u>.

My boyfriend is currently in search of new furniture for our <u>bedroom</u>.

247. abeja - bee (noun)

Andrés es alérgico a la picadura de <u>abejas</u>, por eso siempre usa camisas manga larga.

Andrés is allergic to <u>bee</u> stings, so he always wears long sleeve shirts.

248. carne de vaca - beef (noun)

La <u>carne de vaca</u> suele ser más económica que el pollo o el cerdo.

<u>Beef</u> is usually cheaper than chicken or pork.

249. cerveza - beer (noun)

Hace poco probé por primera vez una marca japonesa de <u>cerveza</u> y me gustó.

I recently tried a Japanese brand of <u>beer</u> for the first time and liked it.

250. antes de - before (preposition)

<u>Antes de</u> ir al cine, reviso la cartelera de películas disponibles por Internet.

<u>Before</u> going to the movies, I check the movie listings available online.

251. mendigar - to beg (verb)

Antes de ser adoptado, el niño estaba solo y solía <u>mendigar</u> en las calles.

Before being adopted, the child was alone and used to <u>beg</u> in the streets.

252. empezar - to begin (verb)

Para aprender un idioma es esencial <u>empezar</u> con los saludos básicos y pronombres.

To learn a language it is essential to <u>begin</u> with basic greetings and pronouns.

253. inicio - beginning (noun)

Al <u>inicio</u> de la clase, el profesor dio una introducción a los estudiantes.

At the <u>beginning</u> of the class, the teacher gave an introduction to the students.

254. comportarse - to behave (verb)

Desde que estoy entrenando a mi perro, veo que empieza a <u>comportarse</u> mejor.

Since I have been training my dog, I see that he is starting to <u>behave</u> better.

255. comportamiento - behavior (noun)

La profesora está asombrada del buen <u>comportamiento</u> de Jesús en clase.

The teacher is amazed at Jesús' good <u>behavior</u> in class.

256. detrás - behind (preposition)

El empleado del banco está parado detrás del mostrador.

The bank employee is standing behind the counter.

257. ser - being (noun)

Muchas personas creen que la galaxia está llena de seres inteligentes.

Many people believe that the galaxy is full of intelligent beings.

258. creencia - belief (noun)

Soy atea, pero respeto plenamente las creencias de los demás.

I am an atheist, but I fully respect the beliefs of others.

259. creer - to believe (verb)

Mi mamá y mi abuela creen en el cristianismo y en la Biblia.

My mom and grandmother believe in Christianity and the Bible.

260. campana - bell (noun)

A las 9 am suena la campana del recreo, ¡es hora de desayunar!

At 9 am the recess bell rings, it's time for breakfast!

261. pertenecer - to belong (verb)

Los patines rosados deben pertenecer a Paulina, ese es su color favorito.

The pink skates have to belong to Paulina, that's her favorite color.

262. debajo - below (preposition)

La cafetera se guarda en la despensa, justo debajo de las tazas de café.

The coffee pot is stored in the pantry, just below the coffee cups.

263. cinturón - belt (noun)

Este precioso cinturón de cuero tiene una longitud total de 130 centímetros.

This beautiful leather belt has a total length of 130 centimeters.

264. curva - bend (noun)

Sigue derecho por esta vía y ten cuidado en la curva de más adelante.

Continue straight on this road and be careful on the curve ahead.

265. beneficio - benefit (noun)

Este empleo me ofrece muchos beneficios aparte del salario.

This job offers me many benefits in addition to the salary.

266. doblado - bent (adjective)

El guardabarros trasero de la bicicleta está doblado.

The rear fender of the bicycle is bent.

267. mejor - best (adjective)

El mejor regalo que recibí la navidad pasada fue mi celular.

The best gift I received last Christmas was my cell phone.

268. apuesta - bet (noun)

Sam hizo una apuesta en la carrera de caballos del pueblo.

Sam placed a bet on the town horse race.

269. mejor - better (adverb)

Mi novio es mejor cocinando que yo, pero yo le ayudo limpiando los platos.

My boyfriend is better at cooking than I am, but I help him by cleaning the dishes.

270. entre - between (preposition)

El autobús debe estar por llegar a la estación entre las 12:30 y la 1:00 pm.

The bus should be arriving at the station between 12:30 and 1:00 pm.

271. más allá - beyond (preposition)

Más allá de las montañas se divisaban algunas nubes.

Beyond the mountains, some clouds were visible.

272. bicicleta - bike (noun)

Mi bicicleta tiene doce velocidades, pero casi siempre uso solo dos.

My bike has twelve speeds, but I almost always use only two.

273. grande - big (adjective)

La ciudad cuenta con un estadio grande que ilumina bastante.

The city has a big stadium that provides plenty of light.

274. cuenta - bill (noun)

Recibí la cuenta de la luz ayer por correo y vence en quince días.

I received my electricity bill in the mail yesterday and it is due in fifteen days.

275. mil millones - billion (noun)

Una celebridad donó mil millones de dólares a una organización de caridad.

A celebrity donated $1 billion to a charity's organization.

276. bote de basura - bin (noun)

El niño tiró el envase vacío de jugo de naranja en el <u>bote de basura</u>.

The boy threw the empty orange juice container in the <u>bin</u>.

277. biología - biology (noun)

<u>Biología</u> era mi asignatura favorita cuando estaba en bachillerato.

<u>Biology</u> was my favorite subject when I was in high school.

278. pájaro - bird (noun)

Hay algunos <u>pájaros</u> machos que hacen una danza para seducir a las hembras.

There are some male <u>birds</u> that do a dance to seduce females.

279. nacimiento - birth (noun)

El 18 de noviembre de 1995 es mi fecha de <u>nacimiento</u>.

November 18, 1995, is my date of <u>birth</u>.

280. cumpleaños - birthday (noun)

Para el <u>cumpleaños</u> de Omar, organizamos una fiesta sorpresa.

For Omar's <u>birthday</u>, we organized a surprise party.

281. panecillo - biscuit (noun)

En la actualidad hay <u>panecillos</u> de muchos sabores, como boniato y queso cheddar.

<u>Biscuits</u> come in many flavors today, such as sweet potato and cheddar.

282. poco - bit (noun)

Después de un buen almuerzo siempre me gusta dormir un <u>poco</u>.

After a good lunch, I always like to sleep a <u>bit</u>.

283. mordedura - bite (noun)

Se podía ver la marca de la <u>mordedura</u> del perro en su pierna.

You could see the dog <u>bite</u> mark on his leg.

284. amargo - bitter (adjective)

No me gustan las comidas con sabor <u>amargo</u>, luego me duele el estómago.

I don't like <u>bitter</u> tasting foods, then my stomach hurts.

285. negro - black (adjective)

En mi casa hay dos autos, uno rojo pequeño y uno <u>negro</u> convertible.

In my house there are two cars, a small red one and a <u>black</u> convertible.

286. culpa - blame (noun)

La <u>culpa</u> del accidente aéreo recayó sobre el piloto.

<u>Blame</u> for the airplane accident was placed on the pilot.

287. en blanco - blank (adjective)

El artista miró fijamente el lienzo <u>en blanco</u> que tenía frente a sí.

The artist stared at the <u>blank</u> canvas in front of him.

288. ciego - blind (adjective)

Mi prima Josefina es <u>ciega</u> de nacimiento y sabe leer en braille.

My cousin Josefina has been <u>blind</u> since birth and can read braille.

289. bloquear - to block (verb)

Desde la ventana pudimos observar como una avalancha <u>bloqueó</u> la entrada del hotel.

From the window we could see how an avalanche <u>blocked</u> the hotel entrance.

290. blog - blog (noun)

El actor ha revelado muchos detalles de su vida personal en su <u>blog</u>.

The actor has revealed many details of his personal life on his <u>blog</u>.

291. rubia - blonde (adjective)

Mi prima Elba es <u>rubia</u> de nacimiento, pero suele teñir su cabello de rojo.

My cousin Elba is <u>blonde</u> by birth, but she usually dyes her hair red.

292. sangre - blood (noun)

La última vez que fui al médico me hicieron un examen de <u>sangre</u> y de orina.

The last time I went to the doctor I had a <u>blood</u> and urine test.

293. soplar - to blow (verb)

Si <u>soplas</u> el molinete, comenzará a girar sin cesar hasta que pares.

If you <u>blow</u> the reel, it will start spinning non-stop until you stop.

294. azul - blue (noun, adjective)

El color favorito de mi novio es el <u>azul</u>. Siempre tiene una camisa de ese color.

My boyfriend's favorite color is <u>blue</u>. He always has a shirt in that color.

295. tablero - board (noun)

Para ganar este juego, tienes que ser el primero en sacar todas tus fichas del <u>tablero</u>.

To win this game, you have to be the first to remove all your pieces from the <u>board</u>.

296. barco - boat (noun)

Los barcos de este muelle son muy lujosos y modernos.

The boats at this pier are very luxurious and modern.

297. cuerpo - body (noun)

Me gusta mantener mi cuerpo saludable haciendo ejercicio tres veces a la semana.

I like to keep my body healthy by exercising three times a week.

298. hervir - to boil (verb)

Para poder hacer puré de papas hay que hervir las papas en una olla.

In order to make mashed potatoes, you need to boil the potatoes in a pot.

299. bomba - bomb (noun)

Las bombas son un elemento común en los conflictos bélicos modernos.

Bombs are a common element of modern warfare.

300. vínculo - bond (noun)

Los dos países habían compartido un vínculo por muchos años.

The two countries had shared a bond for many years.

301. hueso - bone (noun)

Se descubrieron algunos huesos de dinosaurio cerca del río.

Some dinosaur bones were discovered near the river.

302. libro - book (noun)

La habitación de mi hermano siempre está llena de muchos libros.

My brother's room is always filled with lots of books.

303. bota - boot (noun)

Rita se compró un nuevo par de botas de cuero para la fiesta.

Rita bought a new pair of leather boots for the party.

304. frontera - border (noun)

La frontera entre los dos países fue delimitada con una valla.

The border between the two countries was delimited with a fence.

305. aburrido - bored (adjective)

Los niños aburridos querían jugar en la calle, pero era peligroso.

Bored children wanted to play in the street, but it was dangerous.

306. nacido - born (adjective)

Nacido en Escocia, Rory se mudó con su familia a Alemania a los nueve años.

Born in Scotland, Rory moved with his family to Germany at the age of nine.

307. pedir prestado - to borrow (verb)

Quiero pedir prestado un libro de la biblioteca, pero no hay nadie en recepción.

I want to borrow a book from the library, but there is no one at the front desk.

308. jefe - boss (noun)

Mi jefe siempre usa trajes de color marrón o azul oscuro.

My boss always wears brown or dark blue suits.

309. ambos - both (pronoun, adjective)

Julia y Luis son traductores y ambos son excelentes en lo que hacen.

Julia and Luis are translators and both are excellent at what they do.

310. molestar - to bother (verb)

¡Deja de molestar! Es de mala educación molestar en clase.

Stop being a nuisance! It's rude to bother in class.

311. botella - bottle (noun)

La botella de ron se terminó en tan solo treinta minutos de haber iniciado la fiesta.

The bottle of rum was finished in only thirty minutes after the party started.

312. fondo - bottom (noun)

En el fondo del mar se pueden observar criaturas muy raras.

Very rare creatures can be observed at the bottom of the sea.

313. tazón - bowl (noun)

Llenamos el tazón de palomitas antes de sentarnos a ver la película.

We filled a bowl with popcorn before sitting down to watch the movie.

314. caja - box (noun)

Pedro se comió toda la caja de bombones y no los compartió.

Pedro ate the whole box of chocolates and did not share them.

315. chico - boy (noun)

En el vecindario siempre se ven dos chicos manejando bicicletas.

In the neighborhood you always see two boys riding bicycles.

316. novio - boyfriend (noun)

Mi novio nació el 18 de Febrero de 1994, es un año mayor que yo.

My boyfriend was born on February 18, 1994, he is one year older than me.

317. cerebro - brain (noun)

En el accidente, ella sufrió un serio daño en el cerebro.

In the accident, she suffered serious brain damage.

318. rama - branch (noun)

Después de alguna lluvia fuerte se observan ramas cerca de los árboles.

After heavy rains, branches can be seen near the trees.

319. marca - brand (noun)

Mi marca favorita de zapatos es Skechers, son los zapatos más cómodos del mercado.

My favorite shoe brand is Skechers, they are the most comfortable shoes on the market.

320. valiente - brave (adjective)

Los valientes soldados se abalanzaron hacia el campo de batalla.

The brave soldiers rushed into the battlefield.

321. pan - bread (noun)

Me gusta comer pan con Nutella en las tardes.

I like to eat bread with Nutella in the afternoons.

322. descanso - break (adjective)

Siempre es bueno tomarse un descanso cada cierto tiempo.

It is always good to take a break from time to time.

323. desayuno - breakfast (noun)

El desayuno es la comida más importante del día.

Breakfast is the most important meal of the day.

324. pecho - breast (noun)

El bebé se estaba alimentando del pecho derecho de su madre.

The baby was feeding from his mother's right breast.

325. respiración - breath (noun)

Su respiración parecía humo debido al aire frío de la montaña.

His breath seemed like smoke due to the cold mountain air.

326. respirar - to breathe (verb)

El océano es lo que hace a nuestro planeta vivir y respirar.

The ocean is what makes our planet live and breathe.

327. novia - bride (noun)

La novia llegó tarde a la ceremonia porque el peinado tomó más tiempo de lo esperado.

The bride arrived late to the ceremony because the hairstyle took longer than expected.

328. puente - bridge (noun)

Me gusta mucho la estructura de los puentes japoneses.

I really like the structure of Japanese bridges.

329. breve - brief (adjective)

La consulta con la doctora fue realmente breve. Solo fue la visita regular anual.

The consultation with the doctor was really brief. It was just the regular annual visit.

330. brillante - bright (adjective)

Cada vez que abren las ventanas, me sorprendo de lo brillante que está el día.

Every time they open the windows, I am amazed at how bright the day is.

331. brillante - brilliant (adjective)

El sobrino de mi amiga es brillante en el colegio. Es el mejor de su clase.

My friend's nephew is brilliant in school. He is at the top of his class.

332. traer - to bring (adjective)

Mi mamá dijo que va a traer más gaseosas y comida para la fiesta de mañana.

My mom said she is going to bring more soda and food for the party tomorrow.

333. ancho - broad (adjective)

Jesús vive en una calle ancha bordeada de árboles y arbustos.

Jesús lives on a broad street lined with trees and bushes.

334. transmitir - to broadcast (verb)

Desde mi Playstation puedo transmitir en vivo lo que estoy jugando.

From my Playstation I can broadcast live what I am playing.

335. roto - broken (adjective)

La pelota se estrelló contra la ventana y el vidrio quedó totalmente roto.

The ball smashed against the window and the glass was completely broken.

336. hermano - brother (noun)

Mi hermano trabaja en una oficina muy lejos de su domicilio.

My brother works in an office far away from his home.

337. marrón - brown (noun, adjective)

La camisa de Bruno es de color marrón. Me parece que le queda muy bien.

Bruno's shirt is brown. I think it suits him very well.

338. cepillo - brush (noun)

La niña se alisa el cabello con su cepillo favorito.

The girl straightens her hair with her favorite brush.

339. burbuja - bubble (noun)

A los bebés les gustan mucho las burbujas cuando se están bañando.

Babies really like bubbles when they are bathing.

340. presupuesto - budget (noun)

Kevin creó en Excel un presupuesto de los gastos de la casa.

Kevin created in Excel a budget for household expenses.

341. construir - to build (verb)

Para construir una casa se necesita mucho dinero y materiales.

To build a house you need a lot of money and materials.

342. edificio - building (noun)

El edificio frente al mío tiene dos estacionamientos, uno de motos y otro de autos.

The building in front of mine has two parking lots, one for motorcycles and one for cars.

343. bala - bullet (noun)

La radiografía muestra que la bala está alojada en el hombro del paciente.

X-ray shows that the bullet is lodged in the patient's shoulder.

344. racimo - bunch (noun)

Marco sacó una banana del racimo y empezó a comerla.

Marco pulled a banana from the bunch and began to eat it.

345. quemar - to burn (verb)

Es importante estar pendiente de lo que se cocina, no queremos quemar nada.

It is important to be aware of what is being cooked, we do not want to burn anything.

346. enterrar - to bury (verb)

Hoy van a <u>enterrar</u> a Brandy, mi perrita. Murió en un accidente de autos.

Today they are going to <u>bury</u> Brandy, my little dog. She died in a car accident.

347. autobús - bus (noun)

El <u>autobús</u> de la escuela es de color amarillo y tiene muchos asientos.

The school <u>bus</u> is yellow and has many seats.

348. arbusto - bush (noun)

El jardinero vino a cortar el césped y los <u>arbustos</u>.

The gardener came to mow the lawn and <u>bushes</u>.

349. negocio - business (noun)

Me encantaría poder empezar mi propio <u>negocio</u>.

I would love to be able to start my own <u>business</u>.

350. empresario - businessman (noun)

Los <u>empresarios</u> locales fueron invitados a inspeccionar las nuevas oficinas.

Local <u>businessmen</u> were invited to inspect the new offices.

351. ocupado - busy (adjective)

Los padres de Clara están <u>ocupados</u> con las preparaciones para su cumpleaños.

Clara's parents are <u>busy</u> with preparations for her birthday.

352. pero - but (conjunction)

Tengo mucho tiempo sin hacer ejercicio, <u>pero</u> nunca es tarde para empezar de nuevo.

I have a long time without any exercise, <u>but</u> it's never too late to start again.

353. mantequilla - butter (noun)

Me encanta cuando mi novio cocina panqueques y les pone <u>mantequilla</u> arriba.

I love it when my boyfriend cooks pancakes and puts <u>butter</u> on top of them.

354. botón - button (noun)

El abrigo de Adrián tiene <u>botones</u> verdes y una capucha muy peluda.

Adrián's coat has green <u>buttons</u> and a very furry hood.

355. comprar - to buy (verb)

Tengo que <u>comprar</u> algunos adornos para la fiesta de esta noche.

I need to <u>buy</u> a few decorations for the party tonight.

356. por - by (preposition)

Esta pintura fue elaborada <u>por</u> Pablo Picasso; es una de mis obras favoritas.

This painting was made <u>by</u> Pablo Picasso; it is one of my favorite works.

357. adiós - bye (interjection)

Gracias a todos por venir hoy, nos vemos mañana, ¡<u>adiós</u>!

Thank you all for coming today, see you tomorrow, <u>bye</u>!

358. cable - cable (noun)

Los acróbatas están colgados de <u>cables</u> de alambre para que parezca que vuelan.

The acrobats are suspended with wire <u>cables</u> so they appear to be flying.

359. cafetería - café (noun)

Mi primo trabaja en una <u>cafetería</u> donde venden unos postres muy ricos.

My cousin works in a <u>café</u> where they sell very tasty desserts.

360. torta - cake (noun)

Quiero que la <u>torta</u> de mi cumpleaños sea de dulce de leche.

I want my birthday <u>cake</u> to be made of dulce de leche.

361. calcular - to calculate (verb)

Podemos usar esta fórmula para <u>calcular</u> la altura de los árboles.

We can use this formula to <u>calculate</u> the height of the trees.

362. llamada - call (noun)

Estaba esperando la <u>llamada</u> de mi padre. Creo que se quedó sin batería.

I was waiting for my father's <u>call</u>. I think his battery ran out.

363. calma - calm (adjective)

Es importante mantener la <u>calma</u> durante temblores o desastres naturales.

It is important to remain <u>calm</u> during earthquakes or natural disasters.

364. cámara - camera (noun)

Mi novio me regaló una <u>cámara</u> Polaroid en navidad.

My boyfriend gave me a Polaroid <u>camera</u> for Christmas.

365. acampar - to camp (verb)

Ellos fueron a <u>acampar</u> junto al lago para tener acceso directo al agua.

They went to <u>camp</u> by the lake to have direct access to the water.

366. campaña - campaign (noun)

| La <u>campaña</u> presidencial terminará mañana por la tarde. | The presidential <u>campaign</u> will end tomorrow afternoon. |

367. poder - can (verb)

| ¿<u>Puedo</u> tomar prestado tu coche esta noche? Prometo cuidarlo bien. | <u>Can</u> I borrow your car tonight? I promise to take good care of it. |

368. cancelar - to cancel (verb)

| Creo que voy a <u>cancelar</u> la cita médica de mañana debido al pronóstico del tiempo. | I think I'm going to <u>cancel</u> tomorrow's doctor's appointment due to the weather forecast. |

369. cáncer - cancer (noun)

| A Luis le diagnosticaron <u>cáncer</u> cuando solo tenía 21 años. | Luis was diagnosed with <u>cancer</u> when he was only 21 years old. |

370. candidato - candidate (noun)

| Ninguno de los <u>candidatos</u> me parece adecuado para el cargo. | None of the <u>candidates</u> seem to me to be suitable for the position. |

371. no poder - can't, cannot (auxiliary verb)

| <u>No puedo</u> dejar a los niños sin supervisión. Creo que debo contratar a una niñera. | I <u>can't</u> leave the children unsupervised. I think I should hire a babysitter. |

372. gorra - cap (noun)

| Mi hermano tiene <u>gorras</u> de todos los colores y formas. | My brother has <u>caps</u> of all colors and shapes. |

373. capaz - capable (adjective)

| Construir una casa es un gran proyecto, pero me siento <u>capaz</u> de lograrlo. | Building a house is a big project, but I feel I'm <u>capable</u> of doing it. |

374. capacidad - capacity (noun)

| La <u>capacidad</u> del ascensor es de ocho personas máximo. | The elevator <u>capacity</u> is for a maximum of eight people. |

375. capital - capital (noun)

| La <u>capital</u> de Argentina es La Ciudad Autónoma de Buenos Aires. | The <u>capital</u> of Argentina is the Autonomous City of Buenos Aires. |

376. capitán - captain (noun)

El capitán del barco aún está durmiendo en su camarote.

The ship's captain is still sleeping in his cabin.

377. capturar - to capture (verb)

Alexander de pequeño solía capturar pequeños pájaros heridos para curarlos.

As a child, Alexander used to capture small injured birds to heal them.

378. auto - car (noun)

El auto de Nina es marca Suzuki y es muy rápido.

Nina's car is a Suzuki and is very fast.

379. tarjeta - card (noun)

Mi celular lo pude comprar porque tengo una tarjeta de crédito.

I was able to buy my cell phone because I have a credit card.

380. cuidado - care (noun)

A los bebés hay que tratarlos con mucho cuidado.

Babies should be treated with great care.

381. carrera - career (adjective)

Después de pensarlo, decidí estudiar la carrera de Idiomas Modernos.

After thinking about it, I decided to study the Modern Languages career.

382. cuidado - careful (adjective)

¡Ten cuidado! Si no frenas en esta curva, podrías chocar.

Be careful! If you don't brake in this curve, you could crash.

383. cuidadosamente - carefully (adverb)

Para seguir una receta de comida tienes que tomar las medidas cuidadosamente.

To follow a food recipe you have to take the measurements carefully.

384. descuidado - careless (adjective)

Tim es un dueño de mascotas descuidado, nunca limpia los desechos de su perro.

Tim is a careless pet owner, he never cleans up his dog's waste.

385. alfombra - carpet (noun)

La alfombra que está en el dormitorio está muy sucia y desgastada.

The carpet in the bedroom is very dirty and worn.

386. zanahoria - carrot (noun)

A los conejos enanos les encanta la zanahoria en trozos pequeños.

Dwarf rabbits love carrots in small pieces.

387. llevar - to carry (verb)
¿Podrías ayudarme a llevar esta mesa de la cocina al comedor?

Could you help me to carry this table from the kitchen to the dining room?

388. dibujos animados - cartoons (noun)
Desde pequeña siempre me han gustado los dibujos animados.

Since I was a child, I have always liked cartoons.

389. caso - case (noun)
Pensamos que iba a llover, pero no fue el caso.

We thought it was going to rain, but it wasn't the case.

390. efectivo - cash (noun)
Para pagar el estacionamiento, necesitamos retirar efectivo del cajero.

To pay for parking, we need to withdraw cash from the ATM.

391. emitir - to cast (verb)
Los ciudadanos pudieron emitir su voto el día de las elecciones.

Citizens were able to cast their vote on Election Day.

392. castillo - castle (noun)
El castillo de aquella película está embrujado, ¡qué miedo!

The castle in that movie is haunted, how scary!

393. gato - cat (noun)
En mi vecindario hay un gato marrón que vaga por las calles.

In my neighborhood there is a brown cat that roams the streets.

394. captura - catch (noun)
La captura de Wendy salvó al jarrón de estrellarse contra el piso.

Wendy's catch saved the vase from crashing to the floor.

395. categoría - category (noun)
¿Qué categoría de libros le gusta leer? A mi me gusta la comedia.

What category of books do you like to read? I like comedy.

396. causa - cause (noun)
Una chispa fue la causa de la explosión.

A spark was the cause of the explosion.

397. techo - ceiling (noun)

El techo de la habitación estaba pintado de azul y tenía relieve.

The ceiling of the room was painted blue and embossed.

398. celebrar - to celebrate (verb)

Mis amigos van a celebrar su boda el día de los enamorados.

My friends are going to celebrate their wedding on Valentine's Day.

399. celebración - celebration (noun)

Es mejor contratar a una empresa de eventos para organizar este tipo de celebración.

It is best to hire an event company to organize this type of celebration.

400. celebridad - celebrity (noun)

En la entrega de los Óscar siempre hay muchas celebridades.

There are always many celebrities at the Oscars.

401. célula - cell (noun)

Cada estudiante dibujó un diagrama de una célula para la clase de Biología.

Each student drew a diagram of a cell for Biology class.

402. centavo - cent (noun)

El televisor costó 560 dólares y 62 centavos, pero vi televisores más baratos.

The TV was $560.62 cents, but I saw cheaper TVs.

403. central - central (adjective)

Kevin y yo decidimos mudarnos a la parte central de Santiago.

Kevin and I decided to move to the central part of Santiago.

404. centrar - to center (verb)

¿Es posible centrar el cuadro? Está demasiado a la derecha y no se ve bien así.

Is it possible to center the picture? It's too far to the right and doesn't look right like that.

405. siglo - century (noun)

Hay quien dice que la Revolución Industrial empezó en el siglo XVIII.

Some say that the Industrial Revolution began in the 18th century.

406. ceremonia - ceremony (noun)

La ceremonia duró aproximadamente quince minutos.

The ceremony lasted approximately fifteen minutes.

407. cierto - certain (adjective)

Noto cierto grado de hostilidad entre ellos. ¿Será que pelearon?

I notice a certain degree of hostility between them. Could it be that they fought?

408. ciertamente - certainly (adverb)

Su decisión ciertamente tendrá repercusiones a nivel salarial.

His decision will certainly have repercussions at the salary level.

409. cadena - chain (noun)

Los tobillos de los prisioneros estaban atados con cadenas.

The prisoners' ankles were bound with chains.

410. silla - chair (noun)

Las sillas de plástico son más fáciles de transportar y son más baratas.

Plastic chairs are easier to transport and are less expensive.

411. presidente - chairman (noun)

El presidente del comité de planificación solicitó una reunión de emergencia.

The chairman of the planning committee requested an emergency meeting.

412. desafío - challenge (noun)

Arreglar el auto después del choque ha sido todo un desafío.

Fixing the car after the crash has been a challenge.

413. campeón - champion (noun)

Francisco fue el campeón de la competición de surf el viernes pasado.

Francisco was the champion of the surfing competition last Friday.

414. oportunidad - chance (noun)

Espero poder tener alguna vez la oportunidad de viajar.

I hope to have the chance to travel sometime.

415. cambio - change (noun)

Los científicos observaron un cambio en las lecturas de los sensores.

The scientists observed a change in the sensor readings.

416. canal - channel (noun)

El canal de Disney es el favorito de mi primito Daniel.

The Disney channel is my little cousin Daniel's favorite.

417. capítulo - chapter (noun)

| El libro que compré ayer es largo y apenas he leído cinco <u>capítulos</u>. | The book I bought yesterday is long and I have barely read five <u>chapters</u>. |

418. personaje - character (noun)

| El <u>personaje</u> principal de la serie tiene problemas para caminar. | The main <u>character</u> in the series has trouble walking. |

419. característica - characteristics (adjective)

| Posee algunas <u>características</u> que la hacen sobresalir del resto. | It has some <u>characteristics</u> that make it stand out from the rest. |

420. cargar - to charge (verb)

| Antes de salir de la casa debería <u>cargar</u> un poco la batería del celular. | Before leaving the house, you should <u>charge</u> your phone's battery a little. |

421. caridad - charity (noun)

| Algunos famosos donan parte de sus ganancias a la <u>caridad</u>. | Some celebrities donate part of their earnings to <u>charity</u>. |

422. gráfico - chart (noun)

| El <u>gráfico</u> muestra los cambios de temperaturas por mes y año. | The <u>chart</u> shows temperature changes by month and year. |

423. charla - chat (noun)

| Salí de mi departamento y vi que mis dos vecinas mantenían una <u>charla</u>. | I came out of my apartment and saw that my two neighbors were having a <u>chat</u>. |

424. barato - cheap (adjective)

| En el centro de las ciudades siempre conseguirás tiendas <u>baratas</u>. | In the center of the cities you will always find <u>cheap</u> stores. |

425. engañar - to cheat (verb)

| Daniel sabe muy bien cómo <u>engañar</u> a la gente. No creo que él vaya a cambiar. | Daniel knows just too well how to <u>cheat</u> people.I don't think he's going to change. |

426. cheque - check (noun)

| Me pagaron con un <u>cheque</u> esta vez. Tendré que ir al banco esta semana. | I got paid by <u>check</u> this time. I will have to go to the bank this week. |

427. chef - chef (adjective)

| El <u>chef</u> de este restaurante es italiano y realmente es muy bueno. | The <u>chef</u> of this restaurant is Italian and he is really very good. |

428. alegre - cheerful (adjective)

Fiona suele estar <u>alegre</u> durante la tarde, después de llegar de la escuela a la casa.

Fiona is usually <u>cheerful</u> during the afternoon after she gets home from school.

429. queso - cheese (noun)

Hay muchos tipos de <u>quesos</u>, pero las hamburguesas siempre llevan cheddar.

There are many types of <u>cheese</u>, but burgers always have cheddar.

430. químico - chemical (noun)

El cloro es un <u>químico</u> muy dañino para la salud.

Chlorine is a <u>chemical</u> that is very harmful to health.

431. química - chemistry (noun)

La <u>Química</u> es una ciencia física que requiere sólidos conocimientos de Matemáticas.

<u>Chemistry</u> is a physical science that requires a solid knowledge of Mathematics.

432. cofre - chest (noun)

Nos encontramos un montón de juguetes viejos y cachivaches en un <u>cofre</u> olvidado.

We found a bunch of old toys and junk in a forgotten <u>chest</u>.

433. pollo - chicken (noun)

Desde que empecé a trabajar en KFC, ya no como tanto <u>pollo</u> como antes.

Since I started working at KFC, I don't eat as much <u>chicken</u> as I used to.

434. jefe - chief (noun)

Los exploradores se juntaron con un <u>jefe</u> local para aprender sobre la zona.

The explorers met with a local <u>chief</u> to learn about the area.

435. niño - child (noun)

Por la tarde, siempre veo que hay un <u>niño</u> jugando solo. Se llama Cristian.

In the afternoon, I always see a <u>child</u> playing alone. His name is Cristian.

436. infancia - childhood (noun)

En mi <u>infancia</u> no había tanta tecnología como hoy en día.

In my <u>childhood</u> there wasn't as much technology as there is today.

437. chip - chip (noun)

Para cambiar el número de tu teléfono deberás cambiar el chip.

To change your phone number, you will need to change the chip.

438. chocolate - chocolate (noun)

Paco y Andrés son alérgicos al chocolate y las nueces.

Paco and Andrés are allergic to chocolate and nuts.

439. elección - choice (noun)

Necesitas hacer una elección entre la naranja y la manzana.

You need to make a choice between orange and apple.

440. escoger - to choose (adjective)

¿Quiere algo de beber? Puede escoger entre té, café o gaseosa.

Would you like something to drink? You can choose between tea, coffee, or soda.

441. iglesia - church (noun)

El coro de la iglesia practica todos los sábados a las 6 pm.

The church choir practices every Saturday at 6 pm.

442. cigarrillo - cigarette (noun)

Antes fumaba cigarrillos a diario; ya hace cuatro años que no fumo.

I used to smoke cigarettes every day; I have not smoked for four years now.

443. cine - cinema (noun)

En el cine del centro venden ambos tipos de palomitas, dulces y saladas.

The downtown cinema sells both sweet and salty popcorn.

444. círculo - circle (noun)

Es mucho más fácil dibujar círculos si tienes un compás.

It is much easier to draw circles if you have a compass.

445. circunstancia - circumstance (noun)

Dadas las circunstancias, no creo que pueda costear un choque más.

Under the circumstances, I don't think I can afford another crash.

446. citar - to cite (verb)

Cuando estás escribiendo tu tesis, es importante citar bien a los autores.

When you are writing your thesis, it is important to cite authors well.

447. ciudadano - citizen (noun)

Los ciudadanos corrían de temor durante el tsunami.

Citizens were running in fear during the tsunami.

448. ciudad - city (noun)

La ciudad de Santiago es muy calurosa durante el verano.

The city of Santiago is very hot during the summer.

449. civil - civil (adjective)

El derecho civil regula las relaciones entre personas naturales o jurídicas.

Civil law regulates relationships between individuals or legal entities.

450. declaración - claim (noun)

En su declaración dijo que en aquella tienda le habían estafado.

In his claim, he said that he had been swindled in that store.

451. clase - class (noun)

Adrián es el profesor de quinto grado y es muy serio en su clase.

Adrián is the fifth grade teacher and he is very serious in his class.

452. clásico - classic (adjective)

La propiedad se vende totalmente amueblada con un estilo clásico.

The property is sold fully furnished with a classic style.

453. aula - classroom (noun)

Los alumnos empezaron a llegar al aula sobre las 8.

Students began to enter the classroom around 8.

454. cláusula - clause (noun)

De conformidad con esta cláusula, debo presentar un informe.

In accordance with this clause, I must submit a report.

455. limpiar - to clean (verb)

Mañana debo pararme temprano a limpiar mi habitación.

Tomorrow, I have to get up early to clean my room.

456. claro - clear (adjective)

El cielo estaba tan claro que podíamos ver las estrellas.

The sky was so clear that we could see the stars.

457. claramente - clearly (adverb)

La maestra habló claramente para ayudarnos a entender la lección.

The teacher spoke clearly to help us understand the lesson.

458. inteligente - clever (adjective)

Mi sobrino es un chico muy <u>inteligente</u> y talentoso.

My nephew is a very <u>clever</u> and talented boy.

459. hacer clic - to click (noun)

Tienes que <u>hacer clic</u> en el enlace para descargar el archivo.

You have to <u>click</u> on the link to download the file.

460. cliente - client (noun)

Nuestra firma está aceptando nuevos <u>clientes</u> y posibles inversionistas.

Our firm is accepting new <u>clients</u> and potential investors.

461. clima - climate (noun)

Algunas áreas de Florida tienen un <u>clima</u> subtropical.

Some areas of Florida have a subtropical <u>climate</u>.

462. subida - climb (noun)

El pueblo está situado en la cima de una <u>subida</u> empinada.

The village is located on top of a steep <u>climb</u>.

463. reloj - clock (noun)

El maestro miró el <u>reloj</u> para ver si era la hora del almuerzo.

The teacher checked the <u>clock</u> to see if it was lunchtime.

464. cerrar - to close (verb)

Para <u>cerrar</u> la ventana, hay que quitarle el seguro anti niños.

To <u>close</u> the window, the child safety lock must be removed.

465. cerca - close (adverb, adjective)

Mantén el teléfono <u>cerca</u> por si te llaman de algún trabajo.

Keep your phone <u>close</u> by in case you get a call from a job.

466. cerrado - closed (adjective)

Ayer queríamos ir a jugar bowling en el centro comercial, pero estaba <u>cerrado</u>.

Yesterday we wanted to go bowling at the mall, but it was <u>closed</u>.

467. de cerca - closely (adverb)

Paula y José bailaron <u>de cerca</u> toda la noche.

Paula and José danced <u>closely</u> all night.

468. tela - cloth (noun)

El vestido de la reina está hecho de <u>tela</u> de la más alta calidad.

The queen's gown is made from <u>cloth</u> of the highest quality.

469. ropa - clothes (adjective)

Su ropa quedó húmeda después de que la sorprendiera la tormenta.

Her clothes were damp after she was caught in the storm.

470. nube - cloud (noun)

Tras la tormenta, las nubes desaparecieron y salió el sol.

After the storm, the clouds disappeared and the sun came out.

471. club - club (noun)

¿Ustedes son miembros del club de tenis? Yo quiero inscribirme.

Are you members of the tennis club? I want to join.

472. pista - clue (noun)

Si encontramos más pistas, podremos resolver el misterio.

If we find more clues, we can solve the mystery.

473. entrenador - coach (noun)

El entrenador enseñó a los muchachos a lanzar la pelota.

The coach showed the boys how to throw the ball.

474. carbón - coal (noun)

Las locomotoras solían funcionar con carbón.

Locomotives used to be powered by coal.

475. costa - coast (noun)

Es fácil encontrar un trabajo de verano en la costa.

It is easy to find summer employment on the coast.

476. abrigo - coat (noun)

Kevin usa el abrigo solamente durante el invierno o por las mañanas.

Kevin wears the coat only during winter or in the mornings.

477. código - code (noun)

El espía descifró el código para acceder a información confidencial.

The spy cracked the code to access confidential information.

478. café - coffee (noun)

A mí me gusta el té mientras que a Alejandra le gusta el café.

I like tea while Alejandra likes coffee.

479. moneda - coin (noun)

Mi hermano colecciona <u>monedas</u> de diferentes países.

My brother collects <u>coins</u> from different countries.

480. frío - cold (adjective)
No me importa el <u>frío</u>, así que abrí la ventana.

I do not mind the <u>cold</u>, so I opened the window.

481. colapso - collapse (noun)
El muro fue reforzado para prevenir su <u>colapso</u>.

The wall was reinforced to prevent its <u>collapse</u>.

482. colega - colleague (adjective)
Conocí a varios <u>colegas</u> profesionales en la conferencia.

I met several professional <u>colleagues</u> at the conference.

483. recoger - to collect (verb)
El grupo de voluntarios <u>recoge</u> comida para los pobres.

The volunteer group <u>collects</u> food for the poor.

484. colección - collection (noun)
El museo tiene una gran <u>colección</u> de cuadros.

The museum has a large <u>collection</u> of paintings.

485. universidad - college (noun)
Estudié Derecho en la <u>universidad</u>, pero actualmente trabajo en un call center.

I studied Law at <u>college</u>, but currently I work in a call center.

486. color - color (noun)
Me encantan los <u>colores</u> del cielo al anochecer.

I love the <u>colors</u> of the sky at nightfall.

487. de colores - colored (adjective)
Colgamos luces <u>de colores</u> en la casa para navidad.

We hung <u>colored</u> lights on our house for Christmas.

488. columna - column (noun)
Hay que reparar la <u>columna</u> que sujeta el techo del porche.

The <u>column</u> supporting the roof over the porch needs to be repaired.

489. combinación - combination (noun)
La <u>combinación</u> de café y leche de coco es deliciosa.

The <u>combination</u> of coffee and coconut milk is delicious.

490. combinar - to combine (verb)

Primero, <u>combina</u> los ingredientes con un batidor.

First, <u>combine</u> the ingredients with a whisk.

491. venir - to come (verb)

La compañía eléctrica <u>viene</u> a leer nuestro medidor cada tres meses.

The electric company <u>comes</u> to read our meter every three months.

492. comedia - comedy (noun)

Estábamos de humor para una <u>comedia</u>, pero no encontramos ninguna.

We were in the mood for a <u>comedy</u> but couldn't find one.

493. comodidad - comfort (adjective)

La <u>comodidad</u> fue la principal consideración de Audrey al comprar un nuevo colchón.

<u>Comfort</u> was Audrey's main consideration when buying a new mattress.

494. cómodo - comfortable (adjective)

Los fines de semana siempre uso ropa <u>cómoda</u>.

On weekends, I always wear clothes that I feel <u>comfortable</u> in.

495. mando - command (noun)

Cedió el <u>mando</u> de su barco al nuevo capitán.

He turned over <u>command</u> of his ship to the new captain.

496. comentario - comment (noun)

Mi profesor me echó de la clase por hacer <u>comentarios</u> impertinentes.

My teacher threw me out of class for making cheeky <u>comments</u>.

497. comercial - commercial (noun)

Las ganancias de la compañía aumentaron gracias a la nueva estrategia <u>comercial</u>.

The company's profits rose thanks to the new <u>commercial</u> strategy.

498. comisión - commission (noun)

Nuestros vendedores obtienen un salario fijo más una <u>comisión</u>.

Our salespeople get a fixed salary plus a <u>commission</u>.

499. cometer - to commit (verb)

Es probable que el prisionero <u>cometa</u> más crímenes si es liberado.

The prisoner is likely to <u>commit</u> more crimes if released.

500. compromiso - commitment (noun)

Su fuerte <u>compromiso</u> con los derechos de la mujer la determinaron a continuar.

Her strong <u>commitment</u> to women's rights made her determined to continue.

501. comité - committee (noun)

Asignaron a Elena al <u>comité</u> de planificación de festejos.

Elena was appointed to the party-planning <u>committee</u>.

502. común - common (adjective)

El crimen es un suceso <u>común</u> en las grandes ciudades.

Crime is a <u>common</u> occurrence in big cities.

503. normalmente - commonly (adverb)

La fiebre es <u>normalmente</u> un síntoma de infección.

Fever is <u>commonly</u> a symptom of infection.

504. comunicar - to communicate (verb)

Uso una aplicación en mi computadora para <u>comunicarme</u> con mis clientes.

I use an application on my computer to <u>communicate</u> with my customers.

505. comunicación - communication (noun)

Las nuevas tecnologías facilitan la <u>comunicación</u> a distancia.

New technologies make long-distance <u>communication</u> easier.

506. comunidad - community (noun)

Una <u>comunidad</u> se basa en valores y metas compartidos.

A <u>community</u> is based on common values and goals.

507. empresa - company (noun)

Miriam trabaja para una <u>empresa</u> que vende electrodomésticos.

Miriam works for a <u>company</u> that sells home appliances.

508. comparar - to compare (verb)

Algunos niños suelen <u>comparar</u> a sus padres con héroes.

Some children tend to <u>compare</u> their parents to heroes.

509. comparación - comparison (noun)

La <u>comparación</u> entre los perros muestra que éste es más grande.

<u>Comparison</u> of the dogs shows that this one is bigger.

510. competir - to compete (verb)

Los equipos femeninos competirán por el campeonato.

The women's teams will compete for the championship.

511. competencia - competition (noun)
El profesor quiere evitar la competencia entre los alumnos.

The teacher wants to avoid competition among students.

512. competidor - competitor (noun)
Nuestros competidores no tienen ninguna ventaja demostrada.

Our competitors have no proven advantage.

513. competitivo - competitive (adjective)
Hago compras en esta tienda porque ofrece precios competitivos.

I shop at this store because it offers competitive prices.

514. quejarse - to complain (verb)
Mi hijo siempre se queja cuando tiene que irse a la cama.

My son always complains when he has to go to bed.

515. queja - complaint (noun)
Nunca ha habido una queja sobre nuestro servicio.

There has never been a complaint about our service.

516. completar - to complete (verb)
Completé el formulario y lo entregué a través del sitio web.

I completed the form and submitted it through the website.

517. completamente - completely (adverb)
Es aconsejable descargar completamente la batería antes de cargarla de nuevo.

It is advisable to completely discharge the battery before charging it again.

518. complejo - complex (adjective)
Planear una boda es una operación muy compleja.

Planning a wedding is a very complex operation.

519. complicado - complicated (adjective)
Esta película es muy complicada, no entiendo qué está pasando.

Wow, this film's complicated, I don't understand what's going on.

520. componente - component (noun)
Les costó trabajo conseguir todos los componentes del motor.

They had difficulty getting all the components of the motor.

521. computadora - computer (noun)

El técnico arregló el sistema operativo de mi computadora.

The technician fixed my computer's operating system.

522. concentrarse - to concentrate (verb)

Es difícil concentrarme en clase cuando Alicia no deja de hablarme.

It's hard to concentrate in class when Alicia keeps talking to me.

523. concentración - concentration (noun)

Mis poderes de concentración no son los mismos de antes.

My powers of concentration aren't what they used to be.

524. concepto - concept (noun)

Entendí el concepto cuando el profesor dio algunos ejemplos.

I got the concept when the professor gave a few examples.

525. preocupación - concern (noun)

Nuestra preocupación principal es proteger el medio ambiente.

Our main concern is to protect the environment.

526. preocupado - concerned (adjective)

El padre preocupado habló con el profesor.

The concerned parent talked to the teacher.

527. concierto - concert (noun)

La orquesta sinfónica dio un concierto en el parque.

The symphony orchestra gave a concert in the park.

528. concluir - to conclude (verb)

El jefe de personal concluyó la reunión temprano.

The chief of staff concluded the meeting early.

529. conclusión - conclusion (noun)

Llegué a la conclusión de que deberíamos irnos.

I came to the conclusion that we should go.

530. condición - condition (noun)

La casa está en unas condiciones terribles; necesita mucho trabajo.

This house is in terrible condition, it needs a lot of work.

531. conducta - conduct (noun)

El profesor felicitó al estudiante por su excelente conducta.

The teacher praised the student for his excellent conduct.

532. conferencia - conference (noun)

Empleé lo que aprendí en la conferencia en mi trabajo.

I will apply what I learned at the conference at my job.

533. confianza - confidence (noun)

Los obstáculos no socavaron la confianza del equipo.

The obstacles did not undermine the team's confidence.

534. confiado - confident (adjective)

Mi hijo está confiado de que tomó la decisión correcta.

My son is confident he made the right choice.

535. confirmar - to confirm (verb)

El hotel contactó al huésped para confirmar su reserva.

The hotel contacted the guest to confirm his reservation.

536. conflicto - conflict (noun)

Este cambio podría significar el final del conflicto.

This change could spell the end of the conflict.

537. confundir - to confuse (verb)

Es común confundir el azúcar con la sal.

It is common to confuse sugar with salt.

538. confundido - confused (adjective)

Los turistas parecían confundidos, así que les ayudé a encontrar el hotel.

The tourists looked confused, so I helped them find the hotel.

539. confuso - confusing (adjective)

Como el libro de texto era confuso, muchos alumnos reprobaron el examen.

Because the textbook was confusing, many students failed the exam.

540. conectar - to connect (verb)

El electricista conectó la máquina al haz de cables.

The electrician connected the machine to the cable bundle.

541. conectado - connected (adjective)

El pozo le da agua a la casa a través de la tubería conectada.

The well supplies water to the house through the connected pipe.

542. conexión - connection (noun)

La compañía tiene una <u>conexión</u> segura a la red.

The company has a secure <u>connection</u> to the network.

543. consciente - conscious (adjective)

El paciente estuvo <u>consciente</u> mientras los médicos lo examinaron.

The patient was <u>conscious</u> while the doctors examined him.

544. consequencia - consequence (noun)

Una de las <u>consecuencias</u> de tener un camión es que todo el mundo te pide favores.

One <u>consequence</u> of owning a truck is that everyone asks for favors.

545. conservador - conservative (adjective)

Mis padres se están volviendo más <u>conservadores</u> a medida que envejecen.

My parents are becoming more <u>conservative</u> as they get older.

546. considerar - to consider (verb)

¿Has <u>considerado</u> las consecuencias a largo plazo de esta decisión?

Have you <u>considered</u> the long-term consequences of this decision?

547. consideración - consideration (noun)

Tras algunas <u>consideraciones</u>, Greta rechazó la proposición de Alistair.

After some <u>consideration</u> of Alistair's proposal, Greta turned him down.

548. consistir - to consist (verb)

El examen <u>consiste</u> en cuatro partes escritas y una oral.

The exam <u>consists</u> of four written and one oral sections.

549. congruente - consistent (adjective)

Su testimonio y la declaración que hizo originalmente a la policía no son <u>congruentes</u>.

Her testimony and the statement she originally made to the police are not <u>consistent</u>.

550. constante - constant (adjective)

Mantén el caldo en <u>constante</u> ebullición durante diez minutos.

Keep the broth at a <u>constant</u> boil for ten minutes.

551. constantemente - constantly (adverb)

El mar está <u>constantemente</u> en movimiento, nunca quieto.

The sea is <u>constantly</u> in motion, never still.

552. construir - to construct (verb)

El ayuntamiento planea construir un nuevo centro cívico.

The city plans to construct a new community center.

553. construcción - construction (verb)

La construcción de la nueva autopista tardará dos años.

The construction of the new highway will take two years.

554. consumir - to consume (verb)

Esta aplicación consume mucha batería de mi teléfono.

This app consumes a lot of my phone's battery power.

555. consumidor - consumer (noun)

Los productos llegan a los consumidores gracias a las cadenas de distribución.

Products reach consumers because of supply chains.

556. contacto - contact (noun)

Mi tío todavía está en contacto con sus amigos de infancia.

My uncle is still in contact with his childhood friends.

557. contener - to contain (verb)

Cada lata de leche condensada contiene 355 mililitros.

Each can of condensed milk contains 355 milliliters.

558. contenedor - container (noun)

Los grandes contenedores de transporte fueron apilados en la bodega.

Large shipping containers were stacked high in the hold.

559. contemporáneo - contemporary (adjective)

La política contemporánea hace mucho hincapié en las cuestiones sociales.

Contemporary politics have a heavy emphasis on social issues.

560. contenido - content (noun)

El contenido del ensayo es importante e interesante.

The content of the essay is interesting and important.

561. concurso - contest (noun)

La escuela celebró un concurso artístico y asistieron muchos padres.

The school held an art contest and many parents attended.

562. contexto - context (noun)

El contexto de una nueva palabra debe proporcionar pistas sobre su significado.

The context of a new word should provide a clue about its meaning.

563. continente - continent (noun)

El español se habla mucho en los continentes de América del Sur y del Norte.

Spanish is spoken widely on the continents of South and North America.

564. continuar - to continue (verb)

¿Van a continuar con el proyecto o se suspendió definitivamente?

Are they going to continue the project or is it permanently suspended?

565. continuo - continuous (adjective)

El ruido de la autopista cercana era continuo y no pude dormir.

The noise from the nearby highway was continuous and I couldn't sleep.

566. contrato - contract (noun)

La empresa tiene un contrato con el proveedor.

The company has a contract with the supplier.

567. contraste - contrast (noun)

La televisión no tenía buen contraste, así que la imagen no se veía bien.

There wasn't enough contrast, so the TV image was hard to see.

568. contribuir - to contribute (verb)

Entra en el sitio web de la asociación benéfica si quieres contribuir.

Log on to the charity's website if you want to contribute.

569. contribución - contribution (noun)

La contribución realizada por el presidente del club fue bastante considerable.

The contribution made by the club president was quite large.

570. controlar - to control (verb)

La policía luchó por controlar a la multitud.

The police struggled to control the crowd.

571. conveniente - convenient (adjective)

Con este tráfico, el tren es la opción más conveniente.

With this traffic, the train is the most convenient option.

572. conversación - conversation (noun)

Las conversaciones implican tanto hablar como escuchar.

Conversations entail both talking and listening.

573. convertir - to convert (verb)

El organismo humano convierte la glucosa en energía.

The human organism converts glucose into energy.

574. convencer - to convince (verb)

Mis amigos quieren que vaya a la fiesta, tengo que convencer a mi mamá.

My friends want me to go to the party, I have to convince my mom.

575. convencido - convinced (adjective)

Estoy totalmente convencido de que encontraré trabajo.

I am quite convinced that I will find a job.

576. cocinar - to cook (verb)

Según la receta, tengo que cocinar el pescado por quince minutos a fuego bajo.

According to the recipe, I need to cook the fish for fifteen minutes over low heat.

577. estufa - cooker (noun)

Tengo que arreglar mi estufa, necesita una nueva resistencia.

I have to fix my cooker, it needs a new heating element.

578. frío - cool (adjective)

Mi café ya está lo suficientemente frío como para tomármelo.

My coffee is finally cool enough to drink.

579. copiar - to copy (verb)

Necesito copiar toda esta información porque va a estar en el examen.

I need to copy all this information because it is going to be on the exam.

580. núcleo - core (noun)

El núcleo de la Tierra es la capa más caliente de nuestro planeta.

The Earth's core is the hottest layer of our planet.

581. esquina - corner (noun)

Tenemos que girar a la derecha en la próxima esquina.

We have to turn right at the next corner.

582. corporativo - corporative (adjective)

La junta directiva revisó el plan corporativo.

The board of directors reviewed the corporative plan.

583. correcto - correct (adjective)

El estudiante sabía la respuesta correcta a la pregunta.

The student knew the correct answer to the question.

584. correctamente - correctly (adverb)

No has ingresado los datos correctamente. Vuelve a intentarlo más tarde.

You have not entered the data correctly. Please try again later.

585. costo - cost (adjective)

El costo real de producción es inferior a lo esperado.

The actual cost of production is lower than expected.

586. disfraz - costume (noun)

Fui a la fiesta de carnaval vestido con un disfraz de pirata.

I went to the carnival ball dressed in a pirate costume.

587. cabaña - cottage (noun)

Pasé el verano en una pequeña cabaña de madera junto al mar.

I spent the summer in a small wooden cottage by the sea.

588. algodón - cotton (noun)

Mi padre decía que recolectar algodón era el trabajo más duro que había hecho jamás.

My father said that picking cotton was the hardest work he ever did.

589. poder - could (auxiliary verb)

Cuando Samantha era pequeña, podía trepar árboles altos.

When Samantha was a girl, she could climb tall trees.

590. consejo - council (noun)

La gobernadora creó un consejo para que la asesorara en materia educativa.

The governor appointed a council to advise her on educational matters.

591. contar - to count (verb)

Después de retirar dinero, empecé a contar los billetes.

After withdrawing money, I began to count the bills.

592. país - country (noun)

Me mude de país buscando una mejor calidad de vida.

I moved to another country looking for a better quality of life.

593. campo - countryside (noun)
La familia tiene una gran finca en el campo.

The family owns a big property in the countryside.

594. condado - county (noun)
La mayor parte del condado es rural, pero también hay una ciudad grande.

Most of the county is rural, but it also contains a large city.

595. pareja - couple (noun)
Cada pareja bailaba perfectamente al ritmo de la música.

Each couple danced in perfect time to the music.

596. valor - courage (noun)
Se necesitó valor para enfrentarse a la multitud enfurecida.

It took courage to stand up to the angry crowds.

597. curso - course (noun)
El capitán cambió el curso del barco.

The captain changed the ship's course.

598. corte - court (noun)
La corte sentenció al ladrón a dos años de prisión.

The court sentenced the thief to two years in prison.

599. primo - cousin (noun)
María, la hija de mi tío Mike, es mi prima favorita.

Uncle Mike's daughter, María, is my favorite cousin.

600. cubrir - to cover (verb)
Cubre tu cuerpo para que no sientas el aire frío.

Cover your body so you don't feel the cold air.

601. cubierto - covered (adjective)
El pastel estaba cubierto de chocolate.

The cake was covered with chocolate.

602. vaca - cow (noun)
La vaca tiene que ser ordeñada dos veces al día.

The cow needs to be milked twice daily.

603. choque - crash (noun)

El choque produjo un gran estruendo que atrajo a una multitud.

The crash produced a loud noise that attracted a crowd of people.

604. loco - crazy (adjective)

Hoy había un hombre loco en el metro.

There was a crazy man on the metro today.

605. crema - cream (noun)

Aplícate crema en la piel para mantenerla suave.

Rub some cream onto your skin to keep it smooth.

606. crear - to create (verb)

Puedes dividir tu disco duro para crear una copia de seguridad.

You can partition your hard drive to create a backup.

607. creación - creation (noun)

El proyecto supone la creación de nuevas zonas verdes.

The project involves the creation of new green spaces.

608. creativo - creative (adjective)

La agencia de publicidad contrató a un nuevo director creativo.

The advertising agency hired a new creative director.

609. criatura - creature (noun)

Encontrarás todo tipo de criaturas viviendo en los troncos de los árboles caídos.

You'll find all sorts of creatures living in fallen tree trunks.

610. crédito - credit (noun)

Él tiene tres créditos disponibles para conseguir un regalo.

He has three credits to use to get a gift.

611. tripulación - crew (noun)

Judith quiere que me una a su tripulación cuando navegue a Nueva Zelanda.

Judith wants me to join her crew when she sails to New Zealand.

612. crimen - crime (noun)

La policía pasó por alto las pistas más importantes para resolver el crimen.

The police missed the most important clues to solve the crime.

613. delincuente - criminal (noun)

Puede que Jean sea irresponsable, pero no es un <u>delincuente</u>.

Jean may be irresponsible, but he's not a <u>criminal</u>.

614. crisis - crisis (noun)

Jesús siempre sabe qué hacer ante una <u>crisis</u>.

Jesús always knows what to do in a <u>crisis</u>.

615. criterio - criteria (noun)

El precio no es el único <u>criterio</u> que debes considerar cuando compras un auto.

Price is not the only <u>criteria</u> to consider when you buy a car.

616. crítico - critics (noun)

Todos los <u>críticos</u> adoraron la película, pero la audiencia no estuvo de acuerdo.

All the <u>critics</u> loved the movie, but audiences didn't agree.

617. crítico - critical (adjective)

El profesor era <u>crítico</u> con respecto a muchos de los estudiantes.

The professor was <u>critical</u> of many of the students.

618. crítica - criticism (noun)

La gobernadora recibió muchas <u>críticas</u> por su intento de incrementar los impuestos.

The governor received a lot of <u>criticism</u> for her effort to raise taxes.

619. criticar - to criticize (verb)

Si <u>criticas</u> sus esfuerzos, trata al menos de encontrar también algo positivo.

If you <u>criticize</u> their efforts, try to find something positive too.

620. cultivo - crop (noun)

La granja de la abuela siempre tenía <u>cultivos</u> de maíz y tomates.

Grandmother's farm always bore <u>crops</u> of corn and tomatoes.

621. cruzar - to cross (verb)

<u>Cruzó</u> la calle cuando el tráfico se detuvo.

He <u>crossed</u> the street when the traffic stopped.

622. multitud - crowd (noun)

Aquel acto circense siempre lograba atraer a <u>multitud</u> de curiosos.

The circus act never failed to attract <u>crowds</u> of curious people.

623. abarrotado - crowded (adjective)

Jenny no pudo encontrar un asiento en el <u>abarrotado</u> bus.

Jenny couldn't find a seat on the <u>crowded</u> bus.

624. crucial - crucial (adjective)

Omitiste información <u>crucial</u> en tu reporte.

You omitted <u>crucial</u> information from your report.

625. cruel - cruel (adjective)

El perro escapó por los <u>crueles</u> golpes que le daba el hombre.

The dog ran away due to the man's <u>cruel</u> beatings.

626. llorar - to cry (verb)

Mi mamá no paró de <u>llorar</u> durante el funeral de mi padre.

My mom didn't stop <u>crying</u> during my father's funeral.

627. cultural - cultural (adjective)

Inglaterra y Estados Unidos tienen muchos lazos <u>culturales</u>.

England and the USA have many <u>cultural</u> ties.

628. cultura - culture (noun)

En muchas partes del país, la <u>cultura</u> es bastante conservadora.

The <u>culture</u> in many parts of the country is quite conservative.

629. taza - cup (noun)

¿Me puede dar una <u>taza</u> de café?

Can I have a <u>cup</u> of coffee?

630. alacena - cupboard (noun)

Pon los platos en la <u>alacena</u> de arriba.

Put the dishes in the upper <u>cupboard</u>.

631. cura - cure (noun)

No se ha hallado una <u>cura</u> contra el SIDA.

They haven't found a <u>cure</u> for AIDS.

632. rizado - curly (adjective)

Mi hermana tiene el pelo naturalmente <u>rizado</u>.

My sister has naturally <u>curly</u> hair.

633. moneda - currency (noun)

Tengo que conseguir <u>moneda</u> extranjera para mis vacaciones.

I have to get foreign <u>currency</u> for my vacation.

634. actual - current (adjective)

¿Sabe cuál es la temperatura <u>actual</u>?   Do you know the <u>current</u> temperature?

635. actualmente - currently (adverb)
<u>Actualmente</u> estoy en el supermercado.   I'm <u>currently</u> at the supermarket.

636. cortina - curtain (noun)
Por favor, abre la <u>cortina</u> para que entre la luz del sol.   Please, open the <u>curtain</u> to let the sunlight in.

637. curva - curve (noun)
Practicamos el trazado de <u>curvas</u> al comienzo de la clase de arte.   We practiced drawing <u>curves</u> at the beginning of art class.

638. curvo - curved (adjective)
Dibujó una línea <u>curva</u> usando un par de compases.   She drew a <u>curved</u> line using a pair of compasses.

639. personalizado - custom (adjective)
La compañía construyó una motocicleta <u>personalizada</u> para él.   The company built a <u>custom</u> motorcycle for him.

640. cliente - customer (noun)
Es de veras un <u>cliente</u> muy bueno y lleva años comprando aquí.   He's a really good <u>customer</u> and has been coming here for years.

641. cortar - to cut (verb)
Ella <u>cortó</u> la cuerda y abrió el paquete.   She <u>cut</u> the string and opened the package.

642. ciclo - cycle (noun)
La clase de Geología de hoy trató del <u>ciclo</u> del agua en la atmósfera.   Geology class today was about the <u>cycle</u> that water makes in the atmosphere.

643. papá - dad (noun)
Mi <u>papá</u> tiene un auto de color azul y una motocicleta.   My <u>dad</u> has a blue car and a motorcycle.

644. diario - daily (adjective)
Los ingresos <u>diarios</u> eran bastante constantes en esta empresa.   <u>Daily</u> revenues were fairly constant in this company.

645. daño - damage (noun)

Los <u>daños</u> a la camioneta fueron solo de pintura.

The <u>damage</u> to the truck was only to the paint.

646. baile - dance (noun)

El vals es un <u>baile</u> de salón elegante originario del sur de Alemania.

The waltz is an elegant ballroom <u>dance</u> originating from the south of Germany.

647. bailarín - dancer (noun)

Los <u>bailarines</u> daban vueltas por el salón de baile.

The <u>dancers</u> whirled around the ballroom.

648. baile - dancing (noun)

Me gusta el <u>baile</u>, pero no se me da muy bien.

I like <u>dancing</u>, but I'm not very good at it.

649. peligro - danger (noun)

El soldado ignoró el <u>peligro</u> evidente y cruzó la línea de fuego.

The soldier ignored the obvious <u>danger</u> and ran through the front lines.

650. peligroso - dangerous (adjective)

Es <u>peligroso</u> dejar cuchillos sobre la mesa.

Leaving knives out on the table is <u>dangerous</u>.

651. oscuro - dark (adjective)

Cuando me desperté, la casa estaba <u>oscura</u>.

The house was <u>dark</u> when I woke up.

652. datos - data (noun)

La empresa contrató a un analista para examinar los <u>datos</u>.

The company hired an analyst to review the <u>data</u>.

653. fecha - date (noun)

Aún tenemos que fijar una <u>fecha</u> para la boda.

We have yet to set a <u>date</u> for the wedding.

654. hija - daughter (noun)

Mi <u>hija</u> vive en un pueblo cercano. Su madre y yo nos separamos hace un año.

My <u>daughter</u> lives in a nearby town. Her mother and I separated one year ago.

655. día - day (noun)

El agricultor trabajó todo el <u>día</u> en el campo.

The farmer worked all <u>day</u> in the field.

656. muerto - dead (adjective)

El bicho todavía no estaba <u>muerto</u>, así que lo volvió a pisar.

The bug was still not <u>dead</u>, so he stepped on it again.

657. trato - deal (noun)

Las dos partes se beneficiarán del <u>trato</u> al que han llegado.

Both parties will benefit from the <u>deal</u> they have reached.

658. querida - dear (adjective)

<u>Querida</u> hermana, gracias por tu carta.

<u>Dear</u> sister, thank you for your letter.

659. muerte - death (noun)

Su <u>muerte</u> se produjo a las 5 am a causa de un infarto.

His <u>death</u> occurred at 5 am due to a heart attack.

660. debate - debate (noun)

Actualmente, hay mucho <u>debate</u> sobre la inmigración.

Currently, there is much <u>debate</u> about immigration.

661. deuda - debt (noun)

Recibí un descuento por la liquidación anticipada de la <u>deuda</u>.

I got a discount for early settlement of the <u>debt</u>.

662. década - decade (noun)

La última <u>década</u> estuvo llena de innovaciones tecnológicas.

Last <u>decade</u> was full of technological innovations.

663. diciembre - December (noun)

Cada <u>diciembre</u> hago un donativo a una organización benéfica.

Every <u>December,</u> I make a contribution to charity.

664. merecer - to deserve (verb)

Todos los empleados <u>merecen</u> condiciones de trabajo dignas.

All employees <u>deserve</u> decent working conditions.

665. decidir - to decide (verb)

He <u>decidido</u> inscribirme en un curso de alemán.

I have <u>decided</u> to enroll in a German course.

666. decisión - decision (noun)

Mi madre siempre toma decisiones prudentes.

My mother always makes sensible decisions.

667. declarar - to declare (verb)

El país declaró su independencia en el año 1919.

The country declared its independence in 1919.

668. rechazar - to decline (verb)

Mi amigo rechazó mi invitación para almorzar.

My friend declined my invitation for lunch.

669. decorar - to decorate (verb)

Luisa decora toda la casa durante la temporada festiva.

Luisa decorates the whole house during the holiday season.

670. decoración - decoration (noun)

¿Me ayudarías a poner la decoración de navidad?

Will you help me put up the Christmas decorations?

671. disminuir - to decrease (verb)

La meditación es una buena manera de disminuir el estrés.

Meditation is a good way to decrease stress.

672. profunda - deep (adjective)

El agua es lo bastante profunda como para hacer submarinismo.

The water is deep enough to scuba dive.

673. profundamente - deeply (adverb)

Ella admiraba y amaba profundamente a su abuelo.

She admired and loved her grandfather deeply.

674. derrota - defeat (noun)

El equipo de rugby aceptó su derrota con humildad.

The rugby team accepted their defeat with humility.

675. defensa - defense (noun)

Una dieta saludable es la mejor defensa contra varias enfermedades.

A healthy diet is the best defense against several diseases.

676. defender - to defend (verb)

¿Quién defendió el fuerte cuando las tropas se retiraron?

Who defended the fort when the troops left?

677. definir - to define (verb)

El primer paso es <u>definir</u> sus problemas y/o quejas.

The first step is to <u>define</u> your issues and/or complaints.

678. definitivo - definite (adjective)

No hay pruebas <u>definitivas</u> de que exista vida extraterrestre.

There is no <u>definite</u> proof that alien life exists.

679. definitivamente - definitely (adverb)

<u>Definitivamente</u> voy a votar en las próximas elecciones.

I am <u>definitely</u> going to vote in the next election.

680. definición - definition (noun)

Busqué la palabra en el diccionario y leí su <u>definición</u>.

I looked the word up in the dictionary and read its <u>definition</u>.

681. licenciatura - degree (noun)

Mi padre tiene una <u>licenciatura</u> en Economía.

My father holds a <u>degree</u> in Economics.

682. retrasar - to delay (verb)

Perdón, no pude llegar a tiempo porque el tráfico me <u>retrasó</u>.

Sorry, I couldn't make it on time because traffic <u>delayed</u> me.

683. deliberar - to deliberate (verb)

El jurado dejó la sala durante dos horas para <u>deliberar</u>.

The jury left the courtroom for two hours to <u>deliberate</u>.

684. deliberadamente - deliberately (adverb)

Mi madre mintió <u>deliberadamente</u> para sorprender a mi padre.

My mother <u>deliberately</u> lied in order to surprise my father.

685. delicioso - delicious (adjective)

Si sigo la receta adecuadamente, mi postre será <u>delicioso</u>.

If I follow the recipe properly, my dessert will be <u>delicious</u>.

686. placer - delight (noun)

Conocer a la amable novia de mi hermano fue un <u>placer</u>.

Meeting my brother's nice girlfriend was a <u>delight</u>.

687. encantado - delighted (adjective)

Estaríamos <u>encantados</u> de ir a la fiesta.   We would be <u>delighted</u> to go to the party.

688. entregar - to deliver (verb)

Podemos <u>entregar</u> cualquier paquete dentro de cinco días hábiles.   We can <u>deliver</u> any package within five working days.

689. entrega - delivery (noun)

Pagaré los productos en el momento de la <u>entrega.</u>   I will pay for the products upon <u>delivery</u>.

690. exigir - to demand (verb)

El profesor les <u>exige</u> un alto nivel de trabajo a sus alumnos.   The teacher <u>demands</u> a high standard of work from his students.

691. demostrar - to demonstrate (verb)

El vendedor <u>demostró</u> el uso correcto del producto.   The salesman <u>demonstrated</u> the correct use of the product.

692. dentista - dentist (noun)

Me gustaría pedir una cita con mi <u>dentista</u>.   I would like to make an appointment with my <u>dentist</u>.

693. negar - to deny (verb)

Mi hija <u>negó</u> haber roto el jarrón.   My daughter <u>denied</u> having broken the vase.

694. departamento - department (noun)

El abogado trabaja en el <u>departamento</u> legal de la compañía.   The lawyer works in the company's legal <u>department</u>.

695. salida - departure (noun)

Mi <u>salida</u> está programada para mañana por la mañana.   My <u>departure</u> is scheduled for tomorrow morning.

696. densidad - density (noun)

La <u>densidad</u> del agua depende de su temperatura.   The <u>density</u> of water depends on its temperature.

697. deprimido - depressed (adjective)

Estoy un poco <u>deprimido</u> porque mi equipo ha perdido.   I am a bit <u>depressed</u> because my team has lost.

698. deprimente - depressing (adjective)

La falta de equipo y medicamentos es muy frustrante y <u>deprimente</u>.

The lack of equipment and lack of drugs is very frustrating and <u>depressing</u>.

699. profundidad - depth (noun)

La <u>profundidad</u> del río es mayor después de lluvias fuertes.

The <u>depth</u> of the river is greater after heavy rain.

700. describir - to describe (verb)

El pie de foto suele <u>describir</u> la imagen.

The caption often <u>describes</u> the image.

701. descripción - description (noun)

El manual ofrece una <u>descripción</u> del dispositivo.

The manual provides a <u>description</u> of the device.

702. desierto - desert (noun)

Vivir en el <u>desierto</u> puede ser difícil para los humanos.

Living in the <u>desert</u> can be hard for humans.

703. merecer - to deserve (verb)

Hoy trabajé mucho, así que <u>merezco</u> un descanso.

I worked a lot today, so I <u>deserve</u> a break.

704. diseño - design (noun)

El <u>diseño</u> de los componentes garantiza que la máquina funcionará.

The <u>design</u> of the components ensures that the machine will work.

705. diseñador - designer (noun)

Él es el famoso <u>diseñador</u> de la nueva computadora de Apple.

He is the famous <u>designer</u> of Apple's new computer.

706. deseo - desire (noun)

Mi <u>deseo</u> de ganar me ayuda a superar las dificultades.

My <u>desire</u> to win helps me overcome difficulties.

707. escritorio - desk (noun)

Pongo todos mis libros en el <u>escritorio</u> antes de estudiar.

I lay all my books on the <u>desk</u> before studying.

708. desesperado - desperate (adjective)

El gobierno tomó medidas <u>desesperadas</u> para reducir el déficit presupuestario.

The government took <u>desperate</u> measures to reduce the budget deficit.

709. a pesar de - despite (preposition)

A pesar de haber llegado tarde, fuimos los primeros en llegar.

Despite being late, we were the first to arrive.

710. destino - destination (noun)

El avión debería llegar a su destino final a tiempo.

The plane should reach its final destination on time.

711. destruir - to destroy (verb)

El terremoto destruyó todas las construcciones de este bloque.

The earthquake destroyed all the buildings on this block.

712. detalle - detail (noun)

La escritora reveló detalles sobre su nuevo libro.

The writer revealed details about her new book.

713. detallado - detailed (adjective)

Selma redactó un informe detallado sobre el proyecto para su jefe.

Selma wrote a detailed report on the project for her boss.

714. detectar - to detect (verb)

El escáner de seguridad detectó un objeto metálico en el equipaje del pasajero.

The security scanner detected a metallic object in the passenger's luggage.

715. detective - detective (noun)

Un detective interrogó a todos los que habían asistido a la boda.

A detective interviewed everyone who had been at the wedding.

716. determinar - to determine (verb)

Esta ronda determinará qué concursantes pasarán a la final.

This round will determine which contestants go through to the final.

717. determinado - determined (adjective)

Cuando quiero algo puedo ser muy determinado.

When I want something, I can be very determined.

718. desarrollar - to develop (verb)

El profesor ayudó a los alumnos a desarrollar sus habilidades creativas de escritura.

The teacher helped students develop their creative writing skills.

719. desarrollo - development (noun)

El <u>desarrollo</u> de videojuegos requiere mucha creatividad.

The <u>development</u> of video games requires a lot of creativity.

720. dispositivo - device (noun)

El técnico actualizó el software del <u>dispositivo</u>.

The technician updated the <u>device's</u> software.

721. diagrama - diagram (noun)

El <u>diagrama</u> muestra la jerarquía de la compañía.

The <u>diagram</u> illustrates the company's hierarchy.

722. diálogo - dialogue (noun)

Los actores ensayaron el <u>diálogo</u> antes de subir al escenario.

The actors rehearsed the <u>dialogue</u> before going on stage.

723. diamante - diamond (noun)

El joyero examinó los <u>diamantes</u> uno por uno.

The jeweler examined the <u>diamonds</u> one by one.

724. diario - diary (noun)

Llevo un <u>diario</u> de cómo me siento cada día.

I keep a <u>diary</u> of how I feel each day.

725. diccionario - dictionary (noun)

La escuela permite el uso de <u>diccionarios</u> durante los exámenes.

The school allows the use of <u>dictionaries</u> during exams.

726. morir - to die (verb)

El artista ha <u>muerto</u>, pero su legado artístico sobrevive.

The artist has <u>died</u>, but his artistic legacy lives on.

727. dieta - diet (noun)

Aunque estoy a <u>dieta</u>, de vez en cuando me como un helado.

Although I am on a <u>diet</u>, I occasionally eat ice cream.

728. diferencia - difference (noun)

Los dos informes presentan considerables <u>diferencias</u>.

The two reports present significant <u>differences</u>.

729. diferente - different (adjective)

Mi casa se ve completamente <u>diferente</u> tras la renovación.

My house looks totally <u>different</u> after the renovation.

730. de manera diferente - differently (adverb)

Encaró el problema <u>de manera diferente</u> y pronto lo resolvió.

She approached the problem <u>differently</u> and quickly solved it.

731. difícil - difficult (adjective)

Es <u>difícil</u> equilibrar una pelota sobre la cabeza.

It is <u>difficult</u> to balance a ball on your head.

732. dificultad - difficulty (noun)

La <u>dificultad</u> de los cursos era demasiada para algunos estudiantes.

The <u>difficulty</u> of the courses was too much for some of the students.

733. cavar - to dig (verb)

El jardinero <u>cavó</u> un agujero con la pala.

The gardener <u>dug</u> a hole with the shovel.

734. digital - digital (adjective)

La cartografía <u>digital</u> nos ayuda a controlar la cubierta forestal en la zona.

<u>Digital</u> mapping helps us monitor forest cover in the area.

735. cena - dinner (noun)

¿Qué hay para la <u>cena</u> esta noche?

What's for <u>dinner</u> tonight?

736. directo - direct (adjective)

Este es un camino <u>directo</u> al aeropuerto.

This is a <u>direct</u> route to the airport.

737. dirección - direction (noun)

¿Qué <u>dirección</u> es esa? ¿Norte o sur?

Which <u>direction</u> is that? North or south?

738. directamente - directly (adverb)

Asegúrate de venir <u>directamente</u> a casa del colegio.

Make sure you come <u>directly</u> home from school.

739. director - director (noun)

Es actor, pero lo que realmente le gustaría ser es <u>director</u> de cine.

He is an actor, but would really like to be a film <u>director</u>.

740. suciedad - dirt (noun)

Carl trató de limpiar la <u>suciedad</u> de la parte delantera de su camiseta.

Carl tried to get the <u>dirt</u> off the front of his T-shirt.

741. sucio - dirty (adjective)

El niño llevaba los pantalones <u>sucios</u> porque había estado jugando en el suelo.

The boy's pants were <u>dirty</u> because he was playing on the ground.

742. discrepar - to disagree (verb)

El empleado no <u>discrepa</u> con la decisión del gerente.

The employee does not <u>disagree</u> with the manager's decision.

743. desaparecer - to disappear (verb)

El barco <u>desapareció</u> en la niebla.

The boat <u>disappeared</u> in the fog.

744. decepcionado - disappointed (adjective)

La candidata estaba <u>decepcionada</u> por no conseguir el trabajo.

The candidate was <u>disappointed</u> that she did not get the job.

745. decepcionante - disappointing (adjective)

La <u>decepcionante</u> actuación del equipo lo llevó a perder el partido.

The team's <u>disappointing</u> performance led to them losing the game.

746. desastre - disaster (noun)

El piloto lanzó suministros en la zona afectada por el <u>desastre</u>.

The pilot dropped supplies in the area affected by the <u>disaster</u>.

747. descuento - discount (noun)

Recibí un <u>descuento</u> porque el producto estaba dañado.

I received a <u>discount</u> because the product was damaged.

748. disciplina - discipline (noun)

El capitán tiene que mantener la <u>disciplina</u> a bordo de su barco.

The captain has to maintain <u>discipline</u> aboard his ship.

749. descubrir - to discover (verb)

Los niños pequeños <u>descubren</u> algo nuevo cada día.

Small children <u>discover</u> something new every day.

750. descubrimiento - discovery (noun)

La historia de la humanidad empieza con el <u>descubrimiento</u> de la escritura.

The history of man begins with the <u>discovery</u> of writing.

751. discutir - to discuss (verb)

El gerente llamó a una reunión para discutir el proyecto.

The manager called a meeting to discuss the project.

752. discusión - discussion (noun)

Tras una larga discusión, tomamos una decisión.

After a long discussion, we made a decision.

753. enfermedad - disease (noun)

La detección temprana de enfermedades puede salvar vidas.

The early detection of diseases can save lives.

754. plato - dish (noun)

¿Qué tipo de plato quieres usar para servir la pasta?

What kind of dish do you want to use to serve the pasta?

755. deshonesto - dishonest (adjective)

Nunca debes ser deshonesto sobre tus sentimientos.

You must never be dishonest about your feelings.

756. disgusto - dislike (noun)

Jacqui trata de ocultar el disgusto que siente por su suegra.

Jacqui tries to hide her dislike of her mother-in-law.

757. descartar - to dismiss (verb)

El médico descartó la posibilidad de operar al paciente.

The doctor dismissed the possibility of operating on the patient.

758. pantalla - display (noun)

Verás la hora local en la parte de arriba de la pantalla.

You will see the local time at the top of the display.

759. distancia - distance (noun)

La distancia entre los postes es de unos veinte metros.

The distance between the poles is about twenty meters.

760. distribuir - to distribute (verb)

Me pagan por hora para distribuir estos volantes.

They're paying me an hourly rate to distribute these flyers.

761. distribución - distribution (noun)

Debe haber una distribución más justa de la riqueza en este país.

There needs to be a fairer distribution of wealth in this country.

762. distrito - district (noun)

Los Smith se mudaron a otro <u>distrito</u> al otro lado de la ciudad.

The Smiths moved to a different <u>district</u> on the other side of town.

763. dividir - to divide (verb)

El profesor les pidió a los niños que <u>dividieran</u> los animales según su alimentación.

The teacher asked the children to <u>divide</u> the animals according to what they ate.

764. división - division (noun)

Hay dieciocho personas trabajando en esta <u>división</u>.

There are eighteen people working in this <u>division</u>.

765. divorciado - divorced (adjective)

Su fe católica no le permitía casarse con un hombre <u>divorciado</u>.

Her Catholicism prevented her from marrying a <u>divorced</u> man.

766. hacer - to do (auxiliary verb)

<u>Hacer</u> obras de caridad es algo verdaderamente noble.

<u>Doing</u> charity work is something thoroughly noble.

767. médico - doctor (noun)

El <u>médico</u> me dio una receta para el medicamento.

The <u>doctor</u> gave me a prescription for the medication.

768. documento - document (noun)

Te mandaremos el <u>documento</u> dentro del plazo.

We will send you the <u>document</u> in due time.

769. documental - documentary (noun)

El <u>documental</u> se estrenó en el festival de cine.

The <u>documentary</u> was released at the film festival.

770. perro - dog (noun)

Hay muchas razas de <u>perros</u> diferentes.

There are many different breeds of <u>dogs</u>.

771. dólar - dollar (noun)

La propiedad del actor vale dos millones de <u>dólares</u>.

The actor's estate is worth two million <u>dollars</u>.

772. doméstico - domestic (adjective)

Me gustan los animales domésticos, especialmente los gatos. | I like domestic animals, especially cats.

773. dominar - to dominate (verb)

Fue una lucha, pero Barry consiguió dominar sus emociones. | It was a struggle, but Barry managed to dominate his emotions.

774. donar - to donate (verb)

Muchos supermercados donan la comida sobrante a un banco de alimentos. | Many supermarkets donate spare food to a food bank.

775. puerta - door (noun)

Abrió la puerta y entró en la habitación sin permiso. | He opened the door and entered the room without permission.

776. doble - double (adjective)

Mi marido y yo reservamos una habitación doble para dormir juntos. | My husband and I booked a double room to sleep together.

777. duda - doubt (noun)

A pesar de nuestras dudas, esta fue una inversión provechosa. | Despite our doubts, this was a profitable investment.

778. abajo - down (adverb)

Hay una casa abajo en el valle, tiene el techo rojo y es custodiada por un perro. | There is a house down in the valley, it has a red roof and is guarded by a dog.

779. descargar - to download (verb)

Hice clic en el enlace para descargar el archivo. | I clicked on the link to download the file.

780. abajo - downstairs (adverb)

Rachel corrió hacia abajo para abrir la puerta a sus invitados. | Rachel ran downstairs to open the door for her guests.

781. cuesta abajo - downward (adjective)

La trayectoria cuesta abajo del hombre durante su caída fue interrumpida. | The falling man's downward trajectory was interrupted.

782. docena - dozen (noun)

Te dije que necesitaba cuatro huevos para hornear la torta, no una <u>docena</u>.

I told you I needed four eggs to bake the cake, not a <u>dozen</u>.

783. borrador - draft (noun)

El tercer <u>borrador</u> de la moción fue aprobado por el comité.

The third <u>draft</u> of the motion was passed by the committee.

784. arrastrar - to drag (verb)

Se puede <u>arrastrar</u> la imagen al documento con el ratón.

You can <u>drag</u> the picture into the document with the mouse.

785. disponible - available (adjective)

El título de la película es engañoso, pensaba que era un <u>drama</u>.

The title of the film is misleading, I thought it was a <u>drama</u>.

786. dramático - dramatic (adjective)

El accidente no tuvo consecuencias <u>dramáticas</u>.

The accident did not have any <u>dramatic</u> consequences.

787. dibujar - to draw (verb)

El niño <u>dibujó</u> un árbol en una hoja de papel.

The child <u>drew</u> a tree on a piece of paper.

788. dibujo - drawing (noun)

Hice un <u>dibujo</u> antes de crear la escultura real.

I made a <u>drawing</u> before creating the real sculpture.

789. sueño - dream (noun)

Mi <u>sueño</u> se hizo realidad y sentí una gran satisfacción.

My <u>dream</u> came true and I felt great satisfaction.

790. vestido - dress (noun)

Corté la etiqueta de mi nuevo <u>vestido</u>.

I cut the tag off my new <u>dress</u>.

791. vestido - dressed (adjective)

Si vienes a las 8 de la mañana, es probable que todavía no esté <u>vestido</u>.

If you come over at 8 am, I probably won't be <u>dressed</u> yet.

792. beber - to drink (verb)

Quité el tapón de la botella para <u>beber</u>.

I took the cap off the bottle to <u>drink</u>.

793. conducir - to drive (verb)

Mi hermana prefiere conducir automóviles automáticos.	My sister prefers to drive automatic cars.

794. conductor - driver (noun)

El conductor tocó la bocina para advertir de su presencia.	The driver sounded the horn to warn about his presence.

795. conducción - driving (noun)

Fue a una escuela de conducción porque nadie en su familia le enseñaba a conducir.	She went on a driving school because no one in her family would teach her how to drive.

796. soltar - to drop (verb)

Utilicé el ratón para arrastrar y soltar el archivo en la carpeta.	I used the mouse to drag and drop the file into the folder.

797. droga - drug (noun)

El adicto empezó a tomar drogas cuando era adolescente.	The addict began using drugs when he was a teenager.

798. batería - drums (noun)

Dan toca la batería y la guitarra.	Dan plays drums and guitar.

799. borracha - drunk (adjective)

¿No te diste cuenta de que estaba borracha anoche?	Couldn't you tell that she was drunk last night?

800. seco - dry (adjective)

La silla estaba seca porque no estaba bajo la lluvia.	The chair was dry because it was not in the rain.

801. debido a - due to (preposition)

El partido se retrasó debido al mal tiempo.	The game was delayed due to bad weather.

802. durante - during (preposition)

Estaremos ausentes durante las vacaciones.	We will be absent during the holidays.

803. polvo - dust (noun)

Una nube de polvo flotó por el aire mientras la mujer sacudía la alfombra.	A cloud of dust rose into the air as the woman beat the rug.

804. deber - duty (noun)
Uno de mis <u>deberes</u> como gerente es liderar las reuniones del equipo.

One of my <u>duties</u> as manager is to lead team meetings.

805. DVD - DVD (noun)
Roger tiene una gran colección de <u>DVD</u> de ciencia ficción.

Roger has a large collection of science fiction <u>DVD</u>s.

806. cada - each (adjective)
<u>Cada</u> gato tiene su propia personalidad.

<u>Each</u> cat has its own personality.

807. oreja - ear (noun)
Su <u>oreja</u> izquierda se había quemado con el sol.

His left <u>ear</u> was sunburned.

808. temprano - early (adjective, adverb)
Me levanto <u>temprano</u> en la mañana.

I get up <u>early</u> in the morning.

809. ganar - to earn (verb)
¿Cuánto <u>ganarás</u> semanalmente en tu nuevo trabajo?

How much will you <u>earn</u> per week in your new job?

810. Tierra - Earth (noun)
La <u>Tierra</u> gira alrededor del Sol.

The <u>Earth</u> revolves around the Sun.

811. terremoto - earthquake (noun)
Por suerte, el <u>terremoto</u> no causó daños importantes.

Luckily, the <u>earthquake</u> did not cause major damage.

812. fácilmente - easily (adjective)
La gente persistente no se rinde <u>fácilmente</u>.

Persistent people do not give up <u>easily</u>.

813. este - east (noun)
La gente rica vive al <u>este</u> del río.

The rich people live <u>east</u> of the river.

814. oriental - eastern (adjective)
Podemos encontrarlos en toda la franja <u>oriental</u> del país.

We can find those along the whole <u>eastern</u> edge of the country.

815. fácil - easy (adjective)

Corregir la ortografía fue un trabajo fácil.

Correcting the spelling was an <u>easy</u> job.

816. comer - to eat (verb)
Tengo hambre. ¡Vamos a <u>comer</u>!

I'm hungry. Let's <u>eat</u>!

817. económico - economic (adjective)
El gobierno prometió que sus políticas <u>económicas</u> reducirían la deuda nacional.

The government promised their <u>economic</u> policies would lower the national debt.

818. economía - economy (noun)
La <u>economía</u> del país ha crecido este año.

The country's <u>economy</u> grew this year.

819. borde - edge (noun)
El vaso estaba en el <u>borde</u> de la mesa.

The glass was set on the <u>edge</u> of the table.

820. editar - to edit (verb)
Adolfo <u>edita</u> un periódico local; tiene un pequeño equipo de reporteros a su cargo.

Adolfo <u>edits</u> a local newspaper; he has a small team of reporters under him.

821. edición - edition (noun)
La revista contrató escritores adicionales para su <u>edición</u> especial.

The magazine contracted extra writers for its special <u>edition</u>.

822. editor - editor (noun)
El <u>editor</u> es el responsable último de todo lo que aparezca impreso en el periódico.

The <u>editor</u> is ultimately responsible for everything that is printed in the newspaper.

823. educar - to educate (verb)
Debería haber más fondos disponibles para <u>educar</u> a los jóvenes.

More funds should be made available to <u>educate</u> our young people.

824. educado - educated (adjective)
El personal de la compañía se compone de individuos <u>educados</u>.

The company's staff is made up of <u>educated</u> individuals.

825. educación - education (noun)

Ella obtuvo una maestría en <u>Educación</u>.	She gained a master's degree in <u>Education</u>.

826. educativo - educational (adjective)

Henry y Paula solo dejarán jugar a sus hijos con juguetes <u>educativos</u>.	Henry and Paula will only let their children play with <u>educational</u> toys.

827. efecto - effect (noun)

La intervención del gobierno no ha tenido ningún <u>efecto</u>.	The government intervention had no <u>effect</u>.

828. eficaz - effective (adjective)

Sus métodos de disciplina fueron <u>eficaces</u> y los niños se comportaron bien.	His methods of discipline were <u>effective</u> and the kids behaved themselves.

829. eficazmente - effectively (adverb)

La manager comprobó que todo su personal estuviera trabajando <u>eficazmente</u>.	The manager checked that all her staff were working <u>effectively</u>.

830. eficiente - efficient (adjective)

Cargar de a uno a la vez no es una manera <u>eficiente</u> de transportar leños.	Carrying them individually is not an <u>efficient</u> way to bring in logs.

831. esfuerzo - effort (noun)

Hizo un <u>esfuerzo</u> en limpiar la cocina, pero no quedó muy limpia al finalizar.	He made an <u>effort</u> at cleaning the kitchen, but it wasn't very clean afterwards.

832. huevo - egg (noun)

La mayoría de las aves ponen sus <u>huevos</u> en primavera.	Most birds lay their <u>eggs</u> in the spring.

833. ocho - eight (noun, adjective)

La reunión empezó puntualmente a las <u>ocho</u>.	The meeting started promptly at <u>eight</u> o'clock.

834. dieciocho - eighteen (noun, adjective)

<u>Dieciocho</u> personas estaban paradas en fila cuando se abrió la puerta.	<u>Eighteen</u> people were standing in line when the door opened.

835. ochenta - eighty (noun, adjective)

Hay alrededor de <u>ochenta</u> familias en el pueblo.	There are about <u>eighty</u> households in the village.

836. o bien - either (conjunction)

Los pasajeros pueden viajar en avión <u>o bien</u> en barco.	The passengers can <u>either</u> travel by air or by sea.

837. mayor - elderly (adjective)

Ayudé a una señora <u>mayor</u> a cruzar la calle.	I helped an <u>elderly</u> woman cross the road.

838. electo - elect (adjective)

El gobernador <u>electo</u> pasó el fin de semana dando entrevistas a la prensa.	The governor <u>elect</u> spent the weekend giving press interviews.

839. elección - election (noun)

La <u>elección</u> se llevará a cabo el 10 de junio.	The <u>election</u> will take place on June 10th.

840. eléctrico - electric (adjective)

El coche tiene espejos laterales <u>eléctricos</u>.	The car has <u>electric</u> wing mirrors.

841. eléctrico - electrical (adjective)

La empresa está verificando toda su instalación <u>eléctrica</u>.	The company is having all its <u>electrical</u> equipment tested.

842. electricidad - electricity (noun)

Este aparato funciona con <u>electricidad</u>.	This device runs on <u>electricity</u>.

843. electrónico - electronic (adjective)

La mayoría de los hogares hoy tienen muchos equipos <u>electrónicos</u>.	Most homes nowadays have many items of <u>electronic</u> equipment.

844. elemento - element (noun)

La buena gramática es sólo uno de los <u>elementos</u> de una buena escritura.	Good grammar is just one <u>element</u> of effective writing.

845. elefante - elephant (noun)

Una <u>elefanta</u> del zoológico dio a luz la semana pasada.	An <u>elephant</u> at the zoo gave birth last week.

846. once - eleven (noun, adjective)

Nos vemos en la parada del autobús a las once.

I'll meet you at the bus stop at <u>eleven</u>.

847. otro - else (noun)

¡No puedo ponerme ese vestido rosa! ¿Tendría algún <u>otro</u>?

I can't wear that pink dress! Have you got anything <u>else</u>?

848. en otro lugar - elsewhere (adverb)

El libro no contenía la información que quería, así que tuve que mirar <u>en otro lugar</u>.

The book did not contain the information I wanted, so I had to look <u>elsewhere</u>.

849. correo electrónico - email (noun)

Recibí un <u>correo electrónico</u> de John con las instrucciones para la fiesta.

I received an <u>email</u> from John with the directions to the party.

850. avergonzado - embarrassed (adjective)

Me sentí <u>avergonzado</u> de que me halagaran delante de tanta gente.

I was <u>embarrassed</u> to be praised aloud in front of so many people.

851. vergonzoso - embarrassing (adjective)

Era obvio que habían olvidado que iba a ir; fue muy <u>vergonzoso</u>.

It was obvious they'd forgotten I was coming; it was really <u>embarrassing</u>.

852. salir - to emerge (verb)

Se oyó un ruido entre los arbustos y <u>salió</u> un erizo.

There was rustling in the bushes and a hedgehog <u>emerged</u>.

853. emergencia - emergency (noun)

Hubo una <u>emergencia</u> y el primer ministro tuvo que volver de sus vacaciones.

There was an <u>emergency</u> and the Prime Minister had to come back from his holiday.

854. emoción - emotion (noun)

Los niños suelen tener dificultades para controlar sus <u>emociones</u>.

Children normally struggle to control their <u>emotions</u>.

855. emocional - emotional (adjective)

Su enfermedad fue de índole <u>emocional</u>.

His illness was <u>emotional</u> in nature.

856. énfasis - emphasis (noun)

El énfasis que él le puso a la buena comunicación alegró al jefe.

His emphasis on good communication made the boss happy.

857. enfatizar - to emphasize (verb)

Él enfatizó que no quería quedarse a trabajar allí.

He emphasized that he didn't want to stay working there.

858. emplear - to employ (verb)

Esta empresa emplea a más de cien trabajadores.

This company employs over a hundred staff.

859. empleado - employee (noun)

La compañía exige que todos los empleados respeten las reglas del manual.

The company requires all employees to follow the rules set out in the staff handbook.

860. empleador - employer (noun)

Janet le pidió a su empleador que le diera un aumento.

Janet asked her employer for a pay rise.

861. empleo - employment (noun)

Mucha gente joven tiene dificultades para encontrar empleo.

Many young people struggle to find employment.

862. vacía - empty (adjective)

Me bebí todo el café y ahora mi taza está vacía.

I drank all my coffee and now my cup is empty.

863. habilitar - to enable (verb)

Ella habilitó la función de compresión del software.

She enabled the compression feature of the software.

864. encuentro - encounter (noun)

El encuentro con su antigua novia fue incómodo.

The encounter with his old girlfriend was awkward.

865. animar - to encourage (verb)

Siempre animo a todo el mundo a aprender un nuevo idioma.

I always encourage anyone considering learning a new language.

866. final - end (noun)

Viven al final de la calle.

They live at the end of the street.

867. enemigo - enemy (noun)

El chico derrotó a sus enemigos en el videojuego.

The boy defeated his enemies in the video game.

868. energía - energy (noun)

La máquina convertía el vapor en energía utilizable.

The machine converted steam into usable energy.

869. llamar la atención - to engage (verb)

El enfoque de la profesora hacia las Matemáticas no llamaba la atención de sus estudiantes.

The teacher's approach to Maths did not engage her students.

870. comprometido - engaged (adjective)

Adam y Charlotte están comprometidos y planean casarse en abril.

Adam and Charlotte are engaged; they plan to marry in April.

871. motor - engine (noun)

Fiona puso la llave y escuchó rugir el motor.

Fiona turned the key in the ignition and heard the engine come to life.

872. ingeniero - engineer (noun)

Tuvimos que llamar a un ingeniero para que solucionara el problema.

We had to call out a broadband engineer to fix the problem.

873. ingeniería - engineering (noun)

Está estudiando ingeniería en la universidad.

She is studying engineering at university.

874. mejorar - to enhance (verb)

Mejoró sus posibilidades de conseguir empleo al obtener un grado universitario.

He enhanced his prospects of finding a job by getting a college degree.

875. disfrutar - to enjoy (verb)

Siempre disfruto un buen libro.

I always enjoy a good book.

876. enorme - enormous (adjective)

Había una araña enorme en la bañera.

There was an enormous spider in the bath.

877. suficiente - enough (adjective)

¿Tenemos <u>suficiente</u> dinero para pagar esta comida?

Do we have <u>enough</u> money for this meal?

878. investigación - inquiry (noun)

La policía hizo una <u>investigación</u> sobre el robo.

The police launched an <u>inquiry</u> into the robbery.

879. asegurar - to ensure (verb)

Deberías evitar tomar café durante la tarde para <u>asegurar</u> una buena noche de sueño.

You should avoid drinking coffee in the evening to <u>ensure</u> a good night's sleep.

880. entrar - to enter (verb)

El empleado tiene que mostrar su credencial para <u>entrar</u> al edificio.

The employee must show the badge to <u>enter</u> the building.

881. entretener - to entertain (verb)

El mago <u>entretuvo</u> a los niños en la fiesta.

The magician <u>entertained</u> the children at the party.

882. entretenimiento - entertainment (noun)

Él juega a los videojuegos como <u>entretenimiento</u>.

He plays video games for <u>entertainment</u>.

883. entusiasmo - enthusiasm (noun)

Su <u>entusiasmo</u> por el lenguaje la convierte en una excelente editora.

Her <u>enthusiasm</u> for language makes her a great editor.

884. entusiasta - enthusiastic (adjective)

Adam es un alumno <u>entusiasta</u> que siempre hace aportaciones útiles en clase.

Adam is an <u>enthusiastic</u> student who always makes a useful contribution in class.

885. todo - entire (adjective)

<u>Todo</u> el monto de la factura se pagó ayer.

The <u>entire</u> amount of the bill was paid yesterday.

886. completamente - entirely (adverb)

Fred no estaba <u>completamente</u> convencido por mi argumentación.

Fred wasn't <u>entirely</u> convinced by my argument.

887. entrada - entrance (noun)

La entrada principal del edificio está en la parte frontal.

The main entrance to the building is on the front side.

888. entrada - entry (noun)

Mi trabajo es crear nuevas entradas en la base de datos.

My job is to create new entries in the database.

889. ambiente - environment (noun)

Un buen ambiente de trabajo aumenta la productividad.

A good work environment boosts productivity.

890. ambiental - environmental (adjective)

Los expertos analizarán el impacto ambiental de la explotación forestal.

The experts will examine the environmental impact of the forestry development.

891. episodio - episode (noun)

En uno de los episodios, la heroína está atrapada en una cueva con un lobo afuera.

In one episode, the book's heroine is trapped in a cave with a wolf outside.

892. igual - equal (adjective)

El ancho y largo de un cuadrado siempre son iguales.

The width and length of a square are always equal.

893. igualmente - equally (adjective)

El premio se dividió igualmente entre los ganadores.

The reward was divided equally between the winners.

894. equipo - equipment (noun)

El entrenador llevó el equipo deportivo al estadio.

The coach took the sports equipment to the stadium.

895. error - error (noun)

El director gerente asumió la responsabilidad por el error.

The managing director assumed responsibility for the error.

896. escapar - to escape (verb)

El prisionero escapó de la mazmorra a través de un pasadizo escondido.

The prisoner escaped from the dungeon through a hidden passage.

897. especialmente - especially (adverb)

Aquí vienen muchos turistas, especialmente en verano. | Lots of tourists come here, especially in summer.

898. ensayo - essay (noun)
Los estudiantes entregaron sus <u>ensayos</u> a tiempo. | The students turned in their <u>essays</u> on time.

899. esencial - essential (adjective)
Una buena sincronización es <u>esencial</u> para bailar en grupo. | Good timing is <u>essential</u> for group dancing.

900. establecer - to establish (verb)
Debemos <u>establecer</u> normas para nuestro equipo. | We need to <u>establish</u> rules for our team.

901. bienes - estate (noun)
El tribunal decidió dividir los <u>bienes</u> entre las partes. | The court decided to divide the <u>estate</u> between the parties.

902. estimar - to estimate (verb)
Un experto <u>estimará</u> el valor del cuadro. | An expert will <u>estimate</u> the value of the painting.

903. ética - ethical (adjective)
Informar lo que encontraste era la única opción <u>ética</u>. | Reporting what you found out was the only <u>ethical</u> thing to do.

904. euro - euro (noun)
Puedes cambiar todos los <u>euros</u> que te sobran en el aeropuerto. | You can exchange any <u>euros</u> you have left at the airport.

905. evaluar - to evaluate (verb)
El jefe <u>evaluó</u> el proyecto para ver si había valido la pena. | The boss <u>evaluated</u> the project to see if it had been worthwhile.

906. incluso - even (adverb)
Era tan fácil que <u>incluso</u> un niño podía hacerlo. | It was so easy, <u>even</u> a child could do it.

907. noche - evening (noun)
Este lugar es hermoso por la <u>noche</u>. | It is beautiful here in the <u>evening</u>.

908. evento - event (noun)

Aquí está el programa de <u>eventos</u> para la próxima temporada.

Here's the schedule of <u>events</u> for the next season.

909. finalmente - eventually (adverb)

<u>Finalmente</u> decidió comprar el coche verde.

He <u>eventually</u> decided to buy the green car.

910. alguna vez - ever (adverb)

¿<u>Alguna vez</u> has estado en Nueva York?

Have you <u>ever</u> been to New York?

911. cada - every (adjective)

Visitan a sus abuelos <u>cada</u> diez días.

They visit their grandparents <u>every</u> ten days.

912. todos - everybody (pronoun)

<u>Todos</u> los que conozco prefieren el chocolate a la vainilla.

<u>Everybody</u> I know prefers chocolate to vanilla.

913. cotidiano - everyday (adjective)

Los accidentes de tráfico son algo <u>cotidiano</u> en esta carretera.

Car accidents on this road are an <u>everyday</u> occurrence.

914. todo el mundo - everyone (pronoun)

<u>Todo el mundo</u> quiere venir a la fiesta.

<u>Everyone</u> wants to come to the party.

915. todo - everything (noun)

La ubicación lo es <u>todo</u> cuando se compra una casa.

Location is <u>everything</u> when buying a house.

916. por todas partes - everywhere (adverb)

Había mosquitos <u>por todas partes</u>, no había forma de evitarlos.

The mosquitoes were <u>everywhere</u>, there was nowhere to hide from them.

917. evidencia - evidence (noun)

Las pruebas de ADN podrían no ser admitidas como <u>evidencia</u>.

The DNA tests could not be admitted as <u>evidence</u>.

918. mal - evil (noun, adjective)

Muchas personas devotas creen en los conceptos del bien y el <u>mal</u>.

Many religious people believe in the concepts of good and <u>evil</u>.

919. exacto - exact (adjective)

El testigo le dio a la policía una descripción exacta del sospechoso.

The witness gave the police an exact description of the suspect.

920. exactamente - exactly (adverb)

El tren se va en tres horas exactamente.

The train leaves in exactly three hours.

921. examen - exam (noun)

Aprobé el examen porque sabía las respuestas.

I passed the exam because I knew the answers.

922. examen - examination (noun)

Realizamos un examen exhaustivo de las mercancías.

We carried out a thorough examination of the goods.

923. examinar - to examine (verb)

La empresa contrató a un analista para examinar los datos.

The company hired an analyst to examine the data.

924. ejemplo - example (noun)

El ejemplo anterior es perfecto para el libro.

The above example is perfect for the book.

925. excelente - excellent (adjective)

Los resultados del estudiante fueron excelentes.

The student's results were excellent.

926. excepto - except (preposition)

Todos los invitados dejaron la habitación excepto uno.

All the guests left the room except one.

927. intercambiar - to exchange (verb)

Los académicos intercambiaron muchas ideas en la conferencia.

The academics exchanged many ideas at the conference.

928. entusiasmado - excited (adjective)

El cachorro entusiasmado corría en círculos por el jardín.

The excited puppy ran in circles around the garden.

929. emoción - excitement (noun)

Rachel no pudo contener su <u>emoción</u> cuando supo que estaba embarazada.

Rachel couldn't contain her <u>excitement</u> when she found out she was pregnant.

930. emocionante - exciting (adjective)
Es una historia muy <u>emocionante</u>, llena de acción y aventuras.

It's an <u>exciting</u> story, full of action and adventure.

931. excusa - excuse (noun)
La maestra estaba cansada de sus <u>excusas</u> en cuanto al trabajo que no había hecho.

The teacher was tired of his <u>excuses</u> for work not done.

932. ejecutivo - executive (noun)
Eric tiene un buen trabajo; es <u>ejecutivo</u> en una gran firma.

Eric has a good job; he's an <u>executive</u> with a big firm.

933. ejercicio - exercise (noun)
<u>Ejercicios</u>, como correr, son buenos para tu salud.

<u>Exercises</u>, like running, are good for your health.

934. exhibición - exhibition (noun)
Inauguran una nueva <u>exhibición</u> en la galería de la ciudad esta noche.

There's a new <u>exhibition</u> opening at the gallery in town tonight.

935. existir - to exist (verb)
¿Santa Claus realmente <u>existe</u>?

Does Santa Claus really <u>exist</u>?

936. existencia - existence (noun)
Nuestra <u>existencia</u> puede estar amenazada por el asteroide.

Our <u>existence</u> may be threatened by this asteroid.

937. expandir - to expand (verb)
La levadura hace que el pan se <u>expanda</u>.

The yeast makes the bread <u>expand</u>.

938. esperar - to expect (verb)
<u>Esperamos</u> lluvia durante la tarde en la mayoría del país.

We can <u>expect</u> rain later today over much of the country.

939. expectativa - expectation (noun)
Los resultados del examen cumplieron con mis <u>expectativas</u>.

The test results met my <u>expectations</u>.

940. esperado - expected (adjective)

El costo real de producción es inferior a lo esperado.

The actual cost of production is lower than expected.

941. expedición - expedition (noun)

Los exploradores planearon una expedición para trazar el río en un mapa.

The explorers planned an expedition in order to map the river.

942. gasto - expense (noun)

Tres mil libras es un gasto muy alto para un solo vestido.

£3,000 is too great an expense for a single dress.

943. costoso - expensive (adjective)

Las casas son muy costosas en esta zona.

The houses in this area are very expensive.

944. experienca - experience (noun)

Mi divorcio fue una experiencia muy difícil.

My divorce was a very difficult experience.

945. experimentado - experienced (adjective)

John lleva treinta años conduciendo, así que es un conductor experimentado.

John has been driving for thirty years, so he's an experienced driver.

946. experimentar - to experiment (verb)

Los científicos están experimentando para ver si pueden encontrar una cura al cáncer.

Scientists are experimenting to see if they can find a cure for cancer.

947. experto - expert (noun)

Si quieres saber sobre ranas, John es un experto.

If you want to know about frogs, John's an expert.

948. explicar - to explain (verb)

Solo dame un minuto y te lo explicaré.

Just give me a minute and I'll explain.

949. explicación - explanation (noun)

Ryan trató de dar una explicación, pero lo despidieron por llegar tarde al trabajo.

Ryan tried to offer an explanation, but was fired for arriving late at work.

950. explotar - to explode (verb)

La bomba explotó con un fuerte estallido.	The bomb exploded with a loud bang.

951. exploración - exploration (noun)

La exploración del océano profundo es la última frontera.	The exploration of the deep ocean is the last frontier.

952. explorar - to explore (verb)

El sueño de mi hermano es explorar los océanos.	My brother's dream is to explore the oceans.

953. explosión - explosion (noun)

La explosión en la fábrica forzó la evacuación de la escuela cercana.	The explosion at the factory forced the evacuation of a school nearby.

954. exportar - to export (verb)

La empresa exporta coches a Asia.	The company exports cars to Asia.

955. exponer - to expose (verb)

El periodista expuso el secreto al público.	The journalist exposed the secret to the public.

956. rápido - express (adjective)

He tomado el tren rápido para llegar antes.	I have taken the express train to arrive earlier.

957. expresión - expression (noun)

Este anillo es una expresión de mi amor.	This ring is an expression of my love.

958. ampliar - to extend (verb)

El comité amplió el plazo para solicitar la beca.	The committee extended the deadline to apply for the grant.

959. alcance - extent (noun)

La asociación quiere evaluar el alcance de sus acciones.	The association wants to assess the extent of its actions.

960. externo - external (adjective)

A menudo necesitamos un especialista externo para casos complicados.	We often need an external consultant for complex cases.

961. extra - extra (adjective)

El hotel siempre pone toallas <u>extras</u> en el baño.

The hotel always puts <u>extra</u> towels in the bathroom.

962. extraordinario - extraordinary (adjective)

El atleta dio un salto <u>extraordinario</u>.

The athlete made an <u>extraordinary</u> jump.

963. extremo - extreme (adjective)

El frío <u>extremo</u> en el espacio puede congelarlo todo en segundos.

The <u>extreme</u> cold in space can freeze anything in seconds.

964. extremadamente - extremely (adverb)

Es <u>extremadamente</u> importante leer las instrucciones.

It is <u>extremely</u> important to read the instructions.

965. ojo - eye (noun)

Ella tenía hermosos <u>ojos</u> verdes.

She had beautiful green <u>eyes</u>.

966. cara - face (noun)

La actriz tiene una <u>cara</u> muy hermosa.

The actress has a very beautiful <u>face</u>.

967. instalación - facility (noun)

La ciudad estaba orgullosa de sus modernas <u>instalaciones</u> deportivas.

The city was proud of its modern sports <u>facilities</u>.

968. hecho - fact (noun)

Una teoría debe basarse en <u>hechos</u>, no en una suposición.

A theory must be based on <u>facts</u>, not on an assumption.

969. factor - factor (noun)

Hay muchos <u>factores</u> que determinan el valor de una moneda.

There are many <u>factors</u> which determine a currency's strength.

970. fábrica - factory (noun)

La <u>fábrica</u> está inactiva por causa de la nieve.

The <u>factory</u> is idle because of the snow.

971. fracasar - to fail (verb)

El plan <u>fracasó</u> porque se quedaron sin dinero.

The plan <u>failed</u> because they ran out of money.

972. fracaso - failure (noun)

Su intento de manejar hasta la casa con un solo tanque de gasolina fue un fracaso.

His attempt to drive home on a single tank of gas was a failure.

973. justo - fair (adjective)

El jefe tomó una decisión justa que Sergio y Daniela pudieron respetar.

The boss made a fair decision that Sergio and Daniela were able to respect.

974. bastante - fairly (adverb)

El espectáculo de comedia era bastante gracioso.

The comedy show was fairly funny.

975. fe - faith (noun)

Mi madre tiene fe en la bondad de la gente.

My mother has faith in the goodness of people.

976. otoño - fall (noun)

El otoño es la estación que llega tras el verano.

Fall is the season that comes after summer.

977. falso - false (adjective)

La premisa del argumento del político es falsa.

The premise of the politician's argument is false.

978. familiar - familiar (adjective)

El lugar que acabamos de visitar me parecía familiar.

The place we just visited seemed familiar to me.

979. familia - family (noun)

Invitaré a mis amigos así como a mi familia.

I will invite my friends as well as my family.

980. famoso - famous (adjective)

El político citó a un autor famoso en su discurso.

The politician quoted a famous author in his speech.

981. ventilador - fan (noun)

Mi hermana enciende el ventilador cuando hace calor.

My sister turns on the fan when it is hot.

982. lujoso - fancy (adjective)

El restaurante es muy lujoso y muy caro. | The restaurant is very fancy and very expensive.

983. fantástico - fantastic (adjective)

El acabado liso de las paredes es fantástico. | The smooth finish of the walls is fantastic.

984. lejos - far (adjective)

Siempre tomo el tren para ir a la ciudad porque está lejos. | I always take the train to go to the city because it is far.

985. granja - farm (noun)

Aprendí a manejar una cosechadora en la granja de mi tío. | I learned to operate a combine on my uncle's farm.

986. granjero - farmer (noun)

El granjero obtuvo un préstamo para comprar un tractor nuevo. | The farmer took out a loan to buy a new tractor.

987. agricultura - farming (noun)

El fomento de la agricultura orgánica es una de nuestras prioridades. | The promotion of organic farming is one of our priorities.

988. fascinante - fascinating (adjective)

El profesor daba un curso fascinante de historia. | The professor taught a fascinating history course.

989. moda - fashion (noun)

La moda de este año son los zapatos puntiagudos. | Pointy shoes are the fashion this year.

990. de moda - fashionable (adjective)

Pedro trabajaba en una tienda que vendía ropa de moda para hombres. | Pedro worked at a store that sold fashionable men's clothing.

991. rápido - fast (adjective)

Nuestra empresa garantiza la entrega rápida. | Our company guarantees fast delivery.

992. atar - to fasten (verb)

Mi hermana se ató un hermoso pañuelo alrededor del cuello. | My sister fastened a beautiful handkerchief around her neck.

993. grasa - fat (noun)

Los vegetales son saludables y contienen poca grasa.

Vegetables are healthy and contain little fat.

994. padre - father (noun)

Mi padre se mudó a Guatemala el año pasado.

My father moved to Guatemala last year.

995. culpa - fault (noun)

Tuvimos un problema técnico, no fue culpa de nadie.

We had a technical problem, it was nobody's fault.

996. favor - favor (noun)

Mi hermano me hizo el favor de prestarme su bicicleta.

My brother did me the favor of lending me his bicycle.

997. sabor - flavor (noun)

¿Cuál es su sabor de helado favorito?

What's your favorite ice cream flavor?

998. miedo - fear (noun)

Muchos niños superan su miedo a la oscuridad cuando crecen.

Many children overcome their fear to the dark when they grow up.

999. pluma - feather (adjective)

El pájaro perdió una pluma al despegar.

The bird lost a feather as it took off.

1000. característica - feature (noun)

Mi característica favorita de esta camisa es su textura suave.

My favorite feature of this shirt is its smooth texture.

1001. entrevista - interview (noun)

La entrevista fue un éxito, Luisa obtuvo el trabajo.

The interview was successful, Luisa got the job.

1002. dentro - in, inside (preposition)

Las cajas con los libros están dentro del armario.

The boxes with the books are inside the cabinet.

1003. introducir - to enter (verb)

No es posible introducir este dato sin antes hacer clic en el menú.

It is not possible to enter this information without first clicking on the menu.

1004. introducción - introduction (noun)

La introducción del trabajo es bastante vaga, hay que mejorarla.

The introduction of the paper is rather vague, it needs to be improved.

1005. inventar - to make up (verb)

Luciano inventa cualquier excusa para no venir a verme.

Luciano makes up any excuse not to come to see me.

1006. invertir - to invest (verb)

Ricardo quiere invertir en la nueva compañía pero tiene sus dudas.

Ricardo wants to invest in the new company but has his doubts.

1007. investigar - to investigate (verb)

Es necesario investigar la causa del incendio, de lo contrario se puede repetir.

It is necessary to investigate the cause of the fire, otherwise it may happen again.

1008. investigación - investigation (noun)

La investigación del homicidio todavía continúa, aún no han dado con el culpable.

The homicide investigation is still going on, they still haven't found the culprit.

1009. inversión - investment (noun)

La inversión trajo ganancias importantes para los socios.

The investment brought significant profits for the partners.

1010. invitación - invitation (noun)

Julián acaba de enviar la invitación a todos para el bautizo de su hijo.

Julián has just sent the invitation to everyone for his son's christening.

1011. involucrado - involved (adjective)

Todas las partes están involucradas en el problema.

All parties are involved in the problem.

1012. hierro - iron (noun)

Mis herramientas viejas son todas de hierro.

My old tools are all iron.

1013. isla - island (noun)

El próximo año queremos viajar a una isla del Caribe.

Next year we want to travel to a Caribbean island.

1014. problema - problem (noun)

El problema económico de mi país se agrava cada día más.

My country's economic problem is getting worse every day.

1015. eso - that (pronoun)

No me gusta que me hayas dicho eso, realmente me dolió.

I don't like that you told me that, it really hurt me.

1016. artículo - item (noun)

Puse todos los artículos que elegí en el carrito de compras.

I put all the items I chose in the shopping cart.

1017. sí mismo - himself (pronoun)

Mauricio se preguntó a sí mismo: ¿pero cómo lo voy a hacer?

Mauricio asked himself: but how am I going to do that?

1018. chaqueta - jacket (noun)

Me encanta tu nueva chaqueta amarilla.

I love your new yellow jacket.

1019. mermelada - jam (noun)

Mi vecina prepara una mermelada casera buenísima.

My neighbor makes great homemade jam.

1020. enero - January (noun)

Las clases comienzan en enero, después del periodo de vacaciones.

Classes start in January, after the vacation period.

1021. jazz - jazz (noun)

Hay un nuevo bar de jazz al que quiero ir, ¿me acompañas?

There's a new jazz bar I want to go to, will you go with me?

1022. pantalones - pants (noun)

Me encantan los nuevos pantalones de Mariela, son anchos y están a la moda.

I love Mariela's new pants, they are wide and fashionable.

1023. joyería - jewellery (noun)

La joyería del centro es la mejor, hay variedad y precios accesibles.

The jewelry store downtown is the best, there is variety and affordable prices.

1024. trabajo - job (noun)

Mi esposo consiguió un nuevo <u>trabajo</u>, pero debemos mudarnos de la ciudad si lo acepta.

My husband got a new <u>job</u>, but we have to move out of town if he accepts it.

1025. unirse - to join (verb)

Cuando dos personas <u>se unen</u> en matrimonio, se supone que es para siempre.

When two people <u>join</u> in marriage, it's supposed to be forever.

1026. broma - joke (noun)

A mi padre no le gustan ese tipo de <u>bromas</u>.

My father doesn't like that kind of <u>jokes</u>.

1027. diario - journal (noun)

La próxima semana comienza mi viaje por Asia, quiero llevar un <u>diario</u> con todas mis vivencias.

Next week my trip to Asia starts, I want to keep a <u>journal</u> of all my experiences.

1028. periodista - journalist (noun)

El <u>periodista</u> entrevistó a la primera dama esta mañana.

The <u>journalist</u> interviewed the first lady this morning.

1029. viaje - trip (noun)

Pedro planea hacer un <u>viaje</u> por todo el mundo, creo que sueña demasiado.

Pedro plans to make a <u>trip</u> around the world, I think he dreams too much.

1030. alegría - joy (noun)

¡Qué <u>alegría</u> verte de nuevo!

What a <u>joy</u> to see you again!

1031. juez - judge (noun)

El <u>juez</u> dictó orden de detención contra la mujer.

The <u>judge</u> issued a warrant for the woman's arrest.

1032. juicio - trial (noun)

El próximo mes comienza el <u>juicio</u> de Enrique, espero que pueda salir de esta.

Next month Enrique's <u>trial</u> starts, I hope he can get out of this.

1033. jugo - juice (noun)

Todos los días Fabiana toma un <u>jugo</u> de naranja en el desayuno.

Every day Fabiana drinks orange <u>juice</u> for breakfast.

1034. julio - July (noun)

Julio es el mes más caluroso en mi país.　July is the hottest month in my country.

1035. saltar - to jump (verb)
A los chicos les encanta saltar a la cuerda en el patio.　The kids love jumping rope in the yard.

1036. junio - June (noun)
En junio celebramos nuestro aniversario de bodas y mi cumpleaños también.　In June we celebrate our wedding anniversary and my birthday too.

1037. solo - just (adverb)
Yo solo quería verte, disculpa si no avisé antes de venir.　I just wanted to see you, sorry if I didn't warn you before coming.

1038. justicia - justice (noun)
Los presos políticos deben ser tratados con justicia.　Political prisoners should be treated with justice.

1039. justificar - to justify (verb)
Es necesario que justifiques tus ausencias ante la dirección de personal.　You need to justify your absences to the personnel management.

1040. afilado - sharp (adjective)
La navaja está muy afilada, ten cuidado al manipularla.　The razor is very sharp, be careful when handling it.

1041. gimnasio - gym (noun)
Quiero mantenerme en forma así que continuaré en el gimnasio.　I want to keep in shape so I will continue at the gym.

1042. llave - key (noun)
¿Has visto mis llaves? Las dejé sobre la mesa y no las veo ahora.　Have you seen my keys? I left them on the table and I don't see them now.

1043. teclado - keyboard (noun)
Martín me trajo un nuevo teclado, el otro ya no servía.　Martín brought me a new keyboard, the other one was no longer working.

1044. patear - to kick (verb)
El hombre pateó al perro sin compasión.　The man kicked the dog mercilessly.

1045. niño - child (noun)

Son las 3 de la tarde, los <u>niños</u> están saliendo de la escuela.

It's 3 o'clock in the afternoon, the <u>children</u> are coming out of school.

1046. matar - to kill (verb)

¡Qué fastidio estos zancudos, los quiero <u>matar</u> a todos!

How annoying these mosquitoes, I want to <u>kill</u> them all!

1047. asesinato - murder (noun)

El libro trata del <u>asesinato</u> de un personaje político importante.

The book is about the <u>murder</u> of an important political figure.

1048. kilómetro - kilometer (noun)

Recorrimos cientos de <u>kilómetros</u> para llegar aquí.

We traveled hundreds of <u>kilometers</u> to get here.

1049. tipo - kind (noun)

Este <u>tipo</u> de atenciones son las que me gustan, por eso me encanta este restaurante.

This <u>kind</u> of attention is what I like, that's why I love this restaurant.

1050. cuidar - to take care (verb)

La abuela <u>cuida</u> amorosamente a sus nietos.

Grandma <u>takes</u> loving <u>care</u> of her grandchildren.

1051. rey - king (noun)

La coronación del <u>rey</u> se llevará a cabo el próximo lunes.

The <u>king</u>'s coronation will take place next Monday.

1052. beso - kiss (noun)

Un simple <u>beso</u> no convierte a ese sapo en un príncipe.

A simple <u>kiss</u> does not make that toad a prince.

1053. cocina - kitchen (noun)

Estamos pensando en remodelar la <u>cocina</u>, ¿me recomiendas algún contratista?

We're thinking of remodeling the <u>kitchen</u>, can you recommend a contractor?

1054. golpear - to knock (verb)

No <u>golpees</u> la puerta de ese modo, vas a despertar a todo el mundo.

Don't <u>knock</u> on the door like that, you'll wake everybody up.

1055. cuchillo - knife (noun)

Te faltó poner los cuchillos sobre la mesa, ¿puedes traerlos por favor?

You forgot to put the knives on the table, can you bring them please?

1056. golpe - blow (noun)

El hombre está herido, recibió un fuerte golpe en la cabeza.

The man is injured, he received a heavy blow to the head.

1057. saber - to know (verb)

Quiero saber la verdad, no aguanto más.

I want to know the truth, I can't take it anymore.

1058. conocimiento - knowledge (noun)

Los conocimientos en programación de Iván son bastante sólidos.

Iván's programming knowledge is quite solid.

1059. laboratorio - lab (noun)

La visita al laboratorio estuvo interesante, realmente me gustaría hacer mi pasantía allí.

The visit to the lab was interesting, I would really like to do my internship there.

1060. etiqueta - label (noun)

No encuentro la etiqueta de este pantalón, me preguntó cuánto costará.

I can't find the label on these pants, I wonder how much they cost.

1061. labor - work (noun)

La labor del administrador es admirable, realmente trabaja duro.

The work of the administrator is admirable, he really works hard.

1062. carencia - lack (noun)

El gobierno debería abordar en primer lugar las carencias más críticas del pueblo.

The government should address the most critical lacks of the people first.

1063. dama - lady (noun)

Aquella dama parece interesante, ¡mira qué elegante es!

That lady looks interesting, look how elegant she is!

1064. lago - lake (noun)

El paseo de fin de año incluye la visita al lago.

The New Year's Eve outing includes a visit to the lake.

1065. lámpara - lamp (noun)

Aparentemente, el chico pasó muy cerca de la lámpara y con su brazo, sin querer, la tumbó al piso.

Apparently, the guy passed too close to the lamp and with his arm inadvertently knocked it to the ground.

1066. tierra - land (noun)

La tierra necesita un descanso después de cada cosecha.

The land needs a rest after each harvest.

1067. paisaje - lanscape (noun)

Gina dibuja paisajes espectaculares, es una verdadera artista.

Gina draws spectacular landscapes, she is a true artist.

1068. idioma - language (noun)

Mario quiere aprender varios idiomas, pero no termina por empezar a estudiar alguno.

Mario wants to learn several languages, but doesn't end up studying any of them.

1069. portátil - laptop

Cuando me vaya de vacaciones, quiero olvidarme del portátil, así que lo dejaré en casa.

When I go on vacation, I want to forget about the laptop, so I'll leave it at home.

1070. grande - big, large (adjective)

La habitación es grande, espaciosa e iluminada.

The room is big, spacious, and bright.

1071. en gran parte - largely (adverb)

Todos nuestros problemas vienen en gran parte de la mala gestión del gobierno.

All our problems come largely from government mismanagement.

1072. finalmente - finally (adverb)

Tras largas horas de debate, la decisión finalmente fue tomada.

After long hours of debate, the decision was finally made.

1073. tarde - late (adverb)

Roberto llega tarde al trabajo casi todos los días, no creo que dure mucho en ese empleo.

Roberto is late for work almost every day, I don't think he will last long in that job.

1074. luego - then (adverb)

Primero se mezcla la harina con la mantequilla, <u>luego</u> se le agregan los huevos.

First the flour is mixed with the butter, <u>then</u> the eggs are added.

1075. último - last (adjective)

Carlos y Rita fueron los <u>últimos</u> alumnos en entrar al salón de clases.

Carlos and Rita were the <u>last</u> students to enter the classroom.

1076. risa - laughing (noun)

Mi tío nos contó un chiste que nos hizo morir de <u>risa</u>.

My uncle told us a joke that made us die <u>laughing</u>.

1077. lanzamiento - launch (noun)

Muy pronto se viene el <u>lanzamiento</u> de mi nuevo libro, ¡qué emoción!

The <u>launch</u> of my new book is coming soon, how exciting!

1078. ley - law (noun)

La <u>ley</u> establece que en esta zona se debe manejar por debajo de los 40 km/h.

The <u>law</u> states that you must drive under 40 km/h in this area.

1079. abogado - lawyer (noun)

La pareja está en graves problemas, es necesario que busquen la asesoría de un <u>abogado</u>.

The couple is in serious trouble, they need to seek the advice of a <u>lawyer</u>.

1080. capa - layer (noun)

La <u>capa</u> superior del pastel debe ser firme y crujiente mientras que la de abajo debe ser suave y esponjosa.

The top <u>layer</u> of the cake should be firm and crisp while the bottom one should be soft and fluffy.

1081. perezoso - lazy (adjective)

¡Qué hombre tan <u>perezoso</u>, pena debería darle!

What a <u>lazy</u> man, shame on him!

1082. dirigir - to lead (verb)

A Martín le gusta <u>dirigir</u> el equipo; en mi opinión, lo hace muy bien.

Martín likes to <u>lead</u> the team; in my opinion, he does it very well.

1083. líder - leader (noun)

Tras la muerte del fundador, la empresa necesita un nuevo <u>líder</u>.

After the death of the founder, the company needs a new <u>leader</u>.

1084. liderazgo - leadership (noun)

El liderazgo es parte fundamental de toda empresa.

Leadership is a fundamental part of every company.

1085. hoja - leaf (noun)

Los árboles comienzan a perder sus hojas, el otoño se asoma.

The trees are beginning to lose their leaves, autumn is approaching.

1086. liga - league (noun)

La liga de béisbol comienza a mediados de mes, no me la perderé por nada.

The baseball league starts in the middle of the month, I won't miss it for anything.

1087. apoyarse - to support (verb)

Si nos apoyamos los unos a otros, podremos concluir el proyecto en el lapso estimado.

If we support each other, we can complete the project in the estimated time.

1088. aprender - to learn (verb)

Los niños aprenden más rápido cuando ven a otros haciendo lo mismo.

Children learn faster when they see others doing the same thing.

1089. aprendizaje - learning (noun)

El aprendizaje debe enfocarse de forma distinta cuando se trata de niños especiales.

Learning must be approached differently when dealing with special children.

1090. menos - least (adverb)

Fabricio es el menos indicado para dar una opinión de ese tipo.

Fabricio is the least qualified to give such an opinion.

1091. cuero - leather (noun)

En la feria podrás conseguir artículos de cuero a muy buen precio.

At the fair you can get leather goods at very good prices.

1092. salir - to go out (verb)

Quiero salir esta noche a tomarme algo, ¿vamos?

I want to go out for a drink tonight, shall we?

1093. conferencia - conference (noun)

Un hombre empezó a gritar como loco en el medio de la conferencia.

A man started shouting like crazy in the middle of the conference.

1094. left - izquierda (noun)

Si quieres llegar más rápido, toma la ruta de la izquierda.

If you want to get there faster, take the left route.

1095. pierna - leg (noun)

Voy al médico esta tarde, no aguanto el dolor de piernas.

I'm going to the doctor this afternoon, I can't stand the pain in the legs.

1096. legal - legal (adjective)

Necesito traducir un documento legal, ¿sabes de alguien?

I need to translate a legal document, do you know anyone?

1097. ocio - leisure (noun)

Durante su tiempo de ocio, Ana prefiere ir al parque y leer un libro.

During her leisure time, Ana prefers to go to the park and read a book.

1098. limón - lemon (noun)

En esta época del año los limones son caros.

At this time of the year lemons are expensive.

1099. tomar prestado - to borrow (noun)

Julia, ¿puedo tomar prestado tu vestido rojo, por favor? Tengo una fiesta esta noche.

Julia, can I please borrow your red dress? I have a party tonight.

1100. longitud - lenght (noun)

El terreno es bastante amplio, tiene una longitud de mil metros aproximadamente.

The land is quite large, it has a lenght of about 1,000 meters.

1101. menos - less (adverb)

Su opinión no es menos importante que la de otros.

Her opinion is no less important than that of others.

1102. lección - lesson (noun)

Estefanía toma lecciones de canto dos veces por semana.

Estefania takes singing lessons twice a week.

1103. dejar - to let (verb)

No dejes entrar al perro a la casa, tiene las patas sucias.

Don't let the dog in the house, he has dirty paws.

1104. letter - carta (noun)

Acabo de recibir una <u>carta</u> de Amanda y Luis, espero que sean buenas noticias.

I just got a <u>letter</u> from Amanda and Luis, I hope it's good news.

1105. nivel - level (noun)

El río supera su <u>nivel</u> normal, hay que estar atentos.

The river is above its normal <u>level</u>, keep an eye on it.

1106. biblioteca - library (noun)

Miriam prefiere estudiar en la <u>biblioteca</u>, en su casa generalmente hay mucho ruido.

Miriam prefers to study in the <u>library</u>, it's usually noisy at home.

1107. licencia - license (noun)

Tras varios intentos, Raúl finalmente obtuvo su <u>licencia</u> de conducir.

After several attempts, Raul finally got his driving <u>license</u>.

1108. mentira - lie (noun)

Las <u>mentiras</u> me enferman, seamos sinceros por favor.

Lies make me <u>sick</u>, let's be honest please.

1109. vida - life (noun)

La <u>vida</u> es una sola, hay que saber vivirla.

There is only one <u>life</u>, you have to know how to live it.

1110. estilo de vida - lifestyle (noun)

Cualquiera diría que tu <u>estilo de vida</u> es perfecto.

Anyone would say that your <u>lifestyle</u> is perfect.

1111. ascensor - elevator (noun)

El <u>ascensor</u> se averió ayer por la tarde, ya hemos llamado al técnico.

The <u>elevator</u> broke down yesterday afternoon, we have already called a technician.

1112. luz del sol - sunlight (noun)

La ventana de mi cuarto deja atravesar la <u>luz del sol</u> al mediodía.

The window of my room lets the <u>sunlight</u> through at noon.

1113. como - like (conjunction)

Me encantan los vegetales verdes <u>como</u> el brócoli, la lechuga y la espinaca.

I love green vegetables <u>like</u> broccoli, lettuce, and spinach.

1114. probable - likely (adjective)

Es probable que llueva esta noche nuevamente.

It is likely to rain again tonight.

1115. límite - limit (noun)

El carro ha alcanzado su límite de velocidad, es imposible que vaya más rápido.

The car has reached its speed limit, it is impossible for it to go any faster.

1116. limitado - limited (adjective)

Las ofertas son limitadas, durarán hasta el fin de semana.

The offers are limited, they will last until the end of the week.

1117. línea - line (noun)

La línea 2 del metro está colapsada, tomemos mejor el autobús.

Metro line 2 is collapsed, let's take the bus instead.

1118. enlace - link (noun)

El enlace al sitio web está roto o algo salió mal.

The link to the website is broken or something went wrong.

1119. león - lion (noun)

A los niños les encanta ver a los leones en el parque zoológico.

Kids love to see the lions at the zoo.

1120. labio - lip (noun)

Sin querer me mordí el labio mientras comía.

I inadvertently bit my lip while eating.

1121. líquido - liquid (noun)

Susana derramó todo el líquido sobre la alfombra, está muy apenada.

Susana spilled all the liquid on the carpet, she's very sorry.

1122. lista - list (noun)

¿Hiciste la lista de compras que te pedí? La necesito.

Did you make the shopping list I asked for? I need it.

1123. escuchar - to listen (verb)

Los estudiantes escuchan con atención las palabras del orador.

Students listen carefully to the speaker's words.

1124. oyente - listener (noun)

Existen normas del buen hablante y del buen <u>oyente</u>, pero ellos parecieran no conocer ninguna de las dos.

There are rules of the good speaker and the good <u>listener</u>, but they seem to know neither.

1125. literatura - literature (noun)

Emma comienza sus estudios en <u>Literatura</u> en la universidad el próximo año.

Emma starts her studies in <u>Literature</u> at university next year.

1126. pequeño - small (adjective)

Este bolso es muy <u>pequeño</u>, no podremos meter todo allí.

This bag is too <u>small</u>, we won't be able to fit everything in it.

1127. vivir - to live (verb)

¿Y tú, dónde <u>vives</u>?

And you, where do you <u>live</u>?

1128. animado - lively (adjective)

La ciudad está bastante <u>animada</u> tras el inicio de las vacaciones.

The city is quite <u>lively</u> after the start of the vacations.

1129. vivo - living (adjective)

El agua es vital para todos los seres <u>vivos</u>.

Water is vital for all <u>living</u> beings.

1130. préstamo - loan (noun)

La familia solicitó un <u>préstamo</u> al banco pero le fue negado.

The family applied for a <u>loan</u> from the bank but it was denied.

1131. local - local (adjective)

Cuando llegues a la ciudad, consigue una guía <u>local</u> que te lleve a los sitios de interés.

When you arrive in the city, get a <u>local</u> guide to take you to the sites of interest.

1132. situado - located (adjective)

La Torre Eiffel está <u>situada</u> en el corazón de París.

The Eiffel Tower is <u>located</u> in the heart of Paris.

1133. ubicación - location (noun)

Desconozco la <u>ubicación</u> de la empresa, ¿podrías enviarme la dirección?

I don't know the <u>location</u> of the company, could you send me the address?

1134. bloquear - to block (verb)

Al parecer el banco bloqueó mi tarjeta de crédito por razones de seguridad.

Apparently the bank blocked my credit card for security reasons.

1135. lógico - logical (adjective)

Es lógico que quiera tomar un descanso, lleva trabajando todo el año.

It is logical that she wants to take a break, she has been working all year.

1136. solitario - lonely (adjective)

Mi hija es una persona bastante solitaria, prefiere estar en su habitación pintando o leyendo algún libro en lugar de salir a jugar con sus amiguitos.

My daughter is a pretty lonely person, she prefers to be in her room painting or reading a book instead of going out to play with her friends.

1137. largo - long (adjective)

Nos espera un largo camino de vuelta a casa.

We have a long back drive home.

1138. a largo plazo - longterm (adjective)

Darío logró un empleo a largo plazo en la compañía.

Darío got a long-term job with the company.

1139. mirar - to look at (verb)

Mira aquel carro, ¡qué lujo de vehículo!

Look at that car, what a luxury vehicle!

1140. suelto - loose (adjective)

No puedes llevar el cabello suelto al colegio, ya te lo he dicho.

You can't to school wearing loose hair, I've already told you.

1141. señor - Mr. (noun)

Pasé adelante señor Durán, tome asiento donde guste.

Come in Mr. Durán, take a seat wherever you like.

1142. camión - truck (noun)

Mi padre maneja un camión de carga pesada.

My father drives a heavy duty truck.

1143. perder - to lose (verb)

Julio y Emilio están a punto de perder la paciencia con Eduardo.

Julio and Emilio are about to lose patience with Eduardo.

1144. pérdida - waste (noun)

Este día ha sido una gran pérdida de tiempo, que no se repita.

This day has been a great waste of time, may it not be repeated.

1145. equipo - team (noun)

El equipo local perdió 2 a 0 el partido.

The home team lost the game 2 to 0.

1146. lote - plot (noun)

Aquel lote de terreno pertenece a Elena, escuché que lo quiere vender.

That plot of land belongs to Elena, I hear she wants to sell it.

1147. ruidoso - loud (adjective)

¡Pero qué niño tan ruidoso!

But what a loud child!

1148. amar - to love (verb)

Ana ama a sus hijos con toda su alma y corazón.

Ana loves her children with all her heart and soul.

1149. amor - love (noun)

Sigo buscando el amor verdadero.

I'm still looking for true love.

1150. encantador - lovely (adjective)

Mi padre es realmente un hombre encantador.

My father is really a lovely man.

1151. bajo - short (adjective)

Damián es bajo respecto a los otros niños de su misma edad.

Damien is very short compared to other children of the same age.

1152. inferior - lower (adjective)

La parte inferior de la pared necesita mantenimiento y pintura.

The lower part of the wall needs maintenance and painting.

1153. suerte - luck (noun)

¡Qué mala suerte la de Antonio! Primero pierde su empleo y ahora esto.

What bad luck for Antonio! First he loses his job and now this.

1154. almuerzo - lunch (noun)

Los chicos prepararon su propio almuerzo, hicieron unos sándwiches de atún con vegetales.

The kids packed their own lunch, they made some tuna sandwiches with vegetables.

1155. pulmón - lung (noun)

Mario ha fumado por años, sus pulmones están seriamente afectados.

Mario has smoked for years, his lungs are seriously affected.

1156. lujo - luxury (noun)

El lujo y la miseria, dos polos opuestos en una misma ciudad.

Luxury and misery, two opposite poles in the same city.

1157. máquina - machine (noun)

La máquina se averió, necesitamos llamar al técnico cuanto antes.

The machine broke down, we need to call the technician as soon as possible.

1158. enojado - mad (adjective)

Luisa está enojada con su marido, anoche llegó tarde y borracho a casa.

Luisa is mad at her husband, he came home late and drunk last night.

1159. revista - magazine (noun)

Esta tarde, mientras esperaba en el consultorio del doctor, leí una revista muy interesante.

This afternoon, while waiting at the doctor's office, I read a very interesting magazine.

1160. magia - magic (noun)

No creo en la magia, ¿y tú?

I don't believe in magic, do you?

1161. correo - mail, email (noun)

Recibí un correo aparentemente del banco con un archivo adjunto sospechoso, no lo voy a abrir.

I received an email apparently from the bank with a suspicious attachment, I'm not going to open it.

1162. principal - main (adjective)

El hospital principal de la ciudad queda en la sexta avenida.

The city's main hospital is on sixth Avenue.

1163. principalmente - mainly (adverb)

De todos mis problemas el que principalmente me afecta ahora es la falta de motivación.

Of all my problems the one that mainly affects me now is the lack of motivation.

1164. mantener - to maintain (verb)

Eugenia quiere mantener una alimentación sana y balanceada.

Eugenia wants to maintain a healthy and balanced diet.

1165. mayor - major (adjective)

Su <u>mayor</u> debilidad es el chocolate.　　Her <u>major</u> weakness is chocolate.

1166. mayoría - majority (noun)
Todos los trabajadores vinieron a la reunión, pero la <u>mayoría</u> no aprobó la propuesta.

All the workers came to the meeting, but the <u>majority</u> did not approve the proposal.

1167. hacer - to do, to make (verb)
¿Qué <u>haces</u> con esas tijeras en las manos? No puedes andar corriendo con ellas, es peligroso.

What are you <u>doing</u> with those scissors in your hands? You can't run around with them, it's dangerous.

1168. masculino - masculine (adjective)
Los sustantivos que son <u>masculinos</u> generalmente terminan en "o".

Nouns that are <u>masculine</u> usually end in "o."

1169. centro comercial - mall (noun)
¿Me acompañas al <u>centro comercial</u> mañana por la tarde?

Will you go with me to the <u>mall</u> tomorrow afternoon?

1170. hombre - man (noun)
Aquel <u>hombre</u> de allá es mi primo Luis, el de la chaqueta negra.

That <u>man</u> over there is my cousin Luis, the one in the black jacket.

1171. gestionar - to manage (verb)
Karina necesita aprender a <u>gestionar</u> su propio tiempo primero.

Karina needs to learn how to <u>manage</u> her own time first.

1172. administración - management (noun)
La empresa se fue a la ruina producto de una mala <u>administración</u>.

The company went bankrupt because of bad <u>management</u>.

1173. gerente - manager (noun)
Carmen Julia ha sido la <u>gerente</u> de esta compañía por catorce años.

Carmen Julia has been the <u>manager</u> of this company for fourteen years.

1174. modales - manners (noun)
Las personas desde temprana edad deben aprender a tener buenos <u>modales</u>.

People from an early age must learn to have good <u>manners</u>.

1175. mucho - many (adjective)

Octavio ha viajado por <u>muchos</u> países en el mundo.

Octavio has traveled to <u>many</u> countries around the world.

1176. mapa - map (noun)

Ya nadie usa los <u>mapas</u> físicos, ahora todos usan los virtuales.

No one uses physical <u>maps</u> anymore, now everyone uses virtual ones.

1177. marzo - March (noun)

En el hemisferio norte, la primavera inicia en el mes de <u>marzo</u>.

In the northern hemisphere, spring starts in <u>March</u>.

1178. mercado - market (noun)

El <u>mercado</u> del centro es el más concurrido los sábados.

The downtown <u>market</u> is the busiest on Saturdays.

1179. mercadeo - marketing (noun)

Hoy en día todos necesitamos saber sobre <u>mercadeo</u> digital.

Today we all need to know about digital <u>marketing</u>.

1180. matrimonio - marriage (noun)

Sofía y Raúl celebran hoy diez años de <u>matrimonio</u>.

Sofía and Raul are celebrating ten years of <u>marriage</u> today.

1181. casado - married (adjective)

Marcos está <u>casado</u> con Lucía, ¿acaso no lo sabías?

Marcos is <u>married</u> to Lucía, didn't you know?

1182. casarse - to marry (verb)

¿<u>Te</u> quieres <u>casar</u> conmigo?

Do you want to <u>marry</u> me?

1183. masivo - massive (adjective)

Hubo un evento <u>masivo</u> en el estadio central, fue todo un éxito.

There was a <u>massive</u> event at the central stadium, it was a great success.

1184. partido - match (noun)

La final del <u>partido</u> de tenis se jugará mañana a las 9 am.

The final of the tennis <u>match</u> will be played tomorrow at 9 am.

1185. material - material (noun)

¿Trajiste los <u>materiales</u> necesarios para hacer el trabajo?

Did you bring the necessary <u>materials</u> to do the job?

1186. matemáticas - mathematics, maths (noun)

A Emilia le encantan las <u>Matemáticas</u>, de hecho es muy buena.

Emilia loves <u>Maths</u>, in fact she is very good at it.

1187. importar - to matter (verb)

No <u>importa</u> si vienes o no, haremos la reunión de todas formas.

It doesn't <u>matter</u> if you come or not, we'll do the meeting anyway.

1188. máximo - maximum (adjective)

La memoria de mi ordenador alcanzó su <u>máxima</u> capacidad.

My computer memory reached its <u>maximum</u> capacity.

1189. mayo - May (noun)

Mi mes favorito del año es <u>mayo</u>.

My favorite month of the year is <u>May</u>.

1190. puede - may (modal verb)

<u>Puede</u> que llueva, como <u>puede</u> que no.

It <u>may</u> rain or it <u>may</u> not.

1191. tal vez - maybe (adverb)

El próximo año <u>tal vez</u> vayamos a visitarte.

Next year <u>maybe</u> we'll come visit you.

1192. yo - I (pronoun)

<u>Yo</u> no quiero esto para mi vida, necesito replantear mis objetivos.

<u>I</u> don't want this for my life, I need to rethink my goals.

1193. comida - meal (noun)

Mi <u>comida</u> principal del día es el almuerzo.

My main <u>meal</u> of the day is lunch.

1194. sentido - meaning (noun)

Víctor no entiende el <u>sentido</u> de ciertas palabras del contrato, son términos muy técnicos.

Victor doesn't understand the <u>meaning</u> of certain words in the contract, they are very technical terms.

1195. medios - means (noun)

La empresa no cuenta con los <u>medios</u> para terminar el proyecto.

The company does not have the <u>means</u> to finish the project.

1196. mientras tanto - meanwhile (adverb)

Termina de lavar los platos, <u>mientras tanto</u> yo me baño.

You finish doing the dishes, <u>meanwhile</u> I take a bath.

1197. medida - meisure (noun)

El fiscal tomó medidas muy drásticas respecto al caso.

The prosecutor took very drastic measures regarding the case.

1198. carne - meat (noun)

Mis primas son vegetarianas, ninguna de ellas come carne.

My cousins are vegetarians, none of them eat meat.

1199. medios de comunicación - media (noun)

Los medios de comunicación deben ser veraces con la información.

The media must be truthful with information.

1200. médico - medical (adjective)

Los problemas médicos de Sebastián no son tan graves como él piensa.

Sebastian's medical problems are not as serious as he thinks.

1201. reunirse - to meet (verb)

Alan se reunirá con su jefe en la oficina mañana al mediodía.

Alan will meet with his boss in the office tomorrow at noon.

1202. reunión - meeting (noun)

El cliente sostuvo una reunión importante con el inversionista.

The client had an important meeting with the investor.

1203. deterrirse - to melt (verb)

¡Come tu helado rápido o se derretirá con este calor!

Eat your ice cream fast or it will melt in this heat!

1204. miembro - member (noun)

Todos los miembros del equipo estuvieron de acuerdo con la decisión qué se tomó.

All team members agreed with the decision that was made.

1205. memoria - memory (noun)

No sé dónde puse mi cartera ni mis llaves, ¡pero qué mala memoria tengo!

I don't know where I put my wallet or my keys, what a bad memory I have!

1206. mental - mental (adjective)

La salud mental es tan importante como la salud física.

Mental health is as important as physical health.

1207. mencionar - to mention (verb)

Creo que no <u>mencionaste</u> todas las ventajas de la aplicación durante la exposición.

I don't think you <u>mentioned</u> all the advantages of the application during the presentation.

1208. menú - menu (noun)

¿Me puede traer el <u>menú</u>, por favor?

Can you bring me the <u>menu</u>, please?

1209. lío - mess (noun)

Después de que terminó el concierto, se formó un gran <u>lío</u> entre los fanáticos.

After the concert ended, a big <u>mess</u> occurred among the fans.

1210. mensaje - message (noun)

¿Por qué no contestas mis <u>mensajes</u>?

Why don't you answer my <u>messages</u>?

1211. metal - metal (noun)

El oro y la plata son considerados <u>metales</u> preciosos.

Gold and silver are considered precious <u>metals</u>.

1212. método - method (noun)

El científico encontró la solución utilizando un <u>método</u> bastante innovador.

The scientist found the solution using a rather innovative <u>method</u>.

1213. metro - meter (noun)

El tubo plástico tiene doce <u>metros</u> de largo, creo que servirá.

The plastic tube is twelve <u>meters</u> long, I think it will work.

1214. medio - middle (adjective)

¡Pero qué chico tan grosero, me acaba de mostrar su dedo del <u>medio</u>!

But what a rude boy, he just showed me his <u>middle</u> finger!

1215. medianoche - midnight (noun)

El bar de la esquina cierra a <u>medianoche</u>.

The bar on the corner closes at <u>midnight</u>.

1216. podría - might (modal verb)

<u>Podríamos</u> ir, pero no estamos seguros del todo.

We <u>might</u> go, but we're not entirely sure.

1217. leve - slight (adjective)

Tengo una molestia <u>leve</u> en una muela, creo que iré al dentista.

I have a <u>slight</u> toothache, I think I'll go to the dentist.

1218. milla - mile (noun)

En esta zona está prohibido manejar a más de 60 millas por hora.

In this area it is forbidden to drive over 60 miles per hour.

1219. militar - military (adjective)

Efraín quiere incursionar en el mundo militar, pero sus padres se oponen.

Efraín wants to go into the military, but his parents are against it.

1220. leche - milk (noun)

La receta original lleva leche, pero la puedes sustituir por agua.

The original recipe calls for milk, but you can substitute it with water.

1221. mente - mind (noun)

Disculpe si parezco distraído, mi cuerpo está aquí pero mi mente en otro lado.

Sorry if I seem distracted, my body is here but my mind is somewhere else.

1222. mío - mine (pronoun)

El carro de Estefanía es aquel verde, el mío es el rojo de al lado.

Estefanía's car is the green one, mine is the red one next to it.

1223. mina - mine (noun)

Hubo un derrumbe en la mina subterránea. Afortunadamente, no había nadie trabajando en ese momento.

There was a collapse in the undergound mine. Fortunately, there was no one working at the time.

1224. mínimo - minimum (adjective)

El salario mínimo en mi país es de 500 dólares.

The minimum wage in my country is $500.

1225. ministro - minister (noun)

El primer ministro presentó su renuncia tras el incidente en el congreso.

The prime minister resigned after the incident in congress.

1226. menor - minor (adjective)

Pablo se encargará de los detalles menores durante la remodelación.

Pablo will take care of minor details during the remodeling.

1227. minoría - minority (noun)

La minoría de los empleados no estuvieron de acuerdo con las nuevas cláusulas del contrato.

A minority of the employees did not agree with the new contract clauses.

1228. minuto - minute (noun)

Nos tomó treinta <u>minutos</u> llegar aquí caminando.

It took us thirty <u>minutes</u> to walk here.

1229. espejo - mirror (noun)

Hay que reemplazar el <u>espejo</u> del baño, está viejo y roto.

The bathroom <u>mirror</u> needs to be replaced, it is old and broken.

1230. perder - to miss (verb)

Fabiana no debería <u>perder</u> esta oportunidad, la oferta laboral es bastante buena.

Fabiana should not <u>miss</u> this opportunity, the job offer is quite good.

1231. desaparecido - missing (adjective)

Son muchas las personas que siguen <u>desaparecidas</u> después del huracán.

Many people are still <u>missing</u> after the hurricane.

1232. misión - mission (noun)

Mi equipo tiene una gran <u>misión</u> que espera poder cumplir con éxito.

My team has a great <u>mission</u> that they hope to accomplish successfully.

1233. error - mistake (noun)

Todos debemos aprender de nuestros propios <u>errores</u>.

We should all learn from our own <u>mistakes</u>.

1234. mezclar - to mix (verb)

Gael, no <u>mezcles</u> todavía los ingredientes, primero debes precalentar el horno.

Gael, don't <u>mix</u> the ingredients yet, you must preheat the oven first.

1235. mezcla - mixture (noun)

Esta <u>mezcla</u> de colores no me gusta en lo absoluto.

I don't like this <u>mixture</u> of colors at all.

1236. móvil - cell phone (noun)

Te estuve llamando toda la mañana a tu <u>móvil</u> pero no respondiste.

I was calling you all morning on your <u>cell phone</u> but you didn't answer.

1237. modelo - model (noun)

Estamos haciendo el esquema siguiendo el <u>modelo</u> del libro.

We are making the scheme following the <u>model</u> in the book.

1238. moderno - modern (adjective)

El método propuesto por los estudiantes es <u>moderno</u> y fácil de implementar.

The method proposed by the students is <u>modern</u> and easy to implement.

1239. modificar - to modify (verb)

Es necesario <u>modificar</u> el sistema de seguridad y adaptarlo a la tecnología adquirida.

It is necessary to <u>modify</u> the security system and adapt it to the acquired technology.

1240. momento - moment (noun)

¿Podrían esperar un <u>momento</u>, por favor? El encargado no tarda en llegar.

Could you please wait a <u>moment</u>? The supervisor is coming soon.

1241. lunes - Monday (noun)

El tren de Marcos sale el <u>lunes</u> muy temprano, él debe estar en la estación antes de las 5 am.

Marcos' train leaves very early on <u>Monday</u>, he must be at the station before 5 am.

1242. money - dinero (noun)

Juan es muy bueno haciendo negocios, se dice que ya tiene bastante <u>dinero</u>.

Juan is very good at doing business, it is said that he already has a lot of <u>money</u>.

1243. monitor - monitor (noun)

¿Podrías por favor conectar el cable del <u>monitor</u>? Es el cable azul.

Could you please connect the <u>monitor</u> cable? It's the blue wire.

1244. mono - monkey (noun)

De todos los animales que vimos hoy los <u>monos</u> fueron los más graciosos.

Of all the animals we saw today the <u>monkeys</u> were the funniest.

1245. mes - month (noun)

Felipe lleva <u>meses</u> viviendo en Francia, ya habla un poco mejor el idioma.

Felipe has been living in France for <u>months</u> now, he already speaks the language a little better.

1246. humor - mood (noun)

No estoy de buen <u>humor</u> en este momento, lo siento.

I'm not in a good <u>mood</u> right now, sorry.

1247. luna - moon (noun)

La vista de la <u>luna</u> es espectacular esta noche, ¿no te parece?

The view of the <u>moon</u> is spectacular tonight, don't you think?

1248. moral - moral (adjective)

Mi deber <u>moral</u> como persona me ha llevado a actuar de esa manera.

My moral <u>duty</u> as a person has led me to act that way.

1249. más - more (adverb)

Susana quiere pasar <u>más</u> tiempo con sus padres antes del viaje.

Susanna wants to spend <u>more</u> time with her parents before the trip.

1250. mañana - morning (noun)

Todas las <u>mañanas</u> mi vecina prende el radio a todo volumen, ¡qué molesto!

Every <u>morning</u> my neighbor turns on the radio at full volume, how annoying!

1251. más - most (adverb)

La nota <u>más</u> importante sobre la reunión está en la página dos.

The <u>most</u> important note about the meeting is on page two.

1252. principalmente - mainly (adverb)

Los nuevos equipos fueron ubicados <u>principalmente</u> en la sala de reuniones.

The new equipment was <u>mainly</u> placed in the meeting room.

1253. madre - mother (noun)

La <u>madre</u> de Teresa prepara unos postres espectaculares.

Teresa's <u>mother</u> makes spectacular desserts.

1254. motor - engine (noun)

El <u>motor</u> de mi carro se averió, debo llevarlo a reparar.

My car <u>engine</u> broke down, I have to take it in for repairs.

1255. motocicleta - motocycle (noun)

¿Has visto la nueva <u>motocicleta</u> que se compró Luis?

Have you seen the new <u>motorcycle</u> Luis bought?

1256. montaña - mountain (noun)

La cordillera de los Andes tiene <u>montañas</u> por encima de los 6 mil metros sobre el nivel del mar.

The Andes Mountains have <u>mountains</u> over 6,000 meters above sea level.

1257. ratón - mouse (noun)

¿Acaso un <u>ratón</u> acaba de pasar por el pasillo?

Did a <u>mouse</u> just pass through the hallway?

1258. boca - mouth (noun)

¡Cierra la <u>boca</u>, no quiero oír una palabra más!

Shut your <u>mouth</u>, I don't want to hear another word!

1259. mover - to move (verb)

No puedo <u>mover</u> este sofá sola, ¿me ayudas, por favor?

I can't <u>move</u> this sofa by myself, can you help me, please?

1260. movimiento - movement (noun)

Los <u>movimientos</u> de Sofía al bailar son suaves y refinados.

Sofía's dancing <u>movements</u> are smooth and refined.

1261. película - movie (noun)

Esta noche se estrena la nueva <u>película</u> de *Spiderman*, ¡vamos a verla!

Tonight is the premiere of the new *Spiderman* <u>movie</u>, let's go watch it!

1262. mucho - much (adverb)

No me importa <u>mucho</u> su opinión, así que ella puede decir lo que quiera.

I don't care <u>much</u> about her opinion, so she can say whatever she wants.

1263. barro - mud (noun)

Anoche llovió a cántaros, hay <u>barro</u> por todos lados.

It rained cats and dogs last night, there is <u>mud</u> everywhere.

1264. varios - multiple (adjective)

Tomás tiene <u>varias</u> cosas por hacer antes de irse de viaje.

Tomás has <u>multiple</u> things to do before he leaves on his trip.

1265. multlipicar - multiply (verb)

Sí <u>multiplicas</u> el valor por cinco, debes obtener el resultado bueno.

If you <u>multiply</u> the value by five, you should get the good result.

1266. mamá - mom (noun)

Mi <u>mamá</u> es la mejor, esta mañana me sorprendió con un desayuno en la cama, ¡qué manera de empezar mi cumpleaños!

My <u>mom</u> is the best, this morning she surprised me with breakfast in bed, what a way to start my birthday!

1267. músculo - muscle (noun)

Ayer trabajé duro en el gimnasio, me duelen todos los <u>músculos</u> de las piernas.

I worked hard at the gym yesterday, all my leg <u>muscles</u> are sore.

1268. museo - museum (noun)

Hay una nueva exposición en el <u>Museo</u> de Arte Nacional, me gustaría ir a verla.

There is a new exhibition at the National Art <u>Museum</u>, I would like to go see it.

1269. música - music (noun)

A Emilia le encanta escuchar <u>música</u>.

Emilia loves to listen to <u>music</u>.

1270. musical - musical (adjective)

El ambiente <u>musical</u> del nuevo café del centro es bastante agradable.

The <u>musical</u> atmosphere in the new downtown café is quite pleasant.

1271. músico - musician (noun)

Pedro quiere convertirse en <u>músico</u> profesional, a mi juicio el chico tiene talento.

Pedro wants to become a professional <u>musician</u>, in my opinion the boy has talent.

1272. deber - must (modal verb)

<u>Debes</u> lavarte las manos cuántas veces sean necesarias durante el día.

You <u>must</u> wash your hands as many times as necessary during the day.

1273. mi - my (adjective)

<u>Mi</u> hermano Alberto está de visita en el pueblo, vino con su esposa e hijo.

<u>My</u> brother Alberto is visiting town, he came with his wife and son.

1274. yo mismo - myself (pronoun)

No puedo resolver la falla de mi ordenador <u>yo mismo</u>, tendré que consultar a un técnico.

I can't solve the failure of my computer <u>myself</u>, I will have to consult a technician.

1275. misterioso - mysterious (adjective)

Juan es un hombre bastante callado y tranquilo, y un tanto <u>misterioso</u> también.

Juan is a rather quiet and calm man, and somewhat <u>mysterious</u> as well.

1276. misterio - mystery (noun)

En la película, el <u>misterio</u> del crimen no se revela sino en el último minuto.

In the film, the <u>mystery</u> of the crime is only revealed at the last minute.

1277. uña - nail (noun)

Elena se rompió una <u>uña</u> tratando de destapar la Coca Cola.

Elena broke a <u>nail</u> trying to uncork the Coca Cola.

1278. nombre - name (noun)

Mi <u>nombre</u> es Enrique, ¿ y el tuyo?

My <u>name</u> is Enrique, what's yours?

1279. narrativa - narrative (noun)

Los lectores más jóvenes adoran la <u>narrativa</u> de este autor, es fresca y ligera.

Younger readers love this author's <u>narrative</u>; it is fresh and light.

1280. estrecho - tight (adjective)

Ese espacio es muy <u>estrecho</u> para estacionar mi vehículo, mejor busquemos otro lugar.

That space is too <u>tight</u> to park my car, let's find another place.

1281. nación - nation (noun)

Las <u>naciones</u> del mundo deben luchar contra el cambio climático de forma conjunta.

The <u>nations</u> of the world must fight climate change together.

1282. nacional - national (adjective)

Los dos mejores equipos <u>nacionales</u> de voleibol pasarán a la final.

The two best <u>national</u> volleyball teams will advance to the finals.

1283. nativo - native (adjective)

Mi idioma <u>nativo</u> es el español, ¿y el tuyo?

My <u>native</u> language is Spanish, what's yours?

1284. natural - natural (adjective)

Sabrina prefiere los productos <u>naturales</u> para endulzar como la miel y las hojas de stevia.

Sabrina prefers <u>natural</u> sweeteners such as honey and stevia leaves.

1285. naturaleza - nature (noun)

Mis hijos adoran todas las actividades que hacemos en la <u>naturaleza</u>, especialmente acampar.

My kids love all the activities we do in <u>nature</u>, especially camping.

1286. cerca de - near (preposition)

Finalmente logramos conseguir un apartamento cerca de la oficina, ya no tendremos que pasar tanto tiempo en transporte público.

We finally managed to get an apartment near the office, we won't have to spend so much time on public transportation anymore.

1287. casi - almost (adverb)

He escuchado este disco de *My Chemical Romance* por casi cinco años y no me canso.

I've been listening to this My Chemical Romance album for almost five years and can't get enough of it.

1288. ordenado - neat (adjective)

¡Qué habitación tan ordenada, buen trabajo!

What a neat room, good job!

1289. necesariamente - necessarily (adverb)

Puedo visitar a mis padres cualquier fin de semana, pero no tengo que necesariamente quedarme a pasar la noche.

I can visit my parents any weekend, but I don't have to stay overnight necessarily.

1290. necesario - necessary - (adjective)

Es necesario que corrijas el trabajo, tiene muchos errores.

It's necessary to proofread the work, it has a lot of errors.

1291. cuello - neck (noun)

Anoche dormí terrible con la nueva almohada, ¡me duele el cuello!

I slept terrible last night with the new pillow, my neck hurts!

1292. necesitar - to need (verb)

¿Qué necesitas que traiga esta noche para la cena?

What do you need me to bring tonight for dinner?

1293. aguja - needle (noun)

Encontrar las llaves en este desorden es como buscar una aguja en un pajar.

Finding the keys in this mess is like looking for a needle in a haystack.

1294. negativo - negative (adjective)

Quiero mantener alejadas de mi vida a todas las personas negativas.

I want to keep all the negative people out of my life.

1295. vecino - neighbor (noun)

¿Viste el nuevo vecino? ¡Es guapo!

Did you see the new neighbor? He's cute!

1296. barrio - neighborhood (noun)

Este es el mejor barrio para vivir en la ciudad, es bastante tranquilo y a la vez está cerca de la zona más animada de la ciudad.

This is the best neighborhood to live in the city, it's quite quiet and at the same time it's close to the liveliest part of town.

1297. ninguno - none (pronoun)

En el momento del arresto, ninguno de los criminales traía consigo su documentación.

At the time of the arrest, none of the criminals had their papers with them.

1298. nervioso - nervous (adjective)

El hombre se puso nervioso apenas vio al oficial venir.

The man became nervous as soon as he saw the officer coming.

1299. red - net (noun)

Mi padre está muy emocionado con su nueva red para pescar, este fin de semana la estrenará en el lago.

My father is very excited about his new fishing net, he's going to use it for the first time this weekend at the lake.

1300. red - network (noun)

Hay fallas con la red inalámbrica, ha sido imposible descargar los archivos.

There are glitches with the wireless network, it has been impossible to download the files.

1301. nunca - never (adverb)

Nunca quise lastimarte, lo siento si lo hice.

I never meant to hurt you, I'm sorry if I did.

1302. sin embargo - however (adverb)

El desempeño de Rubén durante la audición no fue el mejor, sin embargo, obtuvo el papel.

Rubén's performance during the audition was not the best, however, he got the part.

1303. noticia - news (noun)

En todos los medios, la noticia sobre el huracán ocupa los titulares.

All over the media, news about the hurricane is making headlines.

1304. periódico - newspaper (noun)

Mi padre detesta leer las noticias en línea, él prefiere comprar todos los días el periódico.

My father hates reading the news online, he prefers to buy the newspaper every day.

1305. al lado de - next to (preposition)

Al lado del jardín de infancia hay un parque hermosísimo a dónde podemos llevar a los niños.

Next to the kindergarten there is a beautiful park where we can take the children.

1306. bonito - nice (adjective)

¡Qué bonitas botas! ¿Dónde las compraste?

What nice boots! Where did you buy them?

1307. noche - night (noun)

Prefiero buscar un hotel para pasar la noche, ya es muy tarde para seguir manejando.

I'd rather look for a hotel for the night, it's too late to keep driving.

1308. pesadilla - nightmare (noun)

Mi hija tiene pesadillas casi todas las noches, creo que debo buscar ayuda.

My daughter has nightmares almost every night, I think I should get help.

1309. nueve - nine (numeral)

Hace nueve años aproximadamente todavía había nieve en el lugar.

About nine years ago there was still snow on the place.

1310. ninguno - no one (pronoun)

¡Qué falta de respeto, ninguno llegó temprano a la reunión!

What disrespect, no one was early for the meeting!

1311. nadie - nobody (pronoun)

Nadie quiere abiertamente oponerse al líder a pesar de que no están de acuerdo con él.

Nobody wants to openly oppose the leader even though they don't agree with him.

1312. normal - normal (adjective)

Es normal que la batería dure tan poco tiempo.

It is normal that the battery lasts such a short time.

1313. normalmente - normally (adverb)

Normalmente mis abuelos van al doctor una vez al mes.

Normally my grandparents go to the doctor once a month.

1314. norte - north (noun)

Si quieres seguir hacia el <u>norte</u>, debes cruzar en el próximo desvío.

If you want to continue to the <u>north</u>, you have to cross at the next turnoff.

1315. nariz - nose (noun)

Dicen que mi padre y yo nos parecemos mucho, creo que tenemos la misma <u>nariz</u>.

They say my father and I look very much alike, I think we have the same <u>nose</u>.

1316. no - not (adverb)

<u>No</u> vayas si no quieres ir.

Do <u>not</u> go if you don't want to.

1317. nota - note (noun)

Te dejé una <u>nota</u> sobre la mesa diciéndote a dónde iba, ¿no la viste?

I left you a <u>note</u> on the table telling you where I was going, didn't you see it?

1318. nada - nothing (pronoun)

Marcos revisó el archivo y no encontró <u>nada</u> de utilidad.

Marcos checked the file and found <u>nothing</u> useful.

1319. aviso - notice (noun)

Recibimos un <u>aviso</u> del propietario del inmueble, quiere que desocupemos cuanto antes.

We received a <u>notice</u> from the owner of the property, he wants us to vacate as soon as possible.

1320. noción - notion (noun)

Mis <u>nociones</u> en esta área en particular son muy vagas.

My <u>notions</u> in this particular area are very vague.

1321. novela - novel (noun)

El éxito de su <u>novela</u> fue tal que quisieron adaptarla al teatro.

The success of his <u>novel</u> was such that they wanted to adapt it for the theater.

1322. noviembre - November (noun)

Agustín está considerando tomarse unos días libres a mediados de <u>noviembre</u>.

Agustín is considering taking a few days off in mid-<u>November</u>.

1323. ahora - now (adverb)

¿Podrías venir <u>ahora</u>? Necesito preguntarte algo que no tengo claro.

Could you come <u>now</u>? I need to ask you something that is not clear to me.

1324. nuclear - nuclear (adjective)

Las organizaciones internacionales deben regular el uso de armas <u>nucleares</u>.

International organizations should regulate the use of <u>nuclear</u> weapons.

1325. número - number (noun)

El jugador <u>número</u> ocho fue quien metió el gol.

Player <u>number</u> eight was the one who scored the goal.

1326. numeroso - numerous (adjective)

El actor recibió <u>numerosos</u> comentarios sobre su actuación, algunos buenos, otros no tanto.

The actor received <u>numerous</u> comments on his performance, some good, some not so good.

1327. enfermero - nurse (noun)

El <u>enfermero</u> asistió al paciente y le administró su medicamento.

The <u>nurse</u> assisted the patient and administered his medication.

1328. nuez - nut (noun)

Iván es alérgico a las <u>nueces</u> y otros frutos secos.

Iván is allergic to <u>nuts</u> and other dried fruits.

1329. obedecer - to obey (verb)

¡Carlos, por favor, <u>obedece</u> a tu mamá, te está hablando!

Carlos, please, <u>obey</u> your mother, she's talking to you!

1330. objeto - object (noun)

Anoche encontramos un bolso de cuero con <u>objetos</u> de gran valor.

Last night we found a leather bag with valuable <u>objects</u>.

1331. objetivo - objective (noun)

El <u>objetivo</u> de la empresa es algo confuso, de allí parte su ruina.

The <u>objective</u> of the company is somewhat unclear, hence its ruin.

1332. obligación - obligation (noun)

Los padres tienen la <u>obligación</u> de proteger y educar a sus hijos.

Parents have an <u>obligation</u> to protect and educate their children.

1333. observación - observation (noun)

Las <u>observaciones</u> del juez fueron muy puntuales y precisas.

The judge's <u>observations</u> were very pointed and precise.

1334. observar - to observe (verb)

El científico observó el núcleo celular con un microscopio.

The scientist observed the cell nucleus with a microscope.

1335. obtener - to obtain (verb)

Alicia obtuvo su diploma universitario recientemente.

Alicia recently obtained her university degree.

1336. obvio - obvious (adjective)

Los problemas no siempre son obvios a la vista de todos.

Problems are not always obvious for all to see.

1337. obviamente - obviously (adverb)

Maritza me preguntó si podía ser su dama de honor y obviamente le respondí que sí.

Maritza asked me if I could be her maid of honor and obviously I said yes.

1338. ocasión - occasion (noun)

El encuentro con amigos es siempre una ocasión especial para celebrar.

Gathering with friends is always a special occasion to celebrate.

1339. de vez en cuando - occasionally (adverb)

Cuido mucho mi dieta y alimentación, pero de vez en cuando me gusta comer comida rápida.

I am very careful about my diet and food, but occasionally I like to eat fast food.

1340. océano - ocean (noun)

Siento algo de pánico cuando el avión vuela sobre el océano.

I feel some panic when the plane flies over the ocean.

1341. en punto - o'clock (adverb)

La clase de Biología comienza a las once en punto.

Biology class starts at eleven o'clock.

1342. octubre - October (noun)

Se espera que el bebé nazca a finales de octubre.

The baby is expected to be born at the end of October.

1343. impar - odd (adjective)

Las imágenes deben ir solamente en las páginas impares.

Images should only go on the odd pages.

1344. ofensa - offence (noun)

Mi carta a la junta directiva no debería ser vista como una ofensa.

My letter to the board should not be seen as an offense.

1345. ofender - to offend (verb)

Tus palabras ofenden, ¡ten más cuidado la próxima vez con lo que dices!

Your words offend, be more careful next time with what you say!

1346. oferta - offer (noun)

La oferta laboral terminó siendo una mentira, todo era una estafa.

The job offer ended up being a lie, it was all a scam.

1347. oficina - office (noun)

La oficina de Paúl está ubicada junto a la del jefe.

Paul's office is located next to the boss's office.

1348. oficial - official (adjective)

Los resultados de la encuesta son oficiales, ya se publicaron.

The survey results are official, they have been published.

1349. a menudo - often (adverb)

A menudo vengo al parque, camino unos treinta minutos y luego me tomo un agua de coco.

I often come to the park, walk for about thirty minutes and then have a coconut water.

1350. petróleo - oil (noun)

Nuestro país depende totalmente de la producción de petróleo.

Our country is totally dependent on oil production.

1351. en - on (preposition)

Hay varias tiendas de artesanía en esta calle.

There are several handicraft stores on this street.

1352. una vez - once (adverb)

Los directivos principales de la compañía se reúnen una vez al mes.

The top management of the company meets once a month.

1353. uno - one (numeral)

Mauricio siempre quiere ser el número uno en todo lo que hace.

Mauricio always wants to be number one in everything he does.

1354. cebolla - onion (noun)

Me encanta la sopa de cebolla, quisiera aprender a prepararla.

I love onion soup, I'd like to learn how to make it.

1355. en línea - online (adjective)

Al parecer Lucía conoció a alguien en línea, está muy emocionada.

Apparently, Lucía met someone online, she is very excited.

1356. solamente - only (adverb)

He estado en Europa solamente una vez en mi vida.

I have only been to Europe once in my life.

1357. abierto - open (adjective)

Los chicos están abiertos a hacer cualquier actividad.

The guys are open to do any activity.

1358. apertura - opening (noun)

La apertura del café estuvo realmente genial.

The opening of the café was really great.

1359. funcionar - to work (verb)

No entiendo cómo funciona realmente este equipo, lo voy a devolver.

I don't understand how this device really works, I'm going to take it back.

1360. opinión - opinion (noun)

Todas las opiniones deben ser respetadas por igual aunque difieran entre ellas.

All opinions should be respected equally even if they differ from each other.

1361. adversario - opposing (noun)

El adversario es realmente fuerte, debo dar lo mejor para poder ganar.

The opposing team is really strong, we must give our best in order to win.

1362. oportunidad - opportunity (noun)

Ayer tuvimos la oportunidad de conocer a tus padres en el aeropuerto.

Yesterday we had the opportunity to meet your parents at the airport.

1363. opuesto - opposite (adjective)

Mi hermana y yo discutimos a menudo porque tenemos ideas opuestas.

My sister and I often argue because we have opposite ideas.

1364. oponerse - to object (verb)

Mi hijo se opone a todo lo que le dijiste, no sé qué hacer.

My son objects to everything you told him, I don't know what to do.

1365. opción - option (noun)

Quiero comer algo ligero, ¿qué opciones hay?

I want to eat something light, what are the options?

1366. o - or (conjunction)

Julián, ¿te quedas en casa o prefieres venir conmigo?

Julián, are you staying home or would you rather come with me?

1367. naranja - orange (noun)

Me gusta acompañar el desayuno con un jugo de naranja recién exprimido.

I like to accompany breakfast with a freshly squeezed orange juice.

1368. ordernar - to order (verb)

Buenas tardes señor, ¿está listo para ordenar?

Good afternoon sir, are you ready to order?

1369. organizar - to organize (verb)

Ana es experta en organizar este tipo de conferencias.

Ana is an expert in organizing this kind of conferences.

1370. organización - organization (noun)

La organización del evento fue muy deficiente, hubo fallas de principio a fin.

The organization of the event was very poor, there were flaws from start to finish.

1371. organizado - organized (adjective)

Juan Pablo es un trabajador responsable y organizado, por algo resulta ser siempre el empleado del mes.

Juan Pablo is a responsible and organized worker, he is always the employee of the month for a reason.

1372. original - original - (adjective)

Tus videos son muy originales, creo que pueden llegar a ser virales.

Your videos are very original, I think they can go viral.

1373. originalmente - originally - (adverb)

El libro fue originalmente escrito en árabe y luego traducido a otros idiomas.

The book was originally written in Arabic and then translated into other languages.

1374. otro - other (adjective)

El otro día, camino al trabajo, fui testigo de un accidente de tráfico.

The other day, on my way to work, I witnessed a traffic accident.

1375. de lo contrario - otherwise (adverb)

Llega temprano a la reunión por favor; de lo contrario, no vengas.

Be early for the meeting please; otherwise, don't come.

1376. nuestro - our (adjective)

Nuestro gato es demasiado perezoso, no hace más que dormir todo el día.

Our cat is too lazy, he does nothing but sleep all day.

1377. al aire libre - outdoor (adjective)

Prefiero las actividades al aire libre incluso en invierno.

I prefer outdoor activities even in winter.

1378. fuera de - outside (preposition)

Por favor deja la bicicleta fuera de la casa, los cauchos están muy sucios.

Please leave the bicycle outside the house, the tires are very dirty.

1379. horno - oven (noun)

Según la receta, el horno se debe precalentar durante veinte minutos.

According to the recipe, the oven should be preheated for twenty minutes.

1380. en general - overall (adverb)

El viaje en general estuvo grandioso, tanto que el próximo año queremos regresar.

The overall trip was great, so much so that next year we want to go back.

1381. deber - to owe (verb)

Martín le debe dinero a su padre desde hace años.

Martín has owed his father money for years.

1382. propio - own (adjective)

Espero algún día poder tener mi propia casa.

I hope someday to be able to have my own house.

1383. propietario - owner (noun)

Ayer finalmente conocí al propietario del local, me parece qué le interesó nuestra oferta.

Yesterday I finally met the owner of the place, I think he was interested in our offer.

1384. paso - pace (noun)

Cuando salgo a caminar, me gusta mantener un <u>paso</u> regular.

When I go for a walk, I like to keep a regular <u>pace</u>.

1385. paquete - package (noun)

El <u>paquete</u> debería llegar dentro de los siguientes cuatro días hábiles.

The <u>package</u> should arrive within the next four business days.

1386. página - page (noun)

Cada noche, antes de dormir, leo una docena de <u>páginas</u> de mi libro favorito.

Every night, before going to sleep, I read a dozen <u>pages</u> of my favorite book.

1387. dolor - pain (noun)

Me hice un tatuaje en el tobillo, ¡qué <u>dolor</u> tan intenso!

I got a tattoo on my ankle, what an intense <u>pain</u>!

1388. doloroso - painful (adjective)

Extraer una muela de ese modo es muy <u>doloroso</u>.

Extracting a tooth like that is very <u>painful</u>.

1389. pintar - to paint (verb)

Estoy haciendo un curso para aprender a <u>pintar</u> figuras de porcelana.

I am taking a course to learn how to <u>paint</u> porcelain figures.

1390. pintura - painting (noun)

Aurelio ama el arte en general, especialmente la <u>pintura</u>.

Aurelio loves art in general, especially <u>painting</u>.

1391. par - pair (noun)

Necesito un buen <u>par</u> de zapatos para correr.

I need a good <u>pair</u> of running shoes.

1392. palacio - palace (noun)

La entrevista se llevará a cabo en el <u>palacio</u> presidencial.

The interview will take place at the presidential <u>palace</u>.

1393. pálido - pale (adjective)

¿Te pasa algo? ¡Estás todo <u>pálido</u>!

Is something wrong? You're all <u>pale</u>!

1394. pan - bread (noun)

El <u>pan</u> nunca puede faltar en mi casa, todos los días compramos.

<u>Bread</u> can never be missing in my house, we buy it every day.

1395. panel - panel (noun)
En el <u>panel</u> superior se muestran todas las herramientas de configuración.

On the top <u>panel</u> all the configuration tools are displayed.

1396. papel - paper (noun)
¿Me prestas lápiz y <u>papel</u>, por favor? Necesito hacer algunas anotaciones.

Can I borrow a pencil and <u>paper</u>, please? I need to make some notes.

1397. párrafo - paragraph (noun)
¿Cuántos <u>párrafos</u> quieres incluir en la introducción?

How many <u>paragraphs</u> do you want to include in the introduction?

1398. parque - park (noun)
El <u>parque</u> acuático cerró recientemente por trabajos de remodelación.

The water <u>park</u> was recently closed for renovation work.

1399. parlamento - parliament (noun)
Generalmente es el <u>parlamento</u> quién aprueba las solicitudes hechas por el gobierno.

It is usually the <u>parliament</u> that approves requests made by the government.

1400. parte - part (noun)
Mario debe delegar <u>parte</u> de sus responsabilidades, no puede pretender hacerlo todo él mismo.

Mario must delegate <u>part</u> of his responsibilities, he can't pretend to do everything himself.

1401. participar - to participate (verb)
Los estudiantes del primer año también quieren <u>participar</u> en la encuesta.

The freshmen also want to <u>participate</u> in the survey.

1402. particularmente - particularly (adverb)
Luna adora las flores, <u>particularmente</u> los girasoles.

Luna loves flowers, <u>particularly</u> sunflowers.

1403. especial - special (adjective)
Mi tío es <u>especial</u>, es un hombre amable y generoso.

My uncle is <u>special</u>, he is a kind and generous man.

1404. en parte - partly (adverb)
El éxito de su carrera se debe <u>en parte</u> a la fortuna de su padre.

His career success is due <u>partly</u> to his father's fortune.

1405. compañero - partner (noun)

Joaquín es un excelente compañero de trabajo, creo que juntos hacemos un gran equipo.

Joaquín is an excellent working partner, I think we make a great team together.

1406. pasar - to pass (verb)

¿Me pasas la sal, por favor?

Can you pass the salt, please?

1407. pasajero - passenger (noun)

Este es el último llamado a los pasajeros para abordar el vuelo 008 con destino a Ciudad de México.

This is the last call for passengers to board flight 008 to Mexico City.

1408. pasión - passion (noun)

La escritora habla con gran pasión sobre su nuevo libro.

The writer speaks with great passion about her new book.

1409. pasaporte - passport (noun)

Mi pasaporte vence en diciembre del próximo año.

My passport expires in December next year.

1410. pasado - past (noun)

A veces es necesario estudiar el pasado para comprender el presente.

Sometimes it is necessary to study the past to understand the present.

1411. camino - path (noun)

Este es el camino más corto hacia la casa de mi bisabuelo.

This is the shortest path to my great-grandfather's house.

1412. paciente - patient (noun)

La operación fue todo un éxito, el paciente se recupera rápidamente.

The operation was a success, the patient is recovering quickly.

1413. patrón - pattern (noun)

Eloísa hizo mejoras al patrón de hacer vestidos.

Eloísa made improvements to the dressmaking pattern.

1414. pago - payment (noun)

El pago fue procesado con éxito.

The payment was successfully processed.

1415. paz - peace (noun)

El mensaje principal del orador fue entorno a la paz en la región.

The main message of the speaker was about peace in the region.

1416. pacífico - peaceful (adjective)

La junta directiva apoya la solución pacífica del conflicto entre los trabajadores.

The board of directors supports the peaceful resolution of the conflict between the workers.

1417. bolígrafo - pen (noun)

Por favor, firme el documento, aquí tiene un bolígrafo.

Please, sign the document, here is a pen.

1418. lápiz - pencil (noun)

¿Me prestas un lápiz, por favor?

Can I borrow a pencil, please?

1419. centavo - penny (noun)

No pienso gastar un centavo más en esta tienda.

I'm not spending another penny in this store.

1420. pensión - pension (noun)

Los adultos mayores cobran la pensión una vez al mes.

Senior citizens receive their pension once a month.

1421. persona - person/people (noun)

Centenares de personas asistieron a la inauguración del evento.

Hundreds of people attended the inauguration of the event.

1422. pimienta - pepper (noun)

De todos los condimentos, la pimienta es mi favorita.

Of all the condiments, pepper is my favorite.

1423. por - per (preposition)

Por sugerencia de mi profesor, voy a replantear los objetivos de la investigación.

Per my professor's suggestion, I am going to restate the objectives of the research.

1424. por ciento - percent (adverb)

Solo un 37 por ciento de la población participó en las últimas elecciones.

Only 37 percent of the population participated in the last election.

1425. perfecto - perfect (adjective)

Creo que encontré el regalo <u>perfecto</u> para el aniversario de bodas de mis padres.

I think I found the <u>perfect</u> gift for my parents' wedding anniversary.

1426. perfectamente - perfectly (adverb)

Conozco muy bien a Emily y sé <u>perfectamente</u> lo que quiere hacer.

I know Emily very well and I know <u>perfectly</u> what she wants to do.

1427. realizar - to perform (verb)

Hoy durante la clase de Química los estudiantes <u>realizaron</u> un experimento en el laboratorio.

Today during Chemistry class the students <u>performed</u> an experiment in the lab.

1428. actuación - performance (noun)

La <u>actuación</u> de Julieta en la obra teatral estuvo genial, realmente se destacó.

Julieta's <u>performance</u> in the play was great, she really stood out.

1429. quizás - perhaps (adverb)

<u>Quizás</u> vaya a verte pronto, ¿te gustaría?

<u>Perhaps</u> I'll come to see you soon, would you like me to?

1430. período - period (noun)

El <u>período</u> de exámenenes comienza a mediados de mayo.

The exam <u>period</u> starts in mid-May.

1431. permanente - permanent (adjective)

Luis logró finalmente un puesto <u>permanente</u> dentro de la empresa, está feliz.

Luis finally got a <u>permanent</u> position within the company, he is happy.

1432. permiso - permit (noun)

Se requiere un <u>permiso</u> especial para entrar en esta área.

A special <u>permit</u> is required to enter this area.

1433. persona - person (noun)

Carolina es una <u>persona</u> tímida y reservada, sin embargo, logra lo que se propone.

Carolina is a shy and reserved <u>person</u>, however, she achieves everything she sets her mind to.

1434. personal - personal (adjective)

¡Mis asuntos <u>personales</u> no son de tu incumbencia, por favor no te metas!

My <u>personal</u> affairs are none of your business, please stay out of it!

1435. personalidad - personality (noun)

El joven actor tiene una <u>personalidad</u> muy alegre y distintiva.

The young actor has a very cheerful and distinctive <u>personality</u>.

1436. personalmente - personally (adverb)

<u>Personalmente</u>, prefiero no comer carne en este restaurante.

<u>Personally</u>, I prefer not to eat meat in this restaurant.

1437. perspectiva - perspective (noun)

A veces es necesario ver las cosas desde una <u>perspectiva</u> diferente.

Sometimes you need to see things from a different <u>perspective</u>.

1438. persuadir - to persuade (verb)

El niño es muy inteligente, <u>persuade</u> a su madre hasta conseguir lo que quiere.

The boy is very smart, he <u>persuades</u> his mother until he gets what he wants.

1439. mascota - pet (noun)

Mi hijo quiere tener una <u>mascota</u> pero no entiende la gran responsabilidad que eso implica.

My son wants to have a <u>pet</u> but he doesn't understand the great responsibility that implies.

1440. fase - phase (noun)

La segunda <u>fase</u> del proyecto fue todo un éxito.

The second <u>phase</u> of the project was a success.

1441. fenómeno - phenomenon (noun)

Las auroras boreales son un <u>fenómeno</u> realmente espectacular.

The northern lights are a truly spectacular <u>phenomenon</u>.

1442. filosofía - philosophy (noun)

Hay algo que me atrae de Laura, tal vez sea su energía o su <u>filosofía</u> de vida.

There is something that attracts me to Laura, maybe it's her energy or her <u>philosophy</u> of life.

1443. teléfono - phone (noun)

Suena un <u>teléfono</u>, ¿acaso es el tuyo?

A <u>phone</u> rings, is it yours?

1444. foto - photo (noun)

Hay muchos detalles que indican que la <u>foto</u> ha sido editada.

There are many details that indicate that the <u>photo</u> has been edited.

1445. fotógrafo - photographer (noun)

Hacerse una carrera como <u>fotógrafo</u> profesional no es nada fácil.

Making a career as a professional <u>photographer</u> is not easy.

1446. fotografía - photography (noun)

Me encanta la <u>fotografía</u>, en especial en blanco y negro.

I love <u>photography</u>, especially black and white.

1447. frase - phrase (noun)

Mi mamá solía repetirme esa misma <u>frase</u> una y otra vez.

My mom used to repeat that same <u>phrase</u> to me over and over again.

1448. físico - physical (adjective)

Las actividades <u>físicas</u> son tan importantes como las intelectuales.

<u>Physical</u> activities are as important as intellectual ones.

1449. física - physics (noun)

Los estudiantes están encantados con su nuevo profesor de <u>Física</u>.

The students are delighted with their new <u>Physics</u> teacher.

1450. piano - piano (noun)

Mi hermano menor empezó a tocar el <u>piano</u> cuando tenía seis años.

My younger brother started playing the <u>piano</u> when he was seis years old.

1451. elegir - to pick (verb)

La tienda tiene varias ofertas, <u>elige</u> la mejor.

The shop has several offers, <u>pick</u> the best one.

1452. imagen - image (noun)

Las <u>imágenes</u> del libro no se imprimieron correctamente.

The <u>images</u> in the book did not print correctly.

1453. trozo - piece (noun)

Hice una torta de chocolate con fresas, ¿quieres un <u>trozo</u>?

I made a chocolate cake with strawberries, do you want a <u>piece</u>?

1454. cerdo - pig (noun)

El <u>cerdo</u> es un animal mamífero que puede ser salvaje o doméstico.

The <u>pig</u> is a mammalian animal that can be wild or domestic.

1455. pila - pile (noun)

Si quieres leer algo, tengo una pila de libros sobre la mesa.

If you want to read something, I have a pile of books on the table.

1456. piloto - pilot (noun)

El piloto hizo unas maniobras bastante peligrosas, por suerte nada malo pasó.

The pilot made some pretty dangerous maneuvers, luckily nothing bad happened.

1457. alfiler - pin (noun)

La costurera utilizó varios alfileres para sujetar la manga de la camisa.

The seamstress used several pins to fasten the sleeve of the shirt.

1458. rosa/rosado - pink (noun)

A Mercedes le encanta el color rosa, casi siempre viste algo de ese color.

Mercedes loves pink, she almost always wears something in that color.

1459. tubo - pipe (noun)

Hay una fuga de agua, es posible que la tubería esté rota.

There is a water leak, it is possible that the pipe is broken.

1460. tono - tone (noun)

¡Cuidado, no me gusta cuando me hablas en ese tono!

Careful, I don't like it when you talk to me in that tone!

1461. sitio - place (noun)

¡Me encantaría viajar por Suramérica, hay tantos sitios que quiero conocer!

I would love to travel in South America, there are so many places I want to see!

1462. llanura - plain (noun)

Es la época de sequía en la llanura, muchos animales mueren de sed al no encontrar fuentes de agua.

It's the dry season in the plains, many animals die of thirst because they can't find water sources.

1463. planear - to plan (verb)

Oye Marcos, ¿qué estás planeando hacer en tu cumpleaños?

Hey Marcos, what are you planning to do on your birthday?

1464. avión - plane (noun)

El avión arribó con cinco horas de retraso debido a la tormenta de nieve.

The plane arrived five hours late due to the snowstorm.

1465. planificación - planning (noun)

La planificación del proyecto ha sido elaborada con gran anticipación.

The planning of the project has been worked out well in advance.

1466. planta - plant (noun)

Mi suegra adora las plantas; de hecho, tiene un jardín hermoso de flores y plantas comestibles.

My mother-in-law loves plants; in fact, she has a beautiful garden of flowers and edible plants.

1467. plástico - plastic (adjective)

Prefiero almacenar la comida en contenedores de plástico que de aluminio.

I prefer to store food in plastic containers rather than aluminum.

1468. plato - dish (noun)

Mientras lavaba los platos, rompí uno sin querer.

While doing the dishes, I unintentionally broke one.

1469. plataforma - platform (noun)

La plataforma del banco está caída, no he podido hacer la transferencia.

The bank's platform is down, I have not been able to make the transfer.

1470. jugar - to play (verb)

Luis y Carlos juegan a las cartas todos los días, incluso apuestan.

Luis and Carlos play cards every day, they even bet.

1471. jugador - player (noun)

Las reglas del partido deben ser cumplidas por todos los jugadores por igual.

The rules of the game must be followed by all players equally.

1472. agradable - pleasant (adjective)

Los pasajeros tuvieron una estadía muy agradable en el crucero.

Passengers had a very pleasant stay on the cruise.

1473. por favor - please (interjection)

Por favor, ten cuidado al pasar por el pasillo, recién pinté las paredes.

Please, be careful when passing through the hallway, I just painted the walls.

1474. satisfecho - pleased (adjective)

Parece que el jefe está satisfecho con el desempeño de todos.

It looks like the boss is pleased with everyone's performance.

1475. placer - pleasure (noun)

Fue un <u>placer</u> haber conversado contigo, espero verte pronto.

It was a <u>pleasure</u> chatting with you, hope to see you soon.

1476. trama - plot (noun)

El nombre del libro no tiene nada que ver con la <u>trama</u>.

The name of the book has nothing to do with the <u>plot</u>.

1477. más - plus (preposition)

Por lo general cada vendedor recibe un salario fijo <u>más</u> una comisión por ventas.

Usually each salesperson receives a fixed salary <u>plus</u> a sales commission.

1478. bolsillo - pocket (noun)

No me gustan los <u>bolsillos</u> de esta chaqueta, son pequeños e incómodos.

I don't like the <u>pockets</u> on this jacket, they are small and uncomfortable.

1479. poema - poem (noun)

Marcel le escribió un <u>poema</u> de amor a Luisana, pero le da pena dárselo.

Marcel wrote a love <u>poem</u> to Luisana, but he is embarrassed to give it to her.

1480. poeta - poet (noun)

Antonio Machado fue uno de los grandes <u>poetas</u> españoles del siglo XX.

Antonio Machado was one of the great Spanish <u>poets</u> of the 20th century.

1481. poesía - poetry (noun)

Su <u>poesía</u> se destaca por sus fuertes matices religiosos.

His <u>poetry</u> is noted for its strong religious overtones.

1482. punto - point (noun)

No entiendo por qué quieres abordar un nuevo <u>punto</u> si no hemos concluido con el anterior.

I don't understand why you want to address a new <u>point</u> if we haven't concluded with the previous one.

1483. puntiagudo - sharp (adjective)

Los objetos <u>puntiagudos</u> deben estar fuera del alcance de los niños.

<u>Sharp</u> objects should be out of reach of children.

1484. veneno - poison (noun)

Para acabar con las cucarachas, debes aplicar el <u>veneno</u> en todas las esquinas de las habitaciones.

To get rid of cockroaches, you should apply <u>poison</u> in all corners of the rooms.

1485. venenoso - poisonous (adjective)

No todas las serpientes son realmente venenosas.

Not all snakes are really <u>poisonous</u>.

1486. policía - police (noun)

La <u>policía</u> se movilizó inmediatamente después de haber recibido la alerta.

The <u>police</u> mobilized immediately after receiving the alert.

1487. policía - policeman (noun)

La <u>policía</u> se acercó al vehículo y le pidió la documentación al conductor.

The <u>policeman</u> approached the vehicle and asked the driver for documentation.

1488. política - policy (noun)

Nuestra <u>política</u> de reembolso establece que éste puede ser solicitado en los siguientes treinta días después de la compra.

Our refund <u>policy</u> states that a refund can be requested within thirty days of purchase.

1489. educado - polite (adjective)

Qué niño tan cortés y <u>educado</u>, siempre pide la palabra antes de hablar.

What a courteous and <u>polite</u> child, he always asks for the floor before speaking.

1490. político - political (adjective)

Mi país atraviesa un momento de gran tensión <u>política</u>.

My country is going through a time of great political <u>tension</u>.

1491. político - politician (noun)

El discurso del <u>político</u> fue más de lo mismo; en mi opinión, ninguna de sus propuestas es interesante.

The <u>politician's</u> speech was more of the same; in my opinion, none of his proposals are interesting.

1492. política - politics (noun)

Rosa está haciendo un posgrado en <u>política</u> internacional.

Rosa is doing a postgraduate degree in international <u>politics</u>.

1493. contaminación - pollution (noun)

La meta del gobierno es reducir la <u>contaminación</u> del mar en un 30% en este año.

The government's goal is to reduce the sea <u>pollution</u> by 30% this year.

1494. piscina - pool (noun)

Con este calor lo que provoca es un chapuzón en la <u>piscina</u>.	With this heat what it feels like is to get in the <u>pool</u>.

1495. pobreza - poberty (noun)

La educación es un excelente camino para acabar con la <u>pobreza</u>.	Education is an excellent way to end <u>poverty</u>.

1496. pobre - poor (adjective)

<u>Pobre</u> Francisco, lleva todo el día encerrado en su cuarto; al parecer su novia lo dejó.	<u>Poor</u> Francisco, he's been locked in his room all day; apparently his girlfriend left him.

1497. popular - popular (adjective)

Esa canción es bastante <u>popular</u> entre los adolescentes.	That song is quite <u>popular</u> among teenagers.

1498. popularidad - popularity (noun)

El cantante alcanzó gran <u>popularidad</u> tras el lanzamiento de su último disco.	The singer achieved great <u>popularity</u> after the release of his latest album.

1499. población - population (noun)

La <u>población</u> mundial supera los siete millardos de personas.	The world's <u>population</u> exceeds seven billion people.

1500. puerto - port (noun)

El barco arribó al <u>puerto</u>, los turistas están desembarcando.	The ship arrived at the <u>port</u>, tourists are disembarking.

1501. retrato - portrait (noun)

Hice una oferta de 400 euros por un <u>retrato</u> precioso en la subasta.	I placed a 400-euro bid for a beautiful <u>portrait</u> at the auction.

1502. posar - to pose (verb)

El fotógrafo les pidió a los modelos que <u>posaran</u> de diferentes maneras en la sesión.	The photographer asked the models to <u>pose</u> in different ways for the shoot.

1503. posición - position (noun)

Cambié la <u>posición</u> de la cama y ahora está al lado de la ventana.	I changed the bed's <u>position</u> and now it is next to the window.

1504. positivo - positive (adjective, noun)

Cristian le pidió a Roberta que se case con él y espera una respuesta <u>positiva</u>.

Cristian has asked Roberta to marry him and is hoping for a <u>positive</u> answer.

1505. poseer - to possess (verb)

Penélope lleva todo lo que <u>posee</u> en la mochila en su espalda.

Penélope is carrying everything she <u>possesses</u> in the bag on her back.

1506. posesión - possession (noun)

El abogado llamó a la familia Brown para avisarles que podían tomar <u>posesión</u> de la casa el viernes.

The solicitor wrote to tell the Browns they could take <u>possession</u> of the house on Friday.

1507. posibilidad - possibility (noun)

El cirre de la fábrica es una <u>posibilidad</u> si el negocio no mejora.

The closure of the factory is a <u>possibility</u> if the business does not improve.

1508. posible - possible (adjective)

Para poder continuar en la universidad, mi padre tiene que pagar el semestre lo antes <u>posible</u>.

In order to continue in college, my father has to pay for the semester as soon as <u>possible</u>.

1509. posiblemente - possibly (adverb)

Nigel dijo que <u>posiblemente</u> venga tarde a la fiesta, aunque sigue en la oficina.

Nigel said he is <u>possibly</u> coming late to the party, he is still in the office.

1510. publicar - to post (verb)

Adriana <u>publicó</u> en Facebook las fotos de cuando fuimos a la piscina el fin de semana pasado.

Adriana <u>posted</u> on Facebook the pictures of when we went to the pool last weekend.

1511. póster - poster (noun)

Pusieron un <u>póster</u> en la pizarra de noticias del pueblo para promocionar un concierto en el centro comunitario el viernes por la noche.

There's a <u>poster</u> on the village noticeboard advertising a concert in the community centre on Friday night.

1512. maceta - pot (noun)

Necesito <u>macetas</u> más grandes para trasplantar cuando las semillas hayan crecido suficiente.

I need larger <u>pots</u> to transplant when the seeds have grown enough.

1513. papa - potato (noun)

Las papas al horno son mucho más saludables que las papas fritas.

Baked potatoes are much healthier than fried potatoes.

1514. potencial - potential (noun)

El inventor buscaba inversores potenciales para su idea revolucionaría.

The inventor was looking for potential investors for his revolutionary idea.

1515. libra - pound (noun)

La medida de peso más utilizada es el kilogramo, pero en algunos países, como Estados Unidos, se usa la libra.

The most used measure of weight is the kilogram, but in some countries, such as the United States, they use the pound.

1516. servir - to pour (verb)

¿Te gustaría que sirviese el vino? Este vino lo compré en Italia el año pasado.

Would you like me to pour the wine? I bought this wine in Italy last year.

1517. pulverizar - to powder (verb)

Pulvericé la aspirina y la mezclé con agua, y me la bebí toda. Pronto me hará efecto.

I powdered the aspirin and mixed it with water, and drank it all. It will soon take effect.

1518. en polvo - powdered (adjective)

La familia no podía pagar la leche común así que compraban leche en polvo.

The family couldn't afford regular milk, so they bought the powdered kind.

1519. electricidad - power (noun)

Anoche nos quedamos sin electricidad durante tres horas en casa; tuvimos que usar velas y no pudimos ver televisión.

The house lost power for three hours last night. We had to use candles and couldn't watch TV.

1520. poderoso - powerful (adjective)

Los tiburones tienen mandíbulas poderosas y muchísimos dientes.

Sharks have powerful jaws and many teeth.

1521. práctico - practical (adjective)

Esta es una aplicación muy práctica, me ayuda a controlar las calorías que consumo.

This is a very practical application, it helps me to control the calories I consume.

1522. práctica - practice (noun)

La práctica de dibujo ayudó a los alumnos a mejorar sus habilidades.

The drawing practice helped the students to improve their skills.

1523. practicar - to practice (verb)

Para poder hablar correctamente un idioma, debes practicar; pero con una o dos horas al día es suficiente.

To be able to speak a language properly, you must practice; but one or two hours a day is enough.

1524. alabanza - praise (noun)

El profesionalismo de los dos equipos es digno de alabanza.

The professionalism of the two teams is worthy of praise.

1525. orar - to pray (verb)

Las monjas oran en la capilla por la noche, después de la última misa del día.

The nuns pray in the chapel at night, after the last service of the day.

1526. oración - prayer (noun)

Mucha gente cree en el poder de la oración. Algunas personas rezan antes de cada comida.

Many people believe in the power of prayer. Some people pray before every meal.

1527. predecir - to predict (verb)

Es imposible predecir cuándo nos quedaremos sin existencias.

It is impossible to predict when we will run out of stock.

1528. predicción - prediction (noun)

¿Te molestaría hacer alguna predicción sobre las elecciones?

Would you mind to make any predictions about the election?

1529. preferir - to prefer (verb)

¿Qué tipo de comida prefieres para el desayuno? ¿Frutas o cereal con leche?

What type of food do you prefer for breakfast? Fruit or cereal?

1530. embarazada - pregnant (adjective)

Acabo de enterarme de que mi hija está embarazada por segunda vez.

I just found out that my daughter is pregnant for the second time

1531. preparativos - preparation (noun)

Los preparativos para nuestra boda van muy bien, casi todo ha sido organizado.

The preparations for our wedding are going well; nearly everything has been organized.

1532. preparar - to prepare (verb)

Antes de plantar las semillas tienes que <u>preparar</u> el terreno.

Before you plant seeds, you need to <u>prepare</u> the ground.

1533. preparado - prepared (adjective)

La ciudad no estaba <u>preparada</u> para un desastre de esta magnitud.

The city wasn't <u>prepared</u> for a disaster of this magnitude.

1534. presencia - presence (noun)

El conductor tocó la bocina para advertir de su <u>presencia</u>.

The driver honked the horn to warn about his <u>presence</u>.

1535. presentar - to present (verb)

El actor que <u>presenta</u> este espectáculo es muy divertido.

The actor who <u>presents</u> this show is very funny.

1536. presentación - presentation (noun)

Tuve que reunir mucha información para la <u>presentación</u> de mi tesis. No fue fácil, pero salió increíble.

I had to gather a lot of information for my thesis <u>presentation</u>. It was not easy, but it came out amazing.

1537. preservar - to preserve (verb)

La mejor manera de <u>preservar</u> tu comida es guardándola en el refrigerador.

The best way to <u>preserve</u> your food is to store it in the refrigerator.

1538. presidente - president (noun)

El <u>presidente</u> de la empresa siempre llega tarde a las reuniones de fin de mes.

The company <u>president</u> is always late for month-end meetings.

1539. pulsar - to press (verb)

<u>Pulsé</u> el botón para encender la máquina de café, pero no encendió.

I <u>pressed</u> the button to turn on the coffee machine, but it did not turn on.

1540. presión - pressure (noun)

Tratar la <u>presión</u> arterial elevada puede reducir el riesgo de ACV.

Treating high blood <u>pressure</u> can reduce the risk of stroke.

1541. fingir - to pretend (verb)

Mi amiga <u>fingió</u> no saber nada sobre mi fiesta sorpresa y fue ella quien la organizó.

My friend <u>pretended</u> not to know about my surprise party and she was the one who organized it.

1542. bonita - pretty (adjective)

La chaqueta de cuero está muy <u>bonita</u>, pero a ese precio no podré pagarla.

The leather jacket is really <u>pretty</u>, but at that price, I won't be able to afford it.

1543. prevenir - to prevent (verb)

La mayor parte de los accidentes domésticos se pueden <u>prevenir</u>.

The vast majority of household accidents can easily be <u>prevented</u>.

1544. anterior - previous (adjective)

El nuevo libro de la autora es aún mejor que el <u>anterior</u>.

The author's new book is even better than the <u>previous</u> one.

1545. previamente - previously (adverb)

El policía le preguntó a Hannah si había visto a los dos hombres <u>previamente</u>.

The police officer asked Hannah if she had seen the two men <u>previously</u>.

1546. precio - price (noun)

La comida está incluida en el <u>precio</u> del paquete vacacional. Sólo tendremos que alquilar un auto.

Meals are included in the <u>price</u> of the vacation package. We will only need to rent a car.

1547. sacerdote - priest (noun)

En el vehículo viajaban un <u>sacerdote</u>, su mujer y su hija, que se refugiaron en la comisaría local tras el ataque.

A <u>priest</u> and his wife and daughter were in the vehicle; they took refuge in the local police station after the attack.

1548. primario - primary (adjective)

El objetivo <u>primario</u> de la asociación es ayudar a los pobres con su alimentación y educación.

The <u>primary</u> objective of the association is to help the poor with their food and education.

1549. principal - prime (adjective)

Mi <u>principal</u> motivación para ir a trabajar es el dinero. El alquiler no se paga solo.

My <u>prime</u> motivation for going to work is money. The rent doesn't pay for itself.

1550. príncipe - prince (noun)

Juan es tan amable y considerado con todo el vecindario; es todo un <u>príncipe</u>.

Juan is so kind and considerate of everyone in the neighborhood; he is such a <u>prince</u>.

1551. princesa - princess (noun)

El *Diario de la princesa* es una de mis películas favoritas de Anne Hathaway.

The *Princess Diaries* is one of my favorite Anne Hathaway movies.

1552. principio - principle (noun)

Nuestra compañía opera sobre el principio de la dedicación completa de nuestros empleados.

Our company operates on the principle of complete dedication from all our staff.

1553. imprimir - to print (verb)

Imprimió las instrucciones que le habían enviado por correo electrónico.

He printed the directions that had been emailed to him.

1554. impresora - printer (noun)

Haz clic en "imprimir" y tu documento debería salir por la impresora en unos segundos.

Click on "print" and your document should come out of the printer in a few seconds.

1555. impresión - printing (noun)

Lo he escrito todo; lo único que queda por hacer es la impresión.

I've typed everything up; all that's left to be done is the printing.

1556. prioridad - priority (noun)

Si organizas tu trabajo en orden de prioridad, puedes estar seguro de que vas a hacer primero lo más importante.

If you organize your work in order of priority, then you can be sure you are doing the most important things first.

1557. prisión - prison (noun)

Lo enviaron a prisión por tres años por su delito de acoso de menores. Yo creo que merecía más años.

He was sent to prison for three years for his offense of child molestation. I think he deserved more years.

1558. prisionero - prisoner (noun)

Todavía no encontraron al prisionero que se escapó anoche. Nadie ha llamado para reportar al respecto.

They still have not found the prisoner who escaped last night. No one has called to report it.

1559. privacidad - privacy (noun)

Jim vive en el bosque, a millas del vecindario más próximo; le gusta la privacidad absoluta.

Jim lives in the woods, miles from his nearest neighborhood; he enjoys absolute privacy.

1560. privado - private (adjective)

Lisa vive en una pequeña habitación pero que incluye un baño <u>privado</u>.

Lisa lives in a small bedroom but includes a <u>private</u> bathroom.

1561. premio - prize (noun)

El ganador de esta competencia recibirá un <u>premio</u> de 500 euros.

The winner of this competition will receive a <u>prize</u> of 500 euros.

1562. probablemente - probably (adverb)

<u>Probablemente</u> veré a mi amiga mañana, pero no estoy segura aún.

I'll <u>probably</u> see my friend tomorrow, but I'm not sure yet.

1563. problema - problem (noun)

El <u>problema</u> es que no se le permite a la sociedad civil expresarse con total libertad.

The <u>problem</u> is that civil society is not being allowed to express itself with complete freedom.

1564. procedimiento - procedure (noun)

Mi hermano conoce el <u>procedimiento</u> para obtener un visado. Voy a pedirle que me ayude.

My brother knows the <u>procedure</u> to obtain a visa. I am going to ask him to help me.

1565. procesar - to process (verb)

Todos <u>procesamos</u> el duelo a nuestro modo. Algunos lloran, otros prefieren estar solos.

We all <u>process</u> grief in our own way. Some cry, others prefer to be alone.

1566. producir - to produce (verb)

Este terreno <u>produce</u> una tonelada de trigo por hectárea durante primavera y verano.

This land <u>produces</u> one ton of wheat per hectare during spring and summer.

1567. productor - producer (noun)

La compañía es uno de los mayores <u>productores</u> de electrodomésticos del país

This company is one of the country's main <u>producers</u> of electrical goods.

1568. producto - product (noun)

Cuando se termina, el <u>producto</u> es empaquetado y enviado a las tiendas para su venta.

When it is finished, the <u>product</u> is packaged and sent to shops to be sold.

1569. producción - production (noun)

La producción de una obra de arte requiere de mucho tiempo y esfuerzo.

The production of a work of art requires a lot of time and effort.

1570. profesión - profession (noun)

¿Qué profesiones ofrecen la mayor seguridad laboral hoy en día?

Which professions offer the best job security today?

1571. profesional - professional (adjective, noun)

Deja de tratarte tú mismo y acude a un profesional.

Stop trying to treat yourself, and see a professional.

1572. profesor - professor (noun)

Larry está haciendo un doctorado para poder convertirse en profesor universitario.

Larry is pursuing a Ph.D. so he can become a university professor.

1573. perfil - profile (noun)

La policía ha dibujado un perfil de la asesina, con la ayuda de un psicólogo. El perfil de la autora dice que tiene tres hijos y que vive en el campo.

The police have drawn up a profile of the killer with the help of a psychologist. The author's profile says that she has three children and lives in the countryside.

1574. beneficio - profit (noun)

Obtuvo un beneficio al vender la camisa por un precio mayor del que había pagado por ella.

He made a profit by selling the shirt for more than he bought it.

1575. programar - to program (verb)

El museo ha programado una serie de actos con motivo del Mes de la Historia de la Mujer.

The museum has programmed a series of events for Women's History Month.

1576. progreso - progress (noun)

El progreso del país fue asombroso teniendo en cuenta sus problemas previos.

The country's progress was amazing, considering its former problems.

1577. proyecto - project (noun)

Ayer me encargaron un nuevo proyecto en el cual trabajar y la entrega es un mes.

Yesterday I was given a new project to work on and the deadline is one month.

1578. promesa - promise (noun)

La promesa de Pedro de que siempre amaría a Ana resultó ser mentira.

Pedro's promise that he would always love Ana turned out to be a lie.

1579. promover - to promote (verb)

Los funcionarios tratan de promover el uso de los cinturones de seguridad.

Officials try to promote the use of seat belts.

1580. pronunciar - to pronounce (verb)

Los norteamericanos y los británicos pronuncian la palabra "tomate" de manera diferente.

Americans and British people pronounce "tomato" differently.

1581. prueba - proof (noun)

La forma en que bailaba era prueba de que él no tenía sentido del ritmo.

His dancing was proof that he had no sense of rhythm.

1582. apropiado - proper (adjective)

Su vestido corto no era vestimenta apropiada para ir a la iglesia.

Her short dress was not proper clothing for church.

1583. apropiadamente - properly (adverb)

Los niños se portaron apropiadamente durante la misa del domingo pasado.

The children behaved properly during last Sunday's service at the church.

1584. propiedad - property (noun)

Aquella cámara es propiedad de Carlos, tiene su nombre escrito en la parte de abajo.

That camera is property of Carlos, it has his name written on the bottom.

1585. propuesta - proposal (noun)

Mañana les enviaremos la propuesta con todos los detalles del proyecto.

Tomorrow we will send you the proposal with all the details of the project.

1586. proponer - to propose (verb)

¿De veras te propones atravesar a nado todo el Canal sin entrenamiento previo?

Do you really propose to try to swim the Channel without any preparation?

1587. perspectiva - perspective (noun)

La perspectiva es una técnica que utilizan los artistas para hacer que los objetos distantes luzcan más pequeños.

Perspective is a technique artists use to make distant objects appear small.

1588. proteger - to protect (verb)

Proteger el medio ambiente no tiene porqué ser un asunto muy técnico o complejo.

Protecting the environment need not be a technical or complex matter.

1589. protección - protection (noun)

Cuando empezó la tormenta, Nicole y Larry se metieron en el granero por protección.

When the storm started, Nicole and Larry went into the barn for protection.

1590. protesta - protest (noun)

El personal protestó contra tener que trabajar en un día feriado.

The staff protested about having to work on a public holiday.

1591. orgulloso - proud (adjective)

Te ha ido muy bien en la escuela este semestre, ¡estoy muy orgulloso!

You've done so well in school this semester, I'm so proud.

1592. demostrar - to prove (verb)

Los científicos demostraron la eficacia de este medicamento.

The scientists proved the effectiveness of this medicine.

1593. proporcionar - to provide (verb)

Un radiólogo analizará las imágenes y le proporcionará un informe a su médico.

The radiologist will analyze the images and will provide a report to your physician.

1594. psicólogo - psychologist (noun)

Se convirtió en psicóloga hace poco, pero siempre lo soñó de pequeña.

She recently became a psychologist, always dreamed of it as a child.

1595. psicología - psychology (noun)

La psicología es el estudio y el análisis de la conducta y los procesos mentales de los individuos.

Psychology is the study and analysis of the behavior and mental processes of individuals.

1596. pub - pub (noun)

Bruno se reunió con Daniela en el pub para tomar algo rápido después del trabajo.

Bruno met Daniela at the pub for a quick drink after work.

1597. público - public (adjective, noun)

En casi todas las ciudades hay, por lo menos, un parque público.

In almost all cities there's at least one public park.

1598. publicación - publication (noun)

La publicación de sus memorias causó sensación en los medios.

Publication of his memoirs caused a media sensation.

1599. publicar - to publish (verb)

Jesús estaba entusiasmado cuando la editorial decidió publicar su novela.

Jesús was thrilled when the publishing house agreed to publish his novel.

1600. halar - to pull (verb)

¿No sabes leer? La puerta dice "hale", no "empuje".

Don't you know how to read? The door says "pull," not "push."

1601. castigar - to punish (verb)

La maestra castigó al estudiante por llegar tarde a clases.

The teacher punished her student for being late to class.

1602. castigo - punishment (noun)

El castigo de Emily por haber salido toda la noche fue estar dos semanas sancionada.

Emily's punishment for staying out all night was to be grounded for two weeks.

1603. alumno - pupil (noun)

Patricia es maestra en nuestra escuela y tiene treinta alumnos en su clase de primer grado.

Patricia is a teacher at our school and has thirty pupils in her first grade class.

1604. compra - purchase (noun)

Al final de su viaje, estaba muy satisfecho con sus compras.

At the end of his trip, he was very pleased with his purchases.

1605. puro - pure (adjective)

El oro puro es muy blando para hacer joyas y tiene que mezclarse con otros metales.

Pure gold is too soft to be made into jewellery and has to be mixed with other metals.

1606. púrpura - purple (adjective, noun)

Hace poco actualicé mis lentes y me decidí al final por una montura púrpura.

I recently upgraded my glasses and decided in the end on a purple frame.

1607. propósito - purpose (noun)

¿Cuál es el propósito de este viaje a la tienda si puedes comprar por su sitio web?

What is the purpose of this trip to the store if you can shop through their website?

1608. perseguir - to pursue (verb)

El policía persiguió al ladrón corriendo por la calle hasta que lo alcanzó y lo esposó.

The policeman pursued the thief running down the street until he caught up with him and handcuffed him.

1609. empujar - to push (verb)

Después de extraer el disco, empuje ligeramente la bandeja para que vuelva a cerrarse.

After removing the disc, push the tray slightly so that it closes again.

1610. poner - to put (verb)

Jorge puso todos sus asuntos en orden antes de irse a Australia.

Jorge put all his affairs in order before leaving for Australia.

1611. cualificación - qualification (noun)

La única cualificación que necesitas para este trabajo es ser lo suficientemente fuerte como para levantar cajas.

The only qualification you need for this job is to be strong enough to lift heavy boxes.

1612. cualificado - qualified (adjective)

Adriana terminó su entrenamiento y ahora es una abogada cualificada.

Adriana has finished her training and she is now a qualified barrister.

1613. cumplir los requisitos - to qualify (verb)

Robert quería entrar a la competencia, pero los oficiales le dijeron que no cumplía con los requisitos.

Robert wanted to enter the competition, but the officials told him he didn't qualify.

1614. calidad - quality (noun)

El vestido que compré ayer tiene una tela fina de calidad, por eso costó tanto.

The dress I bought yesterday has a fine quality fabric, that's why it cost so much.

1615. cantidad - quantity (noun)

Leonardo debe de ser un ávido lector, ya que tiene una cantidad decente de libros en sus estanterías.

Leonardo must be an avid reader, as he has a decent quantity of books on his shelves.

1616. trimestre - quarter (noun)

Las ganancias del segundo <u>trimestre</u> de la empresa fueron más bajas de lo previsto.

The firm's turnover for the second <u>quarter</u> was lower than predicted.

1617. reina - queen (noun)

La <u>reina</u> Elizabeth era amante de los animales, principalmente de los perros raza Corgi.

<u>Queen</u> Elizabeth was an animal lover, especially for Corgi dogs.

1618. pregunta - question (noun)

La <u>pregunta</u> número 10 del examen teórico de Biología estuvo bien difícil.

<u>Question</u> number 10 of the Biology theory exam was very difficult.

1619. cola - queue (noun)

Por suerte, la <u>cola</u> para entrar al museo era corta, tardamos 25 minutos en entrar.

Luckily, the <u>queue</u> to enter the museum was short, it took us 25 minutes to enter.

1620. rápido - quick (adjective)

Compramos un par de cosas de Amazon y llegaron súper <u>rápido</u>, en menos de 24 horas.

We bought a couple of things on Amazon and they arrived super <u>quick</u>, in less than 24 hours.

1621. rápidamente - quickly (adverb)

Mi padre se recuperó <u>rápidamente</u> después de su operación, pero aún debe reposar.

My father recovered <u>quickly</u> after his surgery, but he still needs to rest.

1622. silencioso - quiet (adjective)

Una biblioteca <u>silenciosa</u> es un buen lugar para leer y adquirir nuevos conocimientos.

A <u>quiet</u> library is a good place to read and acquire new knowledge.

1623. tranquilamente - quietly (adverb)

Los niños estaban leyendo y haciendo sus tareas <u>tranquilamente</u> en sus habitaciones.

The children were reading and doing their homework <u>quietly</u> in their rooms.

1624. dejar - to quit (verb)

Sentí la imperiosa necesidad de <u>dejar</u> el trabajo y empezar de nuevo.

I felt the compelling need to <u>quit</u> my job and start over.

1625. bastante - quite (adverb)

Este restaurante es <u>bastante</u> bueno. Se lo voy a recomendar a mi hermano.

This restaurant is <u>quite</u> good. I'm going to recommend it to my brother.

1626. cotización - quotation (noun)

La <u>cotización</u> del plomero era demasiado cara para Abril, seguiremos buscando precios.

The plumber's <u>quotation</u> was too expensive for Abril, we will continue searching for prices.

1627. citar - to quote (verb)

<u>Cité</u> a varios personajes importantes de la lengua española en mi tesis.

I <u>quoted</u> several important figures of the Spanish language in my thesis.

1628. carrera - race (noun)

Decidimos hacer una <u>carrera</u> a ver quién llegaba antes a la playa; yo perdí.

We decided to have a <u>race</u> to see who could get to the beach first; I lost.

1629. radio - radio (noun)

Eduardo habló por la <u>radio</u> esperando que alguien escuchara su mensaje.

Eduardo spoke into the <u>radio</u>, hoping someone out there would pick up his message.

1630. vías férreas - railway (noun)

Las <u>vías férreas</u> del país estaban en muy mal estado y el Estado las cambió el mes pasado.

The country's <u>railways</u> were in very poor condition and the State changed them last month.

1631. lluvia - rain (noun)

El hombre del tiempo pronostica <u>lluvia</u> y bajas temperaturas para este fin de semana.

The weatherman forecasts <u>rain</u> and low temperatures for this weekend.

1632. subir - to raise (verb)

¿Podrías <u>subir</u> el volumen de la radio para que yo pueda escucharla?

Could you <u>raise</u> the volume on the radio so I can hear it?

1633. gama - range (noun)

La compañía presentará una nueva <u>gama</u> de productos en primavera.

The company will introduce a <u>range</u> of new products in spring.

1634. rango - rank (noun)

Después de tres años en el ejército, a mi hermano lo subieron de <u>rango</u> y ahora es coronel.

After three years in the army, my brother was promoted in <u>rank</u> and now he is a colonel.

1635. rápido - rapid (adjective)

Este ligero cargador de viaje es fácil de transportar y proporciona una carga <u>rápida</u> del teléfono móvil.

This lightweight travel charger is easy to carry and provides <u>rapid</u> mobile phone charging.

1636. rápidamente - rapidly (adverb)

El mundo está cambiando <u>rápidamente</u> de un modo que suele afectar más a los países pobres.

The world is changing <u>rapidly</u> in ways that often affect poor countries most.

1637. raro - rare (adjective)

El cáncer cervical es extremadamente <u>raro</u> en mujeres menores de 25 años.

Cervical cancer is extremely <u>rare</u> in women under the age of 25.

1638. rara vez - rarely (adverb)

Mateo se mudó de país y ahora vive en Canadá y <u>rara</u> vez ve a su familia.

Mateo moved out of the country and now lives in Canada and <u>rarely</u> sees his family.

1639. tasa - rate (noun)

La <u>tasa</u> de cambio de dólares a euros ha fluctuado durante los últimos meses.

The dollar-to-euro exchange <u>rate</u> has fluctuated over the past few months.

1640. en lugar de - rather (adverb)

Si tienes un problema en la escuela, vale la pena que hables con tu profesor <u>en lugar de</u> callártelo.

If you have a problem at school, it's worth speaking to your teacher <u>rather</u> than keeping quiet about it.

1641. crudo - raw (adjective)

La mejor manera de conservar la carne <u>cruda</u> es guardándola en el congelador.

The best way to preserve <u>raw</u> meat is to store it in the freezer.

1642. alcanzar - to reach (verb)

¿Puedes <u>alcanzar</u> los vasos en la repisa superior? Por favor, llévalos a la mesa para el almuerzo.

Can you <u>reach</u> the glasses on the top shelf? Please, bring them to the table for lunch.

1643. reaccionar - to react (verb)

Los trabajadores reaccionaron ante las noticias de la pérdida de empleo planificada montando una huelga.

Workers reacted to the news of planned job losses by staging a strike.

1644. reacción - reaction (noun)

La rápida reacción de Liam frente a la mujer en medio de la ruta evitó un desagradable accidente.

Liam's quick reaction to the woman in the middle of the road prevented a nasty accident.

1645. leer - to read (verb)

Para poder terminar mi proyecto, tuve que leer varios libros de gramática del español.

In order to finish my project, I had to read several books on Spanish grammar.

1646. lector - reader (noun)

Kevin es un lector muy activo, actualmente está leyendo más de 100 comics a la vez.

Kevin is a very active reader, currently reading over 100 comics at a time.

1647. listo - ready (adjective)

Ayer invité a mi hermano a la playa, pero aún no me responde; supongo que aún no está listo.

Yesterday I invited my brother to the beach, but he still hasn't responded; I guess he's not ready yet.

1648. real - real (adjective)

Solo un experto puede determinar el valor real de este reloj. ¿Conoces algún experto en relojes?

Only an expert can tell the real value of this watch. Do you know any watch experts?

1649. realista - realistic (adjective)

El videojuego nuevo tiene unos gráficos muy realistas, con razón ganó tanta popularidad tan rápido.

The new video game has very realistic graphics, no wonder it gained so much popularity so quickly.

1650. realidad - reality (noun)

Existe una diferencia notable entre nuestras expectativas y la realidad. Por lo general, no todo es lo que parece.

There is a notable difference between our expectations and reality. Generally, not everything is what it seems.

1651. darse cuenta de - to realize (verb)

Ayer mi hermano dejó su cama desordenada, espero que se dé cuenta pronto.

Yesterday my brother left his bed in disarray, I hope he realizes it soon.

1652. realmente - really (adverb)
Realmente disfruto escuchando música, me mantiene activo cada día.

I really enjoy listening to music, it keeps me active every day.

1653. razón - reason (noun)
¿Por qué razón no viniste ayer a la escuela? Tuvimos examen oral en clase de inglés.

What was the reason you didn't come to school yesterday? We had an oral exam in English class.

1654. razonable - reasonable (adjective)
Ve y habla con Paolo, es un hombre razonable, seguramente entenderá.

Go and talk to Paolo, he's a reasonable man, I'm sure he'll understand.

1655. recordar - to recall (verb)
En aquella montaña fue donde nos besamos por primera vez, ¿lo recuerdas?

It was on that mountain that we kissed for the first time, do you recall?

1656. recibo - receipt (noun)
El mensaje de retorno deberá contener un acuse de recibo.

The return message shall contain an acknowledgement of receipt.

1657. recibir - to receive (verb)
¿Recibiste el paquete ayer? Según el mensajero, se dejó el paquete en la entrada de la casa.

Did you receive the package yesterday? According to the courier, the package was left in the entrance of the house.

1658. reciente - recent (adjective)
Para actualizar a la versión más reciente, tiene que descargar el último instalador.

To upgrade to the most recent, version you must download the latest installer.

1659. recientemente - recently (adverb)
Mi hermana debe descansar porque dio a luz a gemelos recientemente.

My sister has to rest because she recently gave birth to twins.

1660. recepción - reception (noun)
En caso de dudas, puedes encontrar información adicional en la recepción.

If in doubt, you can find additional information at the reception desk.

1661. receta - recipe (noun)

Si sigues la receta con cuidado, la comida debería salir bien.

If you follow the recipe closely, your meal should turn out fine.

1662. reconocer - to recognize (verb)

Mi amiga tenía un nuevo corte de pelo y al principio no la reconocí.

My friend had a new haircut and I did not recognize her at first.

1663. recomendar - to recommend (verb)

Recomiendo este libro a cualquier persona interesada en historia antigüa.

I recommend this book to anyone interested in ancient history.

1664. recomendación - recommendation (noun)

Karen siguió la recomendación de su maestra de estudiar Física en la universidad.

Karen followed her teacher's recommendation to study Physics at university.

1665. grabar - to record (verb)

Todos los días al finalizar mi jornada de trabajo grabo un video corto sobre lo que hice durante el día para que mi jefe esté al tanto de mi progreso en el proyecto.

Every day at the end of my work day I record a short video about what I did during the day so that my boss is aware of my progress on the project.

1666. grabación - recording (noun)

Rosa reprodujo la grabación para ver si todos los acontecimientos de la sala habían quedado registrados en la película.

Rosa played back the recording to see if all the events in the room had been captured on film.

1667. recuperar - to recover (verb)

La baronesa nunca recuperó la colección de diamantes robada.

The baroness never recovered her stolen diamond collection.

1668. reciclar - to recycle (verb)

Aurora siempre recicla su ropa vieja y la convierte en mantas.

Aurora always recycles her old clothes by making them into quilts.

1669. rojo - red (adjective, noun)

Este año pondré decoraciones rojas en el árbol de navidad.

This year I will put red decorations on the Christmas tree.

1670. reducir - to reduce (verb)

Ahora que Trevor perdió el trabajo, tiene que reducir sus salidas mensuales.

Now Trevor has lost his job, he needs to reduce his monthly outgoings.

1671. reducción - reduction (noun)

La reducción en las tasas de interés ha sido bien recibida por los prestatarios, pero es menos popular entre los inversores.

The reduction in interest rates has been welcomed by borrowers, but is less popular among investors.

1672. remitir - to refer (verb)

Bob me remitió a usted, me dijo que es el mejor abogado aquí.

Bob referred me to you, saying that you are the best lawyer here.

1673. fuente - reference (noun)

El estudiante consultó numerosas fuentes, incluidos glosarios especializados.

The scholar consulted many references, including specialized glossaries.

1674. reflejar - to reflect (verb)

Las encuestas reflejan un giro en la opinión de los votantes.

The polls reflect a shift in the opinion of voters.

1675. rechazar - to refuse (verb)

La compañía me ofreció un puesto, pero lo rechacé.

The company offered me a job, but I refused.

1676. considerar - to regard (verb)

De pequeño, consideraba a mi hermano mayor un héroe.

When I was little, I regarded my big brother as a hero.

1677. región - region (noun)

¿Ofrecen suficiente empleo e ingreso para los habitantes de la región?

Do they provide enough employment and income to the inhabitants of the region?

1678. regional - regional (adjective)

Él es el gerente de una de las agencias de desarrollo regional.

He's a manager at one of the regional development agencies.

1679. registrarse - to register (verb)

Los alumnos deben registrarse para asistir al curso.

Students must register to attend the course.

1680. lamentar - to regret (verb)

No lamento ninguna de las decisiones que tomé en el pasado.

I do not regret any of the decisions I have made in the past.

1681. habitual - regular (adjective)

El peluquero habitual de Talía estaba de vacaciones, así que pidió una cita con otro.

Talía's regular hairdresser was on holiday, so she had to make an appointment with someone else.

1682. regulación - regulation (noun)

El manual de los empleados incluye una regulación que prohíbe el uso de joyas cuando operas la maquinaria.

The staff handbook includes a regulation forbidding wearing jewellery when operating machinery.

1683. rechazar - to reject (verb)

La firma consultora rechazó a la mayoría de los aspirantes y aceptó sólo a la élite.

The consulting firm rejected most applicants, accepting only the elite.

1684. relacionar - to relate (verb)

Los expertos relacionaron sus hallazgos con las condiciones climáticas locales.

The experts related their findings with local weather conditions.

1685. relacionado - related (adjective)

Es casi seguro que su enfermedad está relacionada con el estrés que ha sufrido.

Your illness is almost certainly related to the stress you have been suffering.

1686. relación - relation (noun)

Es importante entender la relación entre pobreza y crimen.

It is important to understand the relation between poverty and crime.

1687. relación - relationship (noun)

Tenemos una relación de tres años y planeamos casarnos.

We have been in a relationship for three years and we plan to get married.

1688. pariente - relative (adjective, noun)

Linda es mi prima, o sea que es mi pariente. Les mando cartas a mis parientes en navidad.

Linda is my cousin, so that makes her a relative. I send cards to my relatives at Christmas.

1689. relativamente - relatively (adverb)

Muchas personas disfrutan de una salud relativamente buena en la vejez.

Many people enjoy relatively good health into old age.

1690. relajarse - to relax (verb)

Todo el mundo necesita ratos de ocio para relajarse y divertirse.

Everyone needs moments of leisure to relax and have fun.

1691. relajado - relaxed (adjective)

Me gusta el ambiente relajado en el trabajo. Cada quien está enfocado en sus cosas.

I like the relaxed atmosphere at work. Everyone is focused on their own things.

1692. relajante - relaxing (adjective)

Natasha pasó dos semanas relajantes en la playa con un buen libro.

Natasha spent two relaxing weeks lying on the beach with a good book.

1693. lanzamiento - release (noun)

El editor ha fijado el primero de junio para el lanzamiento de su nueva novela.

The publisher has scheduled June the first for the release of her new novel.

1694. pertinente - relevant (adjective)

El asunto se resolvió usando estatutos y precedentes pertinentes.

The matter was decided using relevant statutes and precedents.

1695. fiable - reliable (adjective)

Obtuvimos la información de una fuente fiable. El juego saldrá el año que viene en otoño.

We obtained the information from a reliable source. The game will be released next year in the fall.

1696. alivio - relief (noun)

En su estado depresivo, ver a su amigo fue un alivio.

In his depressed state, seeing his friend was a relief.

1697. religión - religion (noun)

Cuanta más libertad de religión haya, menos intolerancia habrá.

The more freedom of religion there is, the less intolerance there will be.

1698. religioso - religious (adjective)

Era un devoto religioso e insistía en que su esposa también se convirtiera.

He was devoutly religious, insisting that his wife also convert.

1699. depender - to rely (verb)

El país depende de los impuestos como una fuente de rentas públicas.

The country relies on tax as a source of revenue.

1700. permanecer - to remain (verb)

Es importante permanecer sentados durante el despegue.

It is important to remain seated during takeoff.

1701. febrero - February (noun)

El carnaval cae en febrero.

The carnival is in February.

1702. tarifa - fee (noun)

Tienes que pagar una tarifa para tramitar tu licencia de manejo.

There is a fee for getting your driving license.

1703. alimentar - to feed (verb)

Necesito alimentar a los niños.

I need to feed the children.

1704. opinión - feedback (noun)

La página web alienta a sus visitantes a dar su opinión acerca de lo que les gusta o no del sitio.

The website encourages its visitors to give feedback about what they like and don't like about it.

1705. sensación - feel (noun)

Me gusta la sensación de la seda sobre mi piel.

I like the feel of silk on my skin.

1706. sensación - feeling (noun)

Tengo la sensación de que ganaremos.

I have the feeling we're going to win.

1707. miembro - fellow (noun)

Él es miembro de la Academia de Odontología.

He is a fellow of the Dental Academy.

1708. hembra - female (adjective, noun)

La jirafa hembra protege a sus crías de los depredadores.

The female giraffe protects its young from predators.

1709. cerca - fence (noun)

Lorena construyó una cerca alrededor de su jardín.

Lorena built a fence around her garden.

1710. festival - festival (noun)

Esta ciudad organiza un <u>festival</u> cada año con humoristas de todas las partes del mundo.

This city hosts a <u>festival</u> every year, with comedians visiting from all over the world.

1711. pocos - few (adjective)

Hay <u>pocas</u> personas tan generosas como tú.

There are <u>few</u> people as generous as you.

1712. ficción - fiction (noun)

Leo sobre todo <u>ficción</u>, pero a veces alguna biografía.

I read mostly <u>fiction</u> but sometimes pick up a biography.

1713. campo - field (noun)

En China pasé todo un día en un <u>campo</u> de arroz.

In China, I spent a whole day in a rice <u>field</u>.

1714. quince - fifteen (noun)

La pequeña ya sabe contar hasta <u>quince</u>.

The little girl can already count to <u>fifteen</u>.

1715. quinto - fifth (noun)

John era la <u>quinta</u> persona de la lista.

John was the <u>fifth</u> person on the list.

1716. cincuenta - fifty (noun)

Sólo hemos vendido <u>cincuenta</u> entradas para el concierto.

We've only sold <u>fifty</u> tickets for the concert.

1717. lucha - fight (noun)

La <u>lucha</u> de las mujeres por la igualdad aún continúa.

Women's <u>fight</u> for equality is still ongoing.

1718. batalla - fighting (noun)

El diplomático trató de mediar un alto al fuego para parar la <u>batalla</u>.

The diplomat tried to mediate a ceasefire to stop the <u>fighting</u>.

1719. figura - figure (noun)

Le regalamos otra <u>figura</u> para su colección.

We gave her another <u>figure</u> for her collection.

1720. expediente - file (noun)

Tráigame el <u>expediente</u> de la compañía naval.

Bring me the naval company's <u>file</u>.

1721. llenar - to fill (verb)

La banda llenó el estadio.

The band filled the stadium.

1722. película - film (noun)

Me gustó mucho la película que vimos anoche.

I really liked the film we watched last night.

1723. final - final (adjective)

Estamos en la fase final del lanzamiento.

We are in the final phase of the launch.

1724. finalmente - finally (adverb)

Y, finalmente, les recuerdo a los empleados que deben hacer horas extra.

Finally, I'd like to remind all employees that overtime must be worked.

1725. finanzas - finance (noun)

Ryan estudió finanzas y contabilidad en la escuela.

Ryan studied finance and accounting at school.

1726. financiero - financial (adjective)

Estaba casi quebrado y necesitaba con urgencia consejo financiero.

He was almost bankrupt and needed urgent financial advice.

1727. encontrar - to find (verb)

Los buzos encontraron un tesoro en los restos del barco.

The divers found a treasure in the wreckage of the ship.

1728. hallazgo - finding (noun)

Estos hallazgos llevarán a los científicos a revaluar otros fósiles.

These findings will lead scientists to re-evaluate other fossils.

1729. multa - fine (adjective)

Le pusieron una multa de dos mil euros por construir su casa sin licencia.

They gave him a fine of two thousand euros for building his house without a license.

1730. dedo - finger (noun)

Se rompió uno de los dedos de la mano derecha.

He broke one of the fingers on his right hand.

1731. terminar - to finish (verb)

Él terminará la traducción en los próximos treinta minutos.

He will finish the translation in the next thirty minutes.

1732. fuego - fire (noun)

El fuego produce calor y luz.

Fire produces heat and light.

1733. firma - firm (noun)

La quiebra de la firma de abogados se debió a problemas entre los socios.

The law firm went bankrupt due to irreconcilable differences between the partners.

1734. primero - first (adjective)

Quedó primera en la competición de deletreo.

She was first in the spelling competition.

1735. en primer lugar - firstly (adverb)

En primer lugar, empezaremos la fiesta con una canción popular.

Firstly, we will begin the party with a popular song.

1736. pescado - fish (noun)

Por razones de salud, prefiero comer pescado.

I prefer to eat fish for health reasons.

1737. pescar - to fish (verb)

Mucha gente pesca en este lago los fines de semana.

Many people fish in this lake at the weekend.

1738. quedarle bien - to fit (verb)

¿Te queda bien esa camisa o te va grande?

Does this shirt fit you or is it too big?

1739. aptitud física - fitness (noun)

Todos los reclutas tuvieron que hacer una prueba para comprobar su aptitud física.

All the recruits had to take a test to check their fitness.

1740. cinco - five (noun)

Los niños están aprendiendo a contar hasta cinco.

The kids are learning to count to five.

1741. reparar - to fix (verb)

Will reparó su bicicleta usando varias herramientas pequeñas.

Will fixed his bike with some small tools.

1742. fijo - fixed (adjective)
Esa pieza del equipo está fija; no puedes ponerla en otro sitio.

That's a fixed piece of equipment; you can't move it somewhere else.

1743. bandera - flag (noun)
La bandera estadounidense es reconocida en el mundo entero.

The American flag is recognized throughout the world.

1744. llama - flame (noun)
La alarma se activó con la primera llama y el incendio fue controlado.

The alarm went off with the first flame and the fire could be controlled.

1745. destellar - to flash (verb)
Los faros del coche destellaban en la oscuridad.

The car headlights flashed in the darkness.

1746. plano - flat (noun, adjective)
Hay que buscar un sitio plano para montar la tienda de campaña.

You have to look for a flat spot to assemble the tent.

1747. flexible - flexible (adjective)
Ron tenía un nuevo horario de trabajo flexible.

Ron was on a new flexible work schedule.

1748. vuelo - flight (noun)
El vuelo a Madrid dura siete horas.

The flight to Madrid lasts seven hours.

1749. flotar - to float (verb)
Nos sentimos muy felices cuando vimos que la balsa que construimos flotaba en el agua.

We felt so happy when we saw the raft that we built was floating on water.

1750. inundar - to flood (verb)
La lluvia inundó gran parte de la ciudad.

Rain flooded a large part of the city.

1751. piso - floor (noun)
En el segundo piso de mi casa están las recámaras.

The bedrooms are on the second floor of my house.

1752. harina - flour (noun)

Para preparar un pastel, necesitas harina de trigo.

To make a cake, you need wheat flour.

1753. fluir - to flow (verb)

A pesar del accidente, el tráfico fluyó con normalidad.

Despite the accident, traffic flowed normally.

1754. flor - flower (noun)

La flor era hermosa, pero el tallo estaba cubierto de espinas.

The flower was beautiful, though the stem was covered in thorns.

1755. gripe - flu (noun)

Este año no me he vacunado contra la gripe.

I didn't get vaccinated against the flu this year.

1756. volar - to fly (verb)

Volamos a San Francisco el verano pasado.

We flew to San Francisco last summer.

1757. volador - flying (adjective)

El fabricante japonés presentó un prototipo de automóvil volador.

The Japanese manufacturer launched a flying car prototype.

1758. enfocar - to focus (verb)

Ajustó el proyector para enfocar la imagen.

He adjusted the slide projector to focus the image.

1759. doblar - to fold (verb)

Tyler dobló el papel en un triángulo.

Tyler folded the paper into a triangle.

1760. plegable - folding (adjective)

Apila las sillas plegables ahí en el rincón.

Stack the folding chairs there in the corner.

1761. gente - folk (noun)

Los aldeanos son gente sencilla que todavía lleva un estilo de vida muy tradicional.

The villagers are simple folk who still follow a very traditional way of life.

1762. seguir - to follow (verb)

Siga el camino hasta llegar a la oficina de correos.

Follow the road until you reach the post office.

1763. siguiente - following (adjective, noun, preposition)

El siguiente programa les será ofrecido por nuestro patrocinador.

The following show is brought to you by our sponsor.

1764. comida - food (noun)

Yo traigo la comida si tú traes la bebida.

I'll bring the food if you bring the drink.

1765. pie - foot (noun)

Carlos patea mejor con el pie derecho.

Carlos kicks best with his right foot.

1766. fútbol - football (noun)

En el fútbol, el balón no puede tocarse con las manos ni con los brazos.

In football, the ball cannot be touched with hands or arms.

1767. para - for (preposition)

El tenedor pequeño es para la ensalada; el grande, para el plato principal.

The small fork is for your salad, the large one is for the main course.

1768. fuerza - force (noun)

La fuerza del viento hizo que la pelota cayese a un lado.

The force of the wind caused the ball to fall to the side.

1769. extranjero - foreign (adjective)

¿Este vino es extranjero o es local?

Is this wine foreign or is it from here?

1770. bosque - forest (noun)

Los bosques son necesarios para la oxigenación de la atmósfera.

Forests are needed for oxygenating the atmosphere.

1771. siempre - forever (adverb)

Siempre te querré.

I will love you forever.

1772. olvidar - to forget (verb)

He olvidado su número de teléfono.

I have forgotten his telephone number.

1773. perdonar - to forgive (verb)

Si te disculpas por llegar tarde, te perdonaré.

If you apologize for being late, I will forgive you.

1774. tenedor - fork (noun)

Jim clavó un <u>tenedor</u> en el asado para ver si estaba listo.

Jim stuck a <u>fork</u> into the roast to see if it was done.

1775. formar - to form (verb)

<u>Forma</u> una bola de arcilla y aplástala con la palma de la mano.

<u>Form</u> a ball out of clay, then flatten it with the palm of your hand.

1776. formal - formal (adjective)

Llevó su ropa <u>formal</u> para el ritual.

He wore his <u>formal</u> robes for the ritual.

1777. antiguo - former (adjective)

Vio a su <u>antigua</u> esposa con otro hombre.

He saw his <u>former</u> wife with another man.

1778. afortunadamente - fortunately (adverb)

Karen llegó tarde a la parada del autobús pero, <u>afortunadamente</u>, el autobús también iba tarde.

Karen was late to the bus stop, but <u>fortunately</u> the bus was delayed as well.

1779. fortuna - fortune (noun)

Tendremos que esperar para ver lo que nos trae la <u>fortuna</u>.

We will have to wait to see what <u>fortune</u> brings us.

1780. cuarenta - forty (number)

El profesor le pidió al niño que contara hasta <u>cuarenta</u>.

The teacher asked the little boy to count up to <u>forty</u>.

1781. hacia adelante - forward (adverb)

El carro se movió lentamente <u>hacia adelante</u>.

The car moved slowly <u>forward</u>.

1782. encontrado - found (verb, past participle)

Habíamos <u>encontrado</u> un dólar en el suelo.

We had <u>found</u> a dollar on the ground.

1783. cuatro - four (noun, adjective)

El niño de María tiene <u>cuatro</u> años.

María's son is <u>four</u> years old.

1784. catorce - fourteen (noun, adjective)

Teresa dice que el <u>catorce</u> es un número de buena suerte.

Teresa says that <u>fourteen</u> is a good luck number.

1785. cuarto - fourth (adjective)

Celina salió cuarta en la competencia de gimnasia, así que no ganó ninguna medalla.

Celina came fourth in the gymnastics event, so she didn't win a medal.

1786. marco - frame (noun)

Necesitamos un marco grande para poner esta foto.

We need a large frame to put this photo in.

1787. gratis - free (adjective)

Voy a un concierto gratis de música clásica.

I'm going to a free classical music concert.

1788. libertad - freedom (noun)

La libertad de expresión es una parte esencial de la democracia.

Freedom of speech is an important basis of democracy.

1789. congelar - to freeze (verb)

El científico congeló metano para un experimento.

The scientist froze methane for an experiment.

1790. frecuencia - frequency (noun)

Las protestas empezaron a producirse con mayor frecuencia en la capital.

Protests started happening with more frequency in the capital.

1791. frecuentemente - frequently (adverb)

Peter visita a su abuela en el asilo frecuentemente.

Peter frequently visits his grandmother in the retirement home.

1792. fresco - fresh (adjective)

¿Tiene pescado fresco? Porque aquí sólo veo congelado.

Do you have any fresh fish? I only see frozen fish here.

1793. viernes - Friday (noun)

El viernes nos vamos a la playa.

On Friday we're going to the beach.

1794. refrigerador - fridge (noun)

Los huevos se conservan mejor en el refrigerador.

Eggs are better kept in the refrigerator.

1795. amigo - friend (noun)

Mi primo y yo somos <u>amigos</u> muy cercanos.

My cousin and I are close <u>friends</u>.

1796. amigable - friendly (adjective)

Él es una persona muy <u>amigable</u>; todo el mundo lo quiere.

He's such a <u>friendly</u> person; everyone likes him.

1797. amistad - friendship (noun)

Su <u>amistad</u> ha perdurado por muchos años.

Their <u>friendship</u> has lasted for years.

1798. asustar - to frighten (verb)

¡Me <u>asustaste</u>, saltando así de la nada!

You <u>frightened</u> me, jumping out of nowhere like that!

1799. asustado - frightened (adjective)

El gato <u>asustado</u> se escondió bajo la silla.

The <u>frightened</u> cat hid under a chair.

1800. aterrador - frightening (adjective)

La anciana le contó a los niños una <u>aterradora</u> historia sobre la guerra.

The old woman told the children a <u>frightening</u> story about the war.

1801. rana - frog (noun)

Solía bajar al arroyo y jugar con las <u>ranas</u>.

I used to go down to the creek and play with <u>frogs</u>.

1802. de - from (preposition)

Yo soy <u>de</u> Italia y mi pareja es de Noruega.

I am <u>from</u> Italy and my partner is from Norway.

1803. frente - front (noun, adjective)

¿Hay algún rasguño al <u>frente</u> del televisor?

Is there a scratch on the <u>front</u> of the TV?

1804. congelado - frozen (adjective)

Me resbalé en el charco <u>congelado</u>, pero no me caí.

I slid on the <u>frozen</u> puddle, but I did not fall.

1805. fruta - fruit (noun)

Debemos equilibrar nuestra dieta con verduras, <u>fruta</u> y carne.

We must balance our diet with vegetables, <u>fruit</u>, and meat.

1806. freír - to fry (verb)

Kelsey <u>frió</u> las patatas hasta que estuvieron doradas.

Kelsey <u>fried</u> the potatoes until they were golden.

1807. combustible - fuel (noun)

El vehículo tiene poco <u>combustible</u> y estamos lejos de la estación de servicio.

The vehicle is low on <u>fuel</u> and we are far from the gas station.

1808. completo - full (adjective)

El técnico realizó un restablecimiento <u>completo</u> del sistema.

The technician performed a <u>full</u> system reset.

1809. completamente - fully (adverb)

El apartamento estará <u>completamente</u> equipado con el mobiliario para los huéspedes.

The apartment will be <u>fully</u> equipped with the furniture for the guests.

1810. divertido - fun (noun, adjective)

Mi hermano es <u>divertido</u>, siempre hace reír a todo el mundo.

My brother is <u>fun</u>, he always makes everybody laugh.

1811. función - function (noun)

La actualización del software añadió varias <u>funciones</u>.

The software update added several <u>functions</u>.

1812. fondo - fund (noun)

La ciudad creó un <u>fondo</u> para ayudar a los sin techo.

The city set up a <u>fund</u> to help the homeless.

1813. fundamental - fundamental (adjective)

El régimen no muestra ningún respeto por los derechos humanos <u>fundamentales</u>.

The regime shows no respect for <u>fundamental</u> human rights.

1814. financiamento - funding (noun)

El departamento perdió su <u>financiamiento</u> por recortes presupuestarios.

The department lost their <u>funding</u> because of budget cuts.

1815. gracioso - funny (adjective)

Te voy a contar una anécdota <u>graciosa</u>.

Let me tell you a <u>funny</u> story.

1816. pelaje - fur (noun)

El gato tenía un hermoso pelaje blanco.   The cat had a beautiful white fur.

1817. mueble - furniture (noun)

Vendimos la casa y dejamos los muebles en un depósito.   We sold the house and put the furniture in storage.

1818. más lejos - further (adjective)

¿Queda lejos de aquí? ¿Más lejos que esa casa que está por allá?   How far is it? Is it further than that house over there?

1819. además - furthermore (adverb)

El nuevo robot puede leer y, además, puede hablar.   The new robot can read and, furthermore, it can speak.

1820. futuro - future (noun, adjective)

Los padres siempre piensan en el futuro de sus hijos.   Parents always think about their children's future.

1821. ganancia - gain (noun)

Gracias al aumento de ventas, la ganancia fue considerable.   Due to the increased sales, the gain was considerable.

1822. galería - gallery (noun)

La galería expondrá mi obra la próxima semana.   The gallery will show my artwork next week.

1823. juego - game (noun)

Retomamos el juego donde lo habíamos dejado.   We picked up the game where we had left off.

1824. pandilla - gang (noun)

Juan y su pandilla se fueron a pasar el día al campo.   Juan and his gang went to spend the day in the countryside.

1825. brecha - gap (noun)

Existe una brecha entre nuestras expectativas y la realidad.   There is a gap between our expectations and reality.

1826. garaje - garage (noun)

Nuestra casa nueva tiene un garaje para aparcar el automóvil.   Our new house has a garage to park the car.

1827. jardín - garden (noun)

Planté algunos tulipanes en el jardín frente a la casa.

I've planted some tulips in the garden in front of the house.

1828. gas - gas (noun)

En la Primera Guerra Mundial se usó gas venenoso como arma.

In the First World War poisonous gas was used as a weapon.

1829. portón - gate (noun)

No cerró el portón y el perro se escapó.

She didn't close the gate and the dog got out.

1830. reunir - to gather (verb)

Reunió algunas conchas como recuerdo de las vacaciones.

She gathered some shells as souvenirs of the vacation.

1831. general - general (adjective)

El curso empieza con una introducción general.

The course starts with a general introduction.

1832. generalmente - generally (adverb)

Kelly generalmente no salía fuera a comer; prefería cocinar.

Kelly generally didn't go out to eat; she preferred to cook.

1833. generar - to generate (verb)

Las pilas generan electricidad para la radio.

The batteries generate power for the radio.

1834. generación - generation (noun)

Mi familia ha vivido en esta casa por muchas generaciones.

My family has lived in this house for many generations.

1835. generoso - generous (adjective)

Ser generoso significa ser capaz de compartir con los demás.

Being generous means being able to share with others.

1836. género - genre (noun)

El género musical que más me gusta es el jazz.

The musical genre I like the best is jazz.

1837. dulce - gentle (adjective)

Fred era un alma <u>dulce</u> que era querida por todos.

Fred was a <u>gentle</u> soul who was loved by everyone.

1838. caballero - gentleman (noun)

Richard se comportó como un perfecto <u>caballero</u> en la cita.

Richard acted like a perfect <u>gentleman</u> on his date.

1839. geografía - geography (noun)

La <u>geografía</u> de la región la vuelve casi inaccesible con auto.

The <u>geography</u> of the region makes it nearly inaccessible by car.

1840. conseguir - to get (verb)

Tenemos que <u>conseguir</u> cerveza en alguna parte.

We need to <u>get</u> some beer somewhere.

1841. fantasma - ghost (noun)

Tom pensó que había visto un <u>fantasma</u> en su dormitorio.

Tom thought he saw a <u>ghost</u> in his bedroom.

1842. gigante - giant (adjective, noun)

Hay muchos mitos sobre <u>gigantes</u> que viven en las montañas.

There are many myths about <u>giants</u> that live in the mountains.

1843. regalo - gift (noun)

Le dio un suéter como <u>regalo</u> de cumpleaños.

He gave her a sweater as a birthday <u>gift</u>.

1844. niña - girl (noun)

Había varias <u>niñas</u> jugando en la arena.

There were several <u>girls</u> playing in the sand.

1845. novia - girlfriend (noun)

¿No has conocido a mi <u>novia</u>? Llevamos dos años juntos.

You haven't met my <u>girlfriend</u> yet? We've been together for two years.

1846. dar - to give (verb)

¿Podrías <u>darme</u> el libro que está por allá, por favor?

Could you <u>give</u> me that book over there, please?

1847. contento - glad (adjective)

Estoy <u>contento</u> de saber que vendrás.

I'm <u>glad</u> to hear that you are coming.

1848. vaso - glass (noun)

¿Puede darme un <u>vaso</u> con leche?

Can I have a <u>glass</u> of milk?

1849. global - global (adjective)

Los dinosaurios fueron aniquilados por una catástrofe <u>global</u>.

The dinosaurs were wiped out by a <u>global</u> catastrophe.

1850. guante - glove (noun)

El boxeador se vendó las manos y se puso los <u>guantes</u>.

The boxer wrapped his hands and put on his <u>gloves</u>.

1851. ir - to go (verb)

Para llegar al museo, tienes que tomar el autobús que <u>va</u> hacia el sur.

To get to the museum, you have to take the bus that <u>goes</u> south.

1852. objetivo - goal (noun)

Uno de los <u>objetivos</u> de este sitio web es ayudar a las personas a aprender idiomas.

One of the <u>goals</u> of this site is to help people learn languages.

1853. dios - god (noun)

Los antiguos romanos creían en muchos <u>dioses</u>.

The ancient Romans believed in many <u>gods</u>.

1854. de oro - gold (adjective)

El reloj <u>de oro</u> de Jesús brillaba mucho y era muy llamativo.

Jesús' <u>gold</u> watch shone brightly and was very eye-catching.

1855. golf - golf (noun)

Suelo jugar al <u>golf</u> porque me resulta relajante y me gusta mucho este deporte.

I usually play <u>golf</u> because I find it relaxing and I really like this sport.

1856. bueno - good (adjective)

Estudió duro para los exámenes y obtuvo <u>buenas</u> notas este año.

He studied hard for the exams and got <u>good</u> grades this year.

1857. adiós - goodbye (noun)

Pero decirle <u>adiós</u> a su abuela fue probablemente lo más difícil para Joshua.

But saying <u>goodbye</u> to his grandmother was probably the hardest thing for Joshua.

1858. bienes - goods (noun)

El comercio internacional permite un intercambio de <u>bienes</u> más amplio.

International trade enables a wider exchange of <u>goods</u>.

1859. gobernar - to govern (verb)

Queremos la liberación de los presos políticos y debemos permitir que <u>gobierne</u> la democracia.

We want the release of political prisoners and we need to allow democracy to <u>govern</u>.

1860. gobierno - government (noun)

El <u>gobierno</u> del Reino Unido y las administraciones descentralizadas comparten el objetivo de erradicar la pobreza y promover la inclusión.

The UK <u>government</u> and the devolved administrations share a common goal of eradicating poverty and promoting inclusion.

1861. agarrar - to grab (verb)

Enséñale a tu hijo a hacer ruido si un extraño intenta <u>agarrarlo</u>.

Teach your child to be vocal if a stranger attempts to <u>grab</u> him/her.

1862. grado - grade (noun)

¡No hay manera de que estas pequeñas niñas estén en primer y segundo <u>grado</u>!

There is no way these tiny girls can be in first and second <u>grade</u>!

1863. gradualmente - gradually (adverb)

Este nuevo colágeno reduce y suaviza <u>gradualmente</u> las arrugas y da a la piel un aspecto más joven y fresco.

This new collagen <u>gradually</u> reduces and softens wrinkles and gives skin a younger and fresher look.

1864. graduado - graduate (noun)

Estaré <u>graduado</u> después de terminar mi carrera, en unos dos meses.

I will be a <u>graduate</u> after finishing my degree, in about two months.

1865. grano - grain (noun)

Sólo cinco empresas controlan el comercio mundial de los <u>granos</u>.

Just five corporations control the global trade in <u>grain</u>.

1866. gran - grand (adjective)

¡Consigue quince números iguales para ganar el <u>gran</u> premio!

Get fifteen matching numbers to win the <u>grand</u> prize!

1867. abuelo - grandfather (noun)

Heredé la casa de mi <u>abuelo</u> cuando falleció el año pasado.

I inherited my <u>grandfather</u>'s house when he passed away last year.

1868. abuela - grandmother (noun)

Mi abuela era una mujer maravillosa que trabajó en una línea de producción durante muchos años. La extraño.

My grandmother was a wonderful woman who worked on a factory line for many years. I miss here!

1869. abuelos - grandparents (noun)

Mis abuelos fundaron la empresa hace cincuenta años y ahora mi padre está al frente de la compañía.

My grandparents founded the company fifty years ago and now my father is the head of the company.

1870. conceder - to grant (verb)

El juez le concedió al demandante el derecho de ver los documentos.

The judge granted the plaintiff the right to see the documents.

1871. césped - grass (noun)

Creo que usan diferentes tipos de césped en un campo de golf.

I think they use different types of grass on a golf course.

1872. agradecido - grateful (adjective)

Estamos muy agradecidos por la ayuda de nuestros lectores que nos permite servir a tanta gente.

We are grateful for the generous support of our readers that allows us to serve so many people.

1873. genial - great (adjective)

Mi viaje a Los Ángeles fue genial; vi a muchos famosos y visité nuevos lugares.

My trip to Los Angeles was great; I saw a lot of celebrities and visited new places.

1874. verde - green (adjective, noun)

La ciudad reservó un área verde donde no se permitió la urbanización.

The city set aside a green area where no development was allowed.

1875. saludar - to greet (verb)

La recepcionista siempre saluda a los clientes con una sonrisa.

The receptionist always greets clients with a smile.

1876. gris - grey (adjective, noun)

Jenny siempre había querido tener un caballo y su tío rico le compró uno gris precioso cuando ella tenía quince años.

Jenny had always wanted a horse and her rich uncle bought her a beautiful grey one when she was fifteen.

1877. terreno - ground (noun)

Durante la búsqueda, tenemos que cubrir todo el terreno, toda la zona.

During the search, we need to cover all the ground, the whole area.

1878. grupo - group (noun)

Tengo un grupo de amigos que salen de copas todos los viernes a una discoteca cerca de mi trabajo.

I have a group of friends who go out for drinks every Friday to a nightclub near my workplace.

1879. crecer - to grow (verb)

El negocio creció de ser un pequeño negocio familiar a un negocio de varios millones de libras.

The business grew from a small family firm to a multimillion pound business.

1880. crecimiento - growth (noun)

El crecimiento de un niño normalmente se detiene al final de la adolescencia.

A child's growth usually stops at his late teens.

1881. garantía - guarantee (noun)

Espero que Mateo esté seguro sobre su garantía de que el paquete llegará para el sábado.

I hope Mateo is sure about his guarantee that the package will arrive by Saturday.

1882. guardia - guard (noun)

No bajes la guardia en ningún momento, la situación es muy delicada.

Don't let down your guard at any moment, the situation is very delicate.

1883. adivinar - to guess (verb)

Adiviné la contraseña de tu computador, fue cuestión de suerte.

I guessed the password of your computer; it was pure luck.

1884. invitado - guest (noun)

La anfitriona preparó una comida abundante para sus invitados.

The host prepared a lavish meal for her guests.

1885. guiar - to guide (verb)

Necesitamos a alguien que nos guíe por los sitios interesantes de París.

We need someone to guide us around the sights of Paris.

1886. culpable - guilty (adjective)

El detective interrogó a la sospechosa para determinar si era culpable.

The detective inspector questioned the suspect to ascertain whether she was guilty.

1887. guitarra - guitar (noun)

Su guitarra es su bien más preciado; desde los siete años toca hermosas melodías con ella.

Her guitar is her most prized possession; she has been playing beautiful melodies with it since the age of seven.

1888. arma - gun (noun)

Los ladrones soltaron las armas cuando se vieron acorralados por los policías de la zona.

The thieves dropped their guns when they were cornered by the police in the area.

1889. chico - guy (noun)

Hay un chico mexicano que vende helados en aquella esquina durante el verano.

There is a Mexican guy who sells ice cream on that corner during the summer.

1890. gimnasio - gym (noun)

Dave va al gimnasio todos los miércoles después del trabajo y le encanta la clase de boxeo.

Dave goes to the gym every Wednesday after work and loves the boxing class.

1891. hábito - habit (noun)

Jenna tiene el hábito de rascarse la oreja cada vez que miente.

Jenna has a habit of scratching her ear whenever she is lying.

1892. cabello - hair (noun)

Va a ir a cortarse el cabello porque le creció más de lo que le gusta y se lo quiere teñir.

She is going to get a haircut because her hair has grown longer than she likes and she wants to dye it.

1893. mitad - half (noun, adjective)

La mitad de la audiencia aplaudió y la otra mitad se quedó en silencio.

Half of the audience applauded and the other half remained silent.

1894. sala - hall (noun)

El grupo tocará en la sala de conciertos local y venderán menos de cien entradas.

The band will play at the local concert hall and they will sell less than one hundred tickets.

1895. mano - hand (noun)

Tomé al anciano de la mano para ayudarlo a cruzar la calle.

I took the elderly man by the hand to help him cross the street.

1896. arreglarse - to handle (verb)

¿Puedes arreglártelas con todos los platos? Yo puedo ayudarte a lavar las ollas.

Can you handle all the plates? I can help you wash the pots.

1897. colgar - to hang (verb)

Colguemos esa planta de un gancho en el techo. Siento que se verá mucho mejor.

Let's hang that plant from a hook in the ceiling. I feel it will look much better.

1898. ocurrir - to happen (verb)

Un montón de cosas han ocurrido desde que me gradue del instituto el año pasado.

A lot of things have happened since I graduated from the institute last year.

1899. alegremente - happily (adverb)

El pequeño Tony sonreía alegremente mientras tomaba su helado.

Little Tony smiled happily as he ate his ice cream.

1900. felicidad - happiness (noun)

Hay quienes creen que la búsqueda de la felicidad no es el único propósito de la vida.

Many people feel that the pursuit of happiness is not the only purpose of life.

1901. feliz - happy (adjective)

Estaba feliz hasta que llegó la primavera y el calor se puso muy intenso. Hasta mi planta se secó.

I was happy until spring came and heat got too intense. Even my plant dried out.

1902. duro - hard (adjective)

Pon la escalera sobre una superficie dura para evitar caídas.

Place the ladder on a hard surface to avoid falls.

1903. difícilmente - hardly (adverb)

Mi hermano difícilmente puede leer sin sus lentes; pero cuando está en casa, no los usa.

My brother can hardly read without his glasses; but when he is at home, he doesn't wear them.

1904. daño - harm (noun)

Luna admitió que había sufrido <u>daños</u> a causa de las infidelidades de su marido.

Luna admitted that she had suffered <u>harm</u> becasuse of her husband's unfaithfulness.

1905. perjudicial - harmful (adjective)

Tim siempre tuvo comportamiento <u>perjudicial</u> cuando era adolescente.

Tim was involved in a lot of <u>harmful</u> behavior as a teenager.

1906. sombrero - hat (noun)

Los <u>sombreros</u> son piezas de ropa más rápidas para tejer con ganchillo.

<u>Hats</u> are the fastest pieces of clothing to crochet.

1907. odiar - to hate (verb)

<u>Odio</u> esa película porque es muy violenta, se observa mucha sangre y maltrato.

I <u>hate</u> that movie because it is very violent, there is a lot of blood and abuse.

1908. haber - to have (auxiliary verb)

<u>Hemos</u> ganado la carrera. He estado esperando aquí durante horas.

We <u>have</u> won the race. I've been waiting here for hours.

1909. él - he (pronoun)

<u>Él</u> trabaja a distancia para una empresa americana de marketing digital.

<u>He</u> works remotely for an American company about digital marketing.

1910. cabeza - head (noun)

El sombrero es demasiado grande para mi <u>cabeza</u>, creo que tendré que buscar uno más pequeño.

The hat is too big for my <u>head</u>, I think I'll have to look for a smaller one.

1911. dolor de cabeza - headache (noun)

Tania es propensa a <u>dolores de cabeza</u>.

Tania is prone to <u>headaches</u>.

1912. titular - headline (noun)

El periódico escribió <u>titulares</u> sensacionalistas para historias muy aburridas.

The newspaper had sensational <u>headlines</u> for very boring stories.

1913. salud - health (noun)

El doctor dijo que él goza de buena <u>salud</u> debido a que se ejercita cada día.

The doctor said he is in good <u>health</u> because he exercises every day.

1914. saludable - healthy (adjective)

Ella lleva una dieta <u>saludable</u> con muchas frutas, verduras y baja en carbohidratos.

She eats a <u>healthy</u> diet with lots of fruits, vegetables, and low carbohydrates.

1915. oír - to hear (verb)

<u>Oyó</u> un estruendo en la cocina y fue a ver que había sucedido. Resultó ser el gato jugando.

He <u>heard</u> a loud noise in the kitchen and went to see what had happened. It turned out to be the cat playing.

1916. corazón - heart (noun)

Estaba tan nervioso que podía escuchar el latido de mi <u>corazón</u>.

I was so nervous that I could hear my <u>heart</u> beating.

1917. calentar - to heat (verb)

Las instrucciones dicen que hay que <u>calentar</u> el agua a temperatura ambiente.

The directions say to <u>heat</u> the water to room temperature.

1918. calefacción - heating (noun)

Los jefes mandaron a los empleados a casa cuando se estropeó la <u>calefacción</u> del edificio durante invierno.

The management let the employees go home when the <u>heating</u> gave out in the building during winter.

1919. cielo - heaven (noun)

El inspector principal prometió que movería <u>cielo</u> y tierra para llevar a los asesinos ante la justicia.

The chief inspector vowed he would move <u>heaven</u> and earth to bring the killers to justice.

1920. fuertemente - heavily (adverb)

Cuba está <u>fuertemente</u> expuesta a riesgos naturales como ciclones tropicales, inundaciones, lluvias intensas y fuertes vientos.

Cuba is <u>heavily</u> exposed to natural hazards such as tropical cyclones, floods, intense rains, and strong winds.

1921. pesado - heavy (adjective)

Los trabajadores utilizaban una máquina para levantar objetos <u>pesados</u>.

The workers used a tackle to lift <u>heavy</u> objects.

1922. tacón - heel (noun)

A Jen le gustaba usar <u>tacones</u> porque la gente parecía respetarla más cuando era más alta.

Jen liked to wear <u>heels</u> because people seemed to respect her more when she was taller.

1923. estatura - height (noun)

Lo que Jane no tiene en estatura lo recupera en personalidad.

What Jane lacks in height, she makes up for in personality.

1924. helicóptero - helicopter (noun)

Hay un lugar para que estacione el helicóptero al otro lado del hospital.

There is a place for the helicopter to park next to the hospital.

1925. infierno - hell (noun)

Mucha gente dice que trabajar en esa oficina es un infierno.

Many people say that working in that office is hell.

1926. hola - hello (interjection)

Hola, gracias por la apertura de mi cuenta bancaria clásica suiza; estoy plenamente satisfecho con su funcionamiento.

Hello, thank you for the opening of my classic Swiss bank account; it functions to my entire satisfaction.

1927. ayudar - to help (verb)

El índice le ayudará a encontrar lo que necesita saber.

The table of contents will help you find what you need to know.

1928. servicial - helpful (adjective)

El personal del hotel es muy servicial con los huéspedes, además de muy respetuoso.

The hotel staff is very helpful to guests and very respectful.

1929. su - her (pronoun)

Mi mejor amiga me invitó a su fiesta de cumpleaños y aún no he pensado que le regalaré.

My best friend invited me to her birthday party and I still haven't figured out what to get her.

1930. aquí - here (adverb)

Aquí se reúnen muchos turistas para fotografiar el paisaje.

Many tourists gather here to photograph the scenery.

1931. héroe - hero (noun)

Fue un héroe al salvar a la niña del incendio. Ambos están fuera de peligro.

He was a hero in saving the little girl from the fire. Both are out of danger.

1932. suyo - hers (pronoun)

Ella se ha enterado de mi vida y yo me he enterado de la suya.

She has learned about my life and I have learned about hers.

1933. sí misma - herself (pronoun)

Diana se dice a sí misma todos los días que su vida cambiará pronto.

Diana tells herself every day that her life will change soon.

1934. vacilar - to hesitate (verb)

Los estudiantes no vacilaron en hacer preguntas sobre esta nueva asignatura.

Students did not hesitate to ask questions about this new subject.

1935. oye - hey (interjection)

Jane le dio un golpe a la mano que la estaba tocando y dijo "¡Oye, no hagas eso!"

Jane smacked at the groping hand, "Hey! stop that!"

1936. hola - hi (interjection)

Hola, sólo quería felicitarlos por tan fantástico producto!

Hi there, I would just like to say what a fantastic product!

1937. esconder - to hide (verb)

Cuando éramos niños, nos escondíamos de nuestros padres para sorprenderlos.

When we were kids, we used to hide from our parents to surprise them.

1938. alto - high (adjective)

El volumen de la música del concierto estaba muy alta y se podía escuchar desde mi departamento. Y muchos vecinos se quejaron.

The volume of the concert music was too high and you could hear it from my apartment. And many neighbors complained.

1939. resaltar - to highlight (verb)

Resaltó la frase con su marcador amarillo. Este es su método de estudio.

She highlighted the sentence with her yellow marker. This is her method of study.

1940. altamente - highly (adverb)

Las imágenes de este informe de noticias pueden ser altamente alarmantes.

The images in this news report can be highly alarming.

1941. colina - hill (noun)

Contemplaba la ciudad desde arriba de una colina y le tomó una foto panorámica.

He contemplated the city from the top of a hill and took a panoramic photo of it.

1942. le - him (pronoun)

Le dije: Era tu responsabilidad parar y decir: "Recuerda que soy diabético y no puedo hacer esto."

I told him: It was your responsibility to stop and say, "Remember, I'm diabetic and I can't do this."

1943. sí mismo - himself (pronoun)

Rodrigo se dijo a sí mismo que ya era hora de renunciar a su trabajo.

Rodrigo told himself that it was time to quit his job.

1944. contratar - to hire (verb)

La empresa obtuvo un contrato y contrató a cien nuevos empleados.

The company won a contract and hired one hundred new staff.

1945. su - his (pronoun)

Le deseo éxitos en sus nuevas funciones ya que se va a cumplir otras tareas.

I wish him well in his new responsibilities as he leaves here to pursue other tasks.

1946. histórico - historic (adjective)

La visita del Papa al pequeño pueblo fue histórica. Y mucha gente fue a recibirlo.

The Pope's visit to the small town was historic. And many people came to welcome him.

1947. histórico - historical (adjective)

Los registros históricos del censo pueden buscarse en Internet.

Historical records for the census can be searched online.

1948. historia - history (noun)

Me encanta leer acerca de la historia de la Segunda Guerra Mundial.

I enjoy reading about the history of World War II.

1949. golpear - to hit (verb)

Aquel hombre golpeó al ladrón en el estómago con el puño y ayudó a la policía a arrestarlo.

That man hit the thief in the stomach with his fist and helped the police arrest him.

1950. pasatiempo - hobby (noun)

Aunque mi formación profesional no es de Diseño Gráfico, siempre ha sido mi pasatiempo y mi pasión.

Although my professional background is not in Graphic Design, it has always been my hobby and passion.

1951. hockey - hockey (noun)

Canadá ganó el campeonato de <u>hockey</u> sobre hielo el año pasado.

Canada won the ice <u>hockey</u> championship last year.

1952. agarrar - to hold (verb)

A pesar de que ya soy grande. sigo <u>agarrándole</u> la mano a mi hermano cuando cruzo la calle.

Even though I'm all grown up now, I still <u>hold</u> my brother's hand when I cross the street.

1953. hueco - hole (noun)

Hay un enorme <u>hueco</u> emocional en la vida de los niños cuando no hay un padre presente.

There is a gaping <u>hole</u> in the emotional lives of children when their fathers are not present.

1954. vacaciones - holiday (noun)

He aprobado todos mis exámenes y me merezco unas <u>vacaciones</u>.

I have passed all my exams and I deserve a <u>vacation</u>.

1955. santo - holy (adjective)

En el <u>Santo</u> Corán hay declaraciones claras de respeto a otras creencias.

In the <u>Holy</u> Koran there are clear statements of respect for other faiths.

1956. hogar - home (noun)

Su casa siempre es ruidosa y alegre. Es importante que los niños vivan en un <u>hogar</u> cariñoso.

His house is always noisy and happy. It's important for children to live in a loving <u>home</u>.

1957. tarea - homework (noun)

Jimmy es muy bueno haciendo la <u>tarea</u> todos los días después de clase.

Jimmy is very good at doing his <u>homework</u> every day after school.

1958. honesto - honest (adjective)

Estaba siendo <u>honesta</u> cuando dijo que no tenía dinero para el taxi.

She was being <u>honest</u> when she said she didn't have money for the cab.

1959. honor - honor (noun)

Ella tuvo el <u>honor</u> de encabezar el desfile y destacaba entre las demás modelos.

She had the <u>honor</u> of leading the fashion show and stood out among the other models.

1960. esperar - to hope (verb)

<u>Esperamos</u> poder mudarnos de casa antes de fin de año.

We <u>hope</u> that we'll be able to move house before the end of next year.

1961. horrible - horrible (adjective)

Peter sufrió un <u>horrible</u> accidente y tuvo que ser llevado al hospital.

Peter suffered a <u>horrible</u> accident and had to go to the hospital.

1962. horror - horror (noun)

El <u>horror</u> siempre llega de repente, en la forma que menos esperamos.

<u>Horror</u> always arrives suddenly, in the form we least expect.

1963. caballo - horse (noun)

El caballero compró un <u>caballo</u> por ocho monedas de oro y lo llamo Zafiro.

The gentleman bought a <u>horse</u> for eight gold coins and named him Zafiro.

1964. hospital - hospital (noun)

La organización benéfica recaudó fondos para construir un nuevo <u>hospital</u>.

The charity raised funds to build a new <u>hospital</u>.

1965. anfitrión - host (noun)

El <u>anfitrión</u> les ofreció a los invitados comida y bebida, pero se negaron.

The <u>host</u> offered the guests food and drink, but they refused.

1966. caliente - hot (adjective)

Me encanta tomar una taza <u>caliente</u> de té en los días de frío.

I love having a <u>hot</u> cup of tea on cold days.

1967. hotel - hotel (noun)

Por favor, haga su reserva directamente con el <u>hotel</u> de su elección lo antes posible.

Please make your reservation directly with the <u>hotel</u> of your choice as soon as possible.

1968. hora - hour (noun)

La nueva bomba llena el tanque de agua en una <u>hora</u> y casi no hace ruido.

The new pump fills the water tank in one <u>hour</u> and makes almost no noise.

1969. casa - house (noun)

Mi amiga de la infancia vive en una <u>casa</u> al sur de Alemania. Tiene un perro guardián muy cariñoso.

My childhood friend lives in a <u>house</u> in southern Germany. She has a very affectionate guard dog.

1970. de la casa - household (adjective)

Los ladrones se llevaron todos los aparatos <u>de la casa</u> y no dejaron rastro.

The thieves took all the <u>household</u> appliances and left no trace.

1971. alojamiento - housing (noun)

Es importante que el gobierno ayude a los refugiados a encontrar <u>alojamiento</u>.

It's important that the government helps refugees find <u>housing</u>.

1972. cómo - how (adverb)

El director sabía <u>cómo</u> proceder para resolver el problema.

The director knew <u>how</u> to proceed to solve the problem.

1973. independientemente - however (adverb)

Siempre tiene buen aspecto, <u>independientemente</u> de cómo se vista. Me gusta su estilo.

He always looks good, <u>however</u> he dresses. I like his style.

1974. enorme - huge (adjective)

Las nuevas leyes sobre el empleo tuvieron un <u>enorme</u> impacto en la economía.

The new employment laws had a <u>huge</u> impact on the economy.

1975. humano - human (noun)

Los <u>humanos</u> han habitado la Tierra durante miles de años.

<u>Humans</u> have populated Earth for thousands of years.

1976. humorístico - humorous (adjective)

Los cómics son una forma estupenda de comunicar temas complejos de una forma <u>humorística</u> e interesante.

Comics are a great way to communicate dry facts in a <u>humorous</u> and interesting way.

1977. humor - humor (noun)

Es importante compartir un sentido del <u>humor</u> con los niños.

It is important to share a sense of <u>humour</u> with children.

1978. cien - hundred (noun)

Hay más des <u>cien</u> mil víctimas mortales.

There are more than one <u>hundred</u> thousand deadly victims.

1979. hambriento - hungry (adjective)

Tenía pinta de estar <u>hambriento</u>, así que su madre le dio un sándwich.

He had a <u>hungry</u> look, so his mother made him a sandwich.

1980. cazar - to hunt (verb)

Susan siempre quiso <u>cazar</u> pero nunca tuvo tiempo, hasta este año.

Susan always wanted to <u>hunt</u>, but she never had the time until this year.

1981. de caza - hunting (noun)

Ken se llevó a su hijo <u>de caza</u> en su décimo cumpleaños para enseñarle.

Ken took his son <u>hunting</u> on his tenth birthday to teach him.

1982. huracán - hurricane (noun)

Florida fue golpeada por un gran <u>huracán</u> hace un par de semanas y al parecer fue grave.

Florida was hit by a major <u>hurricane</u> a couple of weeks ago and apparently it was severe.

1983. prisa - hurry (noun)

No hay <u>prisa</u>. Puedes tomarte el tiempo que quieras.

There's no <u>hurry</u>. You can take as long as you like.

1984. lastimar - to hurt (verb)

Se <u>lastimó</u> la pierna y tuvo que abandonar el juego en el primer tiempo.

He <u>hurt</u> his leg and had to leave the game in the first half.

1985. marido - husband (noun)

Es su <u>marido</u>; se casaron hace tres años y se les ve muy felices juntos.

He is her <u>husband</u>; they got married three years ago and they look very happy together.

1986. yo - I (pronoun)

Cuando <u>yo</u> era pequeña siempre jugaba con mi hermano; capaz ese sea el motivo de nuestra buena relación.

When <u>I</u> was little, I always played with my brother; maybe that's the reason for our good relationship.

1987. hielo - ice (noun)

¿Queda algo de <u>hielo</u> para las bebidas? Capaz deberíamos ir a comprar más.

Is there any <u>ice</u> left for the drinks? Maybe we should go to buy some more.

1988. helado - ice cream (noun)

Estoy pensando en comprar una heladera este verano para poder hacer nuestro propios <u>helados</u>.

I am thinking of buying an ice cream maker this summer, so we can make our own <u>ice creams</u>.

1989. idea - idea (noun)

Las maquetas ayudan a los clientes a formarse una idea de los edificios terminados.

Models help the clients get an idea about the finished buildings.

1990. ideal - ideal (adjective)

Ese viaje sería ideal, pero no creo que lo podamos hacer este año.

That trip would be ideal, but I don't think we can do it this year.

1991. identificar - to identify (verb)

La empresa identificó sitios posibles para su nueva sede.

The company identified potential sites for its new headquarters.

1992. identidad - identity (noun)

Necesitarás demostrar tu identidad antes de cobrar el cheque.

You will need to prove your identity before you cash the check.

1993. si - if (conjunction)

Si esa premisa es verdadera, entonces tendremos que aceptar la conclusión.

If the statement is true, then we will have to accept the conclusion.

1994. ignorar - to ignore (verb)

El orador retomó un punto que el consejo había ignorado.

The speaker took up a point the council had ignored.

1995. enfermo - sick (adjective)

Dan estaba tan enfermo que necesitaba ir de emergencia al hospital.

Dan was so sick that he needed to go to the hospital urgently.

1996. ilegal - illegal (adjective)

El jugador de ajedrez no estaba prestando atención e hizo una jugada ilegal.

The chess player wasn't paying attention and made an illegal move.

1997. enfermedad - illness (noun)

Había una enfermedad recorriendo la escuela así que la madre de Gary lo retiró por una semana.

There was an illness going around in school, so Gary's mom pulled him out of school for a week.

1998. ilustrar - to illustrate (verb)

Puedes empezar presentando algunos libros a los niños que <u>ilustren</u> el cuerpo y hablar de las diferentes partes que lo componen.

You can start by presenting some books to children that <u>illustrate</u> the body and talk about the different parts that make it up.

1999. ilustración - illustration (noun)

En la <u>ilustración</u> se ve a una chica alimentando a dos perros de gran tamaño, pero muy cariñosos.

The <u>illustration</u> shows a girl feeding two large but very friendly dogs.

2000. imagen - image (noun)

El fotógrafo escogió las mejores <u>imágenes</u> para la presentación.

The photographer chose his best <u>images</u> to take to the presentation.

DAYS & MONTHS

2001. lunes - Monday

¿Mañana es <u>lunes</u>, cierto? Jesús tiene una reunión de trabajo bien temprano.

Tomorrow is <u>Monday</u>, right? Jesús has an early work meeting.

2002. martes - Tuesday

La señora que limpia en mi casa viene solamente los días <u>martes</u> y todo queda súper limpio.

The lady who cleans my house comes only on <u>Tuesdays</u> and everything is super clean.

2003. miércoles - Wednesday

El camión de reciclaje pasa cerca de mi casa los días <u>miercoles</u> por la tarde.

The recycling truck passes by my house on <u>Wednesday</u> afternoons.

2004. jueves - Thursday

Karen y David se reúnen todos los <u>jueves</u> para ir a jugar fútbol en el parque de la esquina.

Karen and David meet every <u>Thursday</u> to play soccer at the park on the corner.

2005. viernes - Friday

Los <u>viernes</u> mi prima tiene clases de natación y siempre llega súper cansada a casa.

On <u>Fridays</u>, my cousin has swimming lessons and she always comes home super tired.

2006. sábado - Saturday

El <u>sábado</u> es mi día favorito de la semana, ya que no debo levantarme temprano porque no trabajo.

<u>Saturday</u> is my favorite day of the week since I don't have to get up early, as I don't work.

2007. domingo - Sunday

El <u>domingo</u> pasado me dediqué plenamente a descansar y disfrutar de una nueva serie en Netflix.

Last <u>Sunday</u> I fully dedicated myself to rest and enjoying a new series on Netflix.

2008. fin de semana - weekend

Este <u>fin de semana</u> pasó volando, creí que me daría tiempo de hacer más cosas, pero parece que tendré que dejar algunas para el próximo <u>fin de semana</u>.

This <u>weekend</u> flew by, I thought it would give me time to do more things, but it looks like I will have to leave some for next <u>weekend</u>.

2009. día feriado - public holiday

Hay días feriados conocidos en todos el mundo, tal es el caso del primero de enero.

There are public holidays known all over the world, such is the case of January 1st.

2010. enero - January

En el hemisferio sur, enero es uno de los meses más calientes del año debido al verano, sin embargo, en el hemisferio norte es invierno.

In the southern hemisphere, January is one of the hottest months of the year due to the summer, however, in the northern hemisphere, it is winter.

2011. febrero - February

Febrero es conocido como el mes del amor, debido a que el día de San Valentín es el 14 de febrero.

February is known as the month of love because Valentine's Day is February 14.

2012. marzo - March

El 8 de marzo es el Día Internacional de la Mujer; es común ver a muchas mujeres marchando juntas, vestidas de color morado.

March 8 is International Women's Day; it is common to see many women walking together, dressed in purple.

2013. abril - April

El primero de abril es conocido como Día de los Inocentes; es un día enteramente dedicado a las bromas, así que ten mucho cuidado y no creas todo lo que lees en Internet si es primero de abril.

April 1st is known as April Fool's Day, a day entirely dedicated to pranks, so be very careful and don't believe everything you read on the Internet if it is April 1st.

2014. mayo - May

Si naciste entre el 14 de mayo y el 19 de junio, tu signo zodiacal es Tauro.

If you were born between May 14 and June 19, your zodiac sign is Taurus.

2015. junio - June

Desde el año 2012, junio es conocido como el mes del orgullo, y el 28 de junio muchas personas de la comunidad LGBTQIA+ marchan juntas por sus derechos.

Since 2012, June has been known as Pride Month, and on June 28 many people from the LGBTQIA+ community march together for their rights.

2016. julio - July

El 4 de julio es el Día de la Independencia de Estados Unidos, es un día feriado y las familias se reúnen para comer barbacoa.

The 4th of July is Independence Day in the United States, it is a holiday and families get together to eat barbecue.

2017. agosto - August

El primero de agosto es el cumpleaños de mi esposa, Lisa; no sé qué regalarle aún, pero seguro la invito a un buen restaurante.

August 1st is my wife's, Lisa, birthday; I don't know what to get her yet, but I'm sure I'll invite her to a nice restaurant.

2018. septiembre - September

Septiembre es el mes donde hay más nacimientos a nivel mundial debido a que durante navidad es cuando más mujeres conciben.

September is the month with the highest number of births worldwide since Christmas is when most women conceive.

2019. octubre - October

Lo que los niños más esperan cuando llega octubre es el Halloween, ¿y cómo no? Si es super divertido disfrazarse y buscar dulces.

What children look forward to the most when October arrives is Halloween, and why not? If it is super fun to dress up and look for candy.

2020. noviembre - November

El Día de Muertos es una famosa tradición mexicana que se celebra los días 1ro y 2 de noviembre, en la que se honra la memoria de los muertos con maquillajes, flores, comida y música.

The Day of the Dead is a famous Mexican tradition celebrated on November 1st and 2nd, in which the memory of the dead is honored with make-up, flowers, food, and music.

2021. diciembre - December

Diciembre es el mes más bonito del año, debido a que mucha gente se reúne para celebrar la navidad y la reunión familiar, acompañado de muchos obsequios y sorpresas.

December is the most beautiful month of the year because many people get together to celebrate Christmas and family reunions, accompanied by many gifts and surprises.

Family Members

2022. padre - father
El padre de Jesús es muy religioso, siempre va mucho a la iglesia y se toma muy en serio la época navideña.

Jesús' father is very religious, always attends church, and takes the Christmas season very seriously.

2023. madre - mother
Nunca sé qué regalarle a mi madre durante el Día de las Madres, así que la invito al centro comercial y le regalo algo que le guste.

I never know what to get my mother for Mother's Day, so I invite her to the mall and get her something she likes.

2024. hijo - son
Disculpen, al parecer no podré quedarme a festejar, mi hijo sale del colegio a las 4 pm.

Sorry, it looks like I won't be able to stay for the party, my son gets out of school at 4 pm.

2025. hija - daughter
¿Cuántos años tiene tu hija? Creo que aún es muy joven para entrar a la competencia de baile.

How old is your daughter? She is still too young to enter the dance competition.

2026. esposo - husband
¿Tu esposo no vendrá? La idea era que viniera toda la familia a disfrutar de la piscina.

Isn't your husband coming? The idea was for the whole family to come and enjoy the pool.

2027. esposa - wife
Mi esposa es alérgica a los camarones, por eso le es muy difícil ir a restaurantes de comida asiática o española.

My wife is allergic to shrimp, so it is very difficult for her to go to Asian or Spanish restaurants.

2028. padres - parents
En la casa de mis padres hay aire acondicionado, así que los chicos se la pasarán genial este verano allá.

My parents' house is air-conditioned, so the kids will have a great time there this summer.

2029. hermano - brother
No tengo hermano mayor debido a que la hermana mayor soy yo, pero sí tengo primos mayores.

I don't have an older brother because the older sister is me, but I do have older cousins.

2030. hermana - sister

Paula me había comentado que su mamá estaba embarazada y ¡hoy conoció a su nueva hermana!

Paula had told me that her mom was pregnant and she met her new sister today!

2031. hermanos - siblings

Paola y Adrián son hermanos, se parecen muchísimo, ¿no serán gemelos?

Paola and Adrián are siblings, they look very much alike, aren't they twins?

2032. tatarabuelo - great-great-grandfather

Mi tía me contó que mi tatarabuelo fue general del ejército estadounidense, pero se retiró cuando cumplió los 60 años.

My aunt told me that my great-great-grandfather was a general in the US Army but retired when he reached the age of 60.

2033. tatarabuela - great-great-grandmother

El negocio de la costura de la familia fue fundado por mi tatarabuela y aún en día lo mantenemos.

The family sewing business was founded by my great-great-grandmother and we still run it today.

2034. bisabuelo - great-grandfather

El otro día estuve limpiando la casa de mi padre y conseguí muchos libros y fotos de mi bisabuelo, ojalá lo hubiese conocido.

The other day I was cleaning out my father's house and got a lot of books and pictures of my great-grandfather, I wish I had known him.

2035. bisabuela - great-grandmother

¿Aquella señora es tu bisabuela? ¡Se ve muy joven, en serio! Espero poder llegar a esa edad de la misma manera que ella.

Is that madam your great-grandmother? She looks very young, really! I hope I can reach that age the same way she did.

2036. abuelos - grandparents

Los abuelos de Julio se van a ir de viaje a Xochimilco, México, el mes entrante por su aniversario ¡Llevan 50 años casados!

Julio's grandparents are going on a trip to Xochimilco, Mexico, next month for their anniversary. They have been married for 50 years!

2037. abuelo - grandfather

Mi abuelo me enseñó a cocinar cuando era pequeño; sé cocinar y hornear todo tipo de comidas, sobre todo la cocina italiana.

My grandfather taught me to cook when I was little; I know how to cook and bake all kinds of food, especially Italian cuisine.

2038. abuela - grandmother

Mi abuela es muy protectora y a veces no me deja salir a jugar con mis amigos al parque.

My grandmother is very protective and sometimes she doesn't let me go out to play with my friends in the park.

2039. nietos - grandchildren

Mi mamá siempre ha querido nietos, pero realmente no tengo tiempo ni dinero para criar a un bebé.

My mom has always wanted grandchildren, but I really don't have the time or money to raise a baby.

2040. nieto - grandson

Finalmente supimos cuál será el género del bebe, mamá; ¡será un varón y tu primer nieto!

We finally found out what the baby's gender will be, mom; it will be a boy and your first grandson!

2041. nieta - granddaughter

La señora Magdalena fue chocada y no podía mover su auto; sin embargo, al cabo de unos 25 minutos, su nieta llegó para auxiliarla.

Mrs. Magdalena was crashed and could not move her car; however, after about 25 minutes, her granddaughter arrived to help her.

2042. bisnieto - great-grandson

Petunia, la señora del equipo de limpieza de la oficina, me contó que su bisnieto se gradúa mañana de doctor, así que le dí un par de días libres.

Petunia, the lady on the office cleaning crew told me that her great-grandson is graduating tomorrow as a doctor, so I gave her a couple of days off.

2043. bisnieta - great-granddaughter

La profesora Eleonora no podía asistir a la clase de hoy debido a que su bisnieta está enferma y se quedó cuidándola, esperemos se mejore pronto.

Professor Eleonora will not be able to attend today's class because her great-granddaughter is sick and she was left to take care of her; hopefully, she will get better soon.

2044. tío - uncle

Al tío José le encanta cocinar parrilla los domingos y ver los partidos de fútbol con sus amigos; de hecho, la semana pasada me invitó y la pasamos genial.

Uncle José loves to cook barbecue on Sundays and watch soccer games with his friends; in fact, last week he invited me over and we had a great time.

2045. tía - aunt

La tía Patricia sufre de insomnio y a veces camina dormida, pero es la persona más cariñosa del mundo.

Aunt Patricia suffers from insomnia and sometimes sleepwalks, but she is the most loving person in the world.

2046. tíos - uncles

Siempre que voy a casa de mis tíos me divierto un montón, tienen una casa grande y tienen piscina y patio.

Whenever I go to my uncles' house I have a lot of fun, they have a big house and they have a pool and a yard.

2047. primos - cousins

Mis primos tendrán su fiesta de cumpleaños la semana entrante, son gemelos y celebran sus cumpleaños el mismo día.

My cousins are having their birthday party next week, they are twins and celebrate their birthdays on the same day.

2048. primo/prima - cousin

A pesar de que mi prima no se graduó de la universidad, obtuvo un trabajo en un crucero y viaja cada semana.

Although my cousin did not graduate from college, she got a job on a cruise ship and travels every week.

2049. sobrino - nephew

El sobrino de Adriana es muy maduro para su edad, lee muchos libros y es muy callado.

Adriana's nephew is very mature for his age, reads a lot of books, and is very quiet.

2050. sobrina - niece

Después del accidente, solicité la custodia total de mi sobrina y finalmente me la otorgaron ayer; hoy iré de compras para que ella se pueda sentir a gusto en mi casa.

After the accident, I filed for full custody of my niece, and they finally granted it to me yesterday; I will go shopping today so that she can feel comfortable in my home.

2051. sobrinos - nephews

Ya mis sobrinos tienen 10 y 12 años, qué loco como pasa de rápido el tiempo, parece que fue ayer cuando nos enteramos de que Diana estaba embarazada.

My nephews are 10 and 12 years old now, how crazy how fast time goes by, it seems like yesterday when we found out that Diana was pregnant.

2052. suegro - father-in-law

El suegro de Sasha es originario de Uruguay, pero desde muy joven se fue a vivir a Venezuela.

Sasha's father-in-law is originally from Uruguay but moved to Venezuela at a very young age.

2053. suegra - mother-in-law

Mi suegra cocina muy rico y siempre la pasamos increíble cuando estamos juntas.

My mother-in-law cooks delicious food and we always have a great time when we are together.

2054. yerno - son-in-law

Mi yerno nos regaló dos tickets de avión hacia Las Bahamas; fue increible, las playas eran súper cristalinas.

My son-in-law gave us two plane tickets to the Bahamas; it was incredible, the beaches were super crystal clear.

2055. nuera - daughter-in-law

Mi nuera tenía la piel muy seca así que fuimos directo a la farmacia por una buena crema humectante.

My daughter-in-law had very dry skin so we went straight to the drugstore for a good moisturizing lotion.

2056. cuñado - brother-in-law

¡Mi cuñado recién presentó su tesis y pasó! Este sí que es un logro que merece una celebración.

My brother-in-law just submitted his thesis and passed! This is an achievement that deserves celebration.

2057. cuñada - sister-in-law

Kerin siempre se burla de su cuñada porque las arepas le quedan cuadradas en vez de redondas, pero igualmente se las come.

Kerin always makes fun of her sister-in-law because her arepas are square instead of round, but in the end, she eats them anyway.

2058. padrastro - stepfather

Algunas veces un padrastro cumple mejor su papel de figura paterna que un padre biológico.

Sometimes a stepfather fulfills the role of a father figure better than a biological father.

2059. madrastra - stepmother

Mi madrastra es súper divertida y chistosa, es todo lo contrario a lo que la gente piensa de una madrastra.

My stepmom is super fun and funny, she's the opposite of what people think of a stepmom.

2060. hijastro - stepson

No he logrado establecer una buena relación con mi hijastro ya que nunca está en casa.

I have not been able to establish a good relationship with my stepson as he is never home.

2061. hijastra - stepdaughter

Mi hijastra y yo somos súper unidas, siempre salimos juntas; de hecho, estaba pensando en invitarla al cine en unos días.

My stepdaughter and I are super close, we always go out together; in fact, I was thinking of inviting her to the movies in a few days.

2062. hermanastro - stepbrother

Mi hermanastro cumple años la semana que viene y no tengo pensado aún qué regalarle, creo que buscaré una mascota para él.

My stepbrother's birthday is next week and I haven't thought about what to get him yet, I think I'll look for a pet for him.

2063. hermanastra - stepsister

La hermanastra de Paolo fue al médico esta semana por un fuerte dolor abdominal y resulta que tiene cuatro meses de embarazo.

Paolo's stepsister went to the doctor this week for severe abdominal pain and it turns out she is four months pregnant.

2064. medio hermano - half-brother

No tengo un medio hermano debido a que mi padre y madre nunca se divorciaron y están juntos hasta el día de hoy.

I don't have a half-brother because my father and mother never divorced and are still together to this day.

2065. medio hermana - half-sister

Mi medio hermana es muy rebelde y grosera con mi mamá, yo creo que le falta madurar un poco todavía.

My half-sister is very rebellious and rude to my mom, I think she still needs to mature a little bit.

Parts of the Body

2066. cabeza - head

El hermano de Gabriel se hizo unos exámenes en la cabeza porque no para de tener migrañas.

Gabriel's brother had some tests on his head because he keeps getting migraines.

2067. pelo/cabello - hair

El cabello de los niños es súper suave y manejable, y crece súper rápido si lo comparas con el crecimiento del cabello en adultos.

Children's hair is super soft and manageable, and grows super fast compared to adult hair growth.

2068. frente - forehead

En el colegio se burlaban mucho de mí porque mi frente era muy grande, así que decidí dejarme el flequillo.

I was bullied a lot at school because my forehead was too big, so I decided to get bangs.

2069. sien - temple

Cuando Daniela tenía 13 años, descubrió que sufría de fuertes jaquecas porque siempre le dolía la sien.

When Daniela was 13 years old, she discovered that she suffered from severe headaches because her temples always hurt.

2070. mejilla/cachete - cheek

Paola es tan blanca de piel que sus mejillas siempre se ponen rojas si se queda mucho rato bajo el sol.

Paola is so fair-skinned that her cheeks always turn red if she stays too long in the sun.

2071. mandíbula - jaw

Ten mucho cuidado al comer alimentos duros ya que podrías dislocarte la mandíbula.

Be very careful when eating hard foods as you may dislocate your jaw.

2072. ojo - eye

Los ojos de Gabriela son verdes y los ojos de Eduardo son marrones oscuros, y ambos usan lentes.

Gabriela's eyes are green and Eduardo's eyes are dark brown, and both wear glasses.

2073. esclerótica - sclera

La esclerótica es aquella capa exterior gruesa, resistente y blanca que cubre la mayor parte del ojo.

The sclera is the thick, tough, white outer layer that covers most of the eye.

2074. iris - iris

Muchos bebés nacen con el iris de los ojos grises, pero el color cambia con el tiempo.

Many babies are born with gray eye's irises, but the color changes over time.

2075. pupila - pupil

Acompañé a mi mamá a que se hiciera un examen ocular y le dilataron la pupila y ella no podía ver bien.

I accompanied my mother for an eye exam and they dilated her pupil, and she could not see well.

2076. conjuntiva - conjunctiva

La conjuntiva es una membrana mucosa y delgada que cubre el interior del párpado y parte del globo ocular.

The conjunctiva is a thin, mucous membrane that covers the inside of the eyelid and part of the eyeball.

2077. conducto lagrimal - tear duct

Mi abuela fue al médico y le dijo que su conducto lagrimal estaba obstruido, y las lágrimas no podían salir fácilmente, por eso es que siempre tiene los ojos llorosos o inflamados.

My grandmother went to the doctor and he told her that her tear duct was blocked, and tears could not come out easily, which is why her eyes are always watery or swollen.

2078. ceja - eyebrow

Aproximadamente cada 20 días, debo ir a la peluquería para que me depilen las cejas; lo bueno es que no es un servicio costoso.

Approximately every 20 days, I have to go to the salon to have my eyebrows waxed; the good thing it is not an expensive service.

2079. párpado - eyelid

Después de que Bernardo se metió en problemas con aquellos chicos, regresó con un párpado caído y un ojo morado.

After Bernardo got in trouble with those boys, he came back with a droopy eyelid and a black eye.

2080. pestañas - eyelashes

¿Sueles maquillarte todos los días? Yo solo me agrego un poco de rímel en las pestañas.

Do you wear makeup every day? I just add a little mascara to my eyelashes.

2081. nariz - nose

Mi amiga Liris tiene dos piercings en forma de aros en su nariz, uno en cada orificio nasal.

My friend Liris has two hoop piercings in her nose, one in each nostril.

2082. tabique nasal - nasal septum

Existe un piercing que se hace justamente en el tabique nasal; este piercing se llama "septum."

There is a piercing that is done precisely in the nasal septum, this piercing is called "septum."

2083. boca - mouth

La oblea es un alimento muy delgado que se rellena de chocolate o dulce de leche que se deshace en tu boca; es muy común conseguir este postre en parques, ambientes familiares o la playa.

The wafer is a very thin food that is filled with chocolate or caramel sauce that melts in your mouth; it is very common to get this dessert in parks, family environments or at the beach.

2084. lengua - tongue

Considero que morderte la lengua mientras estás comiendo debe ser una de las peores sensaciones del mundo.

I consider that biting your own tongue while eating must be one of the worst sensations in the world.

2085. dientes - teeth

Mi prima Tatiana tiene unos dientes perfectos, no ha tenido una carie jamás. Ojalá yo pudiera decir lo mismo.

My cousin Tatiana has perfect teeth, she has never had a cavity. I wish I could say the same.

2086. encía - gum

Si no te cepillas los dientes constantemente, tus encías se pueden enrojecer y sangrar.

If you do not brush your teeth constantly, your gums can become red and bleed.

2087. paladar - palate

Lorenzo se clavó una espina de pescado en el paladar mientras comíamos en aquel restaurante en la playa.

Lorenzo got a fish bone in his palate while we were eating at that restaurant on the beach.

2088. amígdalas - tonsils

Si por alguna razón te operan y te remueven las <u>amígdalas</u>, recuerda que la dieta son puros alimentos suaves, como helado, compota, yogurt, puré de papas, etc.

If for some reason you have an operation and have your <u>tonsils</u> removed, remember that the diet is all soft foods, such as ice cream, baby food, yogurt, mashed potatoes, etc.

2089. labios - lips

Mis <u>labios</u> son muy delgados, sin embargo, los de mi hermano son más gruesos que los míos; debe ser que mi hermano sacó los labios de mi madre y yo los de mi padre.

My <u>lips</u> are very thin, however my brother's lips are thicker than mine; it must be that my brother got my mother's lips and I got my father's lips.

2090. barbilla, mentón - chin

Durante la pandemia del 2020, era muy común ver personas con sus mascarillas en su <u>mentón</u>; muchos se excusaban diciendo que no podían respirar bien.

During the 2020 pandemic, it was very common to see people with their face masks on their <u>chins</u>; many excusing themselves by saying they could not breathe properly.

2091. garganta - throat

¡Me duele mucho la <u>garganta</u>! No volveré a comer comidas picantes en mucho tiempo.

My <u>throat</u> hurts so much! I won't eat spicy foods again for a long time.

2092. úvula, campanilla - uvula

La <u>úvula</u> es un músculo fusiforme en forma de gota que cuelga del final del paladar.

The <u>uvula</u> is a drop-shaped fusiform muscle that hangs from the end of the palate.

2093. oreja - ear

Siempre he querido hacerme el piercing de la <u>oreja</u>, pero he escuchado que tarda mucho en sanar.

I've always wanted to get my <u>ear</u> pierced, but I've heard that it takes a long time to heal.

2094. oído - ear

Omar tiene días quejándose de un dolor en el <u>oído</u> y hoy iré a acompañarlo a su cita médica.

Omar has been complaining of <u>ear</u> pain for days; today I will go with him to his medical appointment.

2095. canal auditivo - ear canal

Es muy común que el <u>canal auditivo</u> se tape debido a la cera que se acumula en el oído.

It is very common for the <u>ear canal</u> to become clogged due to earwax build-up.

2096. tímpano - eardrum

Josué creyó que tenía mucha cera en su oído y que por eso no escuchaba bien; pero resulta que no era solo eso, sino que tenía su <u>tímpano</u> perforado.

Josué thought he had a lot of wax in his ear and that's why he couldn't hear well; but it turned out it wasn't just that, he had a perforated <u>eardrum</u>.

2097. brazo - arm

Andrés recientemente se tatuó dos veces en su <u>brazo</u> derecho. Me comentó que no le dolió.

Andrés recently got two tattoos on his right <u>arm</u>. He told me that it didn't hurt.

2098. axila - armpit

Desde pequeña siempre me ha dado cosquillas que me toquen las <u>axilas</u>.

Ever since I was a little girl, I have always been tickled when people touch my <u>armpits</u>.

2099. codo - elbow

¿Sabías que es imposible llegar a lamerte tu propio <u>codo</u>? De hecho, nisiquiera puedes juntar la punta de tus dos codos.

Did you know that it is impossible to lick your own <u>elbow</u>? In fact, you can't even get the tips of your two elbows together.

2100. antebrazo - forearm

A Beatriz le picó una avispa en el <u>antebrazo</u>, no sabíamos si tendría un reacción alérgica y estábamos asustados, pero afortunadamente no pasó nada grave además de la picada.

Beatriz was stung by a wasp on her <u>forearm</u>, we didn't know if she would have an allergic reaction and we were scared, but fortunately, nothing serious happened other than the sting.

2101. muñeca - wrist

Para poder aprender a tejer bien, es necesario soltar un poco la tensión en la <u>muñeca</u>.

In order to learn to knit well, it is necessary to loosen a little tension on the <u>wrist</u>.

2102. mano - hand

Adriana siempre se queja de que sus manos son muy pequeñas y que nunca consigue guantes de su tamaño para poder lavar los platos y limpiar en general.

Adriana always complains that her hands are too small and that she never gets gloves her size to be able to wash dishes and clean in general.

2103. dedo - finger

Los dedos de Kevin son largos y delgados, sin embargo, los míos son pequeños y gorditos.

Kevin's fingers are long and slender, but mine are small and chubby.

2104. uña - nail

El otro día me golpeé una uña en el trabajo y se me despegó de la carne y dolió muchísimo, pero ya estoy mejor.

The other day I hit my nail at work and it came loose from the flesh and hurt like hell, but I'm better now.

2105. cuello - neck

Si tienes que cargar a un bebé, recuerda sujetarle bien el cuello o la cabeza, para evitar que se den algún golpe.

If you have to carry a baby, remember to hold the baby's neck or head securely to prevent them from bumping their head or neck.

2106. nuca - nape

Jonathan tiene una marca de nacimiento muy particular cerca de su nuca y cuello, parece una estrella.

Jonathan has a very particular birthmark near his nape and neck, it looks like a star.

2107. hombro - shoulder

El otro día Alejandro se golpeó el hombro mientras trabajaba; le dije que tenía que tener más cuidado y enseguida se tomó una pastilla para el dolor.

The other day Alejandro hit his shoulder while working; I told him he had to be more careful and he immediately took a pill for the pain.

2108. espalda - back

Mi tío Alexis tiene la espalda muy grande, por eso siempre que me toca hacerle un regalo, suelo comprarle una talla más en camisa.

My uncle Alexis has a very big back, so whenever I have to give him a gift, I always buy him a shirt one size bigger.

2109. pecho - chest

Mi papá se quedó dormido en la playa y, cuando lo fuimos a buscar en la tarde, tenía una marca en el <u>pecho</u> del libro que estaba leyendo.

My dad fell asleep on the beach and, when we went to pick him up in the afternoon, he had a mark on his <u>chest</u> from the book he was reading.

2110. seno, busto - breast

Mi amiga Lorena siempre ha tenido mucho <u>busto</u> y hace unos días me comentó que ya tiene fecha para la cirugía de reducción de busto. ¡Estoy tan feliz por ella!

My friend Lorena has always had a lot of <u>breasts</u> and a few days ago she told me that she already has a date for breast reduction surgery. I am so happy for her!

2111. pezón - nipple

¿Te perforaste el <u>pezón</u>? ¿Y no te dolió? Se ve bastante doloroso, seguro la recuperación es lenta.

Did you pierce your <u>nipple</u>? And didn't it hurt? It looks pretty painful, I'm sure the recovery is slow.

2112. cintura - waist

Las modelos siempre tienen <u>cinturas</u> muy pronunciadas y una manera de caminar bastante peculiar.

The models always have very pronounced <u>waists</u> and a rather peculiar way of walking.

2113. estómago - stomach

Llevaba varios días con malestar de <u>estómago</u> y resulta que después de varios análisis, tengo gastritis.

I had been feeling sick to my <u>stomach</u> for several days and it turns out that, after several tests, I have gastritis.

2114. ombligo - belly button

¿Por qué tenemos <u>ombligo</u>? Sencillo, esa solía ser la única vía por la cual obteníamos el alimento cuando estábamos en la barriga de nuestras madres y, antes de ser cortado, se llamaba cordon umbilical.

Why do we have a <u>belly button</u>? Simple, that used to be the only way we got our nutrition when we were in our mother's belly and, before it was cut, it was called the umbilical cord.

2115. cadera - hip

Es normal ver que las <u>caderas</u> de las adolescentes se ensanchen mientras se van desarrollando y convirtiendo en adultas.

It is normal to see the <u>hips</u> of adolescent girls widen as they develop into adults.

2116. ano - anus

Existe una disciplina médica que estudia al <u>ano</u>, se llama proctología y sus médicos, los proctólogos, tratan las enfermedades de dicha zona, como por ejemplo las hemorroides.

There is a medical discipline that studies the <u>anus</u>, it is called proctology and its doctors, the proctologists, treat diseases in this area, such as hemorrhoids.

2117. coxis - coccyx

Si pasas mucho tiempo sentado o en la computadora, es posible que sientas de vez en cuando un dolor en el <u>coxis</u>; recuerda hacer pausas cada treinta minutos.

If you spend a lot of time sitting or at the computer, you may feel pain in your <u>coccyx</u> from time to time; remember to take breaks every thirty minutes.

2118. glúteos, nalgas - buttocks

Los mejores dos ejercicios para trabajar los <u>glúteos</u> se llaman sentadillas y peso muerto.

The best two exercises to work the <u>buttocks</u> are called squats and deadlifts.

2119. pierna - leg

El surfista tuvo un accidente en el que se rompió una <u>pierna</u> al chocar con un bote, después de eso tuvo que ir a emergencias.

The surfer had an accident in which he broke his <u>leg</u> when he collided with a boat, after that he had to go to the emergency room.

2120. muslo - thigh

Sara tiene los <u>muslos</u> muy grandes y esto siempre le dificulta conseguir jeans de su talla.

Sara has very large <u>thighs</u>, and this always makes it difficult for her to get jeans in her size.

2121. rodilla - knee

Hay muchas razones por las cuales te puede doler la <u>rodilla</u>; sin embargo, el motivo más común es el sobrepeso.

There are many reasons why your <u>knee</u> may hurt; however, the most common reason is being overweight.

2122. pantorrilla - calf

Es normal que a los jugadores habituales de fútbol se les vaya desarrollando el crecimiento de las <u>pantorrillas</u>, ya que es un músculo muy utilizado en este deporte.

It is normal for regular soccer players to develop <u>calf</u> growth since it is a muscle that is used a lot in this sport.

2123. tobillo - ankle

Marcela tuvo que ir de emergencia al hospital después de haberse caído de la bicicleta, ya que se había roto el <u>tobillo</u> izquierdo.

Marcela had to go to the hospital after falling off her bicycle, as she broke her left <u>ankle</u>.

2124. pie - foot

Los <u>pies</u> de las personas con diabetes suelen ser muy delicados, es por eso que deben ir a un profesional en caso de molestias.

The <u>feet</u> of people with diabetes are usually very delicate, which is why they should go to a professional in case of discomfort.

2125. talón - heel

Si utilizas tacones para trabajar, es recomendable que, al menos dos o tres veces a la semana, utilices zapatos planos para evitar el deterioro del <u>talón</u> a largo plazo.

If you wear heels to work, it is recommended that, at least two or three times a week, you wear flat shoes to avoid long-term deterioration of the <u>heel</u>.

2126. dedo del pie - toe

Mi hermano siempre se ha burlado de mis <u>dedos</u> de los pies debido a que el dedo índice es más largo que el resto.

My brother has always made fun of my <u>toes</u> because my index toe is longer than the rest.

2127. primavera - spring

A medida que los días se hacían más largos y las temperaturas empezaban a subir, los indicios de la <u>primavera</u> podían verse en todas partes.

As the days grew longer and the temperatures began to raise, the signs of <u>spring</u> could be seen everywhere.

2128. verano - summer

El <u>verano</u> es la época perfecta para irse de vacaciones, ya sea a la playa, a la montaña o al lago.

<u>Summer</u> is the perfect time to go on vacation, whether it's to the beach, the mountains, or the lake.

2129. otoño - autumn, fall

Las hojas de los árboles empezaron a cambiar de color a medida que se acercaba el <u>otoño</u>, pintando el paisaje con tonos naranjas, amarillos y rojos.

The leaves on the trees began to change colors as <u>fall</u> approached, painting the landscape in hues of orange, yellow, and red.

2130. invierno - winter

La nieve cubrió el suelo con la llegada de la primera tormenta de <u>invierno</u>.

The snow blanketed the ground as the first <u>winter</u> storm arrived.

2131. tormenta - storm

La <u>tormenta</u> se prolongó durante toda la noche, con fuertes vientos y lluvias torrenciales que azotaron la costa.

The <u>storm</u> raged on through the night, with fierce winds and heavy rain battering the coast.

2132. tormentoso - stormy

El pronóstico meteorológico anunciaba un día <u>tormentoso</u>, con fuertes vientos y lluvias torrenciales durante toda la tarde.

The weather forecast called for a <u>stormy</u> day, with strong winds and heavy rain expected throughout the afternoon.

2133. trueno - thunder

El sonido de los <u>truenos</u> retumbó en la distancia a medida que se acercaba la tormenta.

The sound of <u>thunder</u> rumbled in the distance as the storm approached.

2134. relámpago - lightning

El brillante <u>relámpago</u> iluminó el cielo nocturno, tiñendo brevemente los alrededores de un resplandor etéreo.

The bright flash of <u>lightning</u> illuminated the night sky, briefly casting the surrounding area in an ethereal glow.

2135. ventoso - windy

Era un día <u>ventoso</u>, con ráfagas lo bastante fuertes como para arrancar sombreros de las cabezas y dificultar caminar en línea recta.

It was a <u>windy</u> day, with gusts strong enough to blow hats off heads and make it difficult to walk in a straight line.

2136. tornado - tornado

El <u>tornado</u> tocó tierra dejando un rastro de destrucción a su paso por la pequeña ciudad.

The <u>tornado</u> touched down, leaving a trail of destruction in its wake as it ravaged through the small town.

2137. huracán - hurricane

Los potentes vientos y las lluvias torrenciales del <u>huracán</u> de categoría cinco causaron una devastación generalizada al tocar tierra.

The powerful winds and heavy rains of the category-five <u>hurricane</u> caused widespread devastation as it made landfall.

2138. nieve - snow

La <u>nieve</u> siguió cayendo con fuerza, amontonándose en las carreteras y aceras, dificultando los desplazamientos.

The <u>snow</u> continued to fall heavily, piling up on the roads and sidewalks, making travel difficult.

2139. nevado - snowy

Era un día <u>nevado</u>, el suelo estaba cubierto de un espeso manto blanco y los árboles tenían una hermosa escarcha blanca en sus ramas.

It was a <u>snowy</u> day, the ground was covered with a thick blanket of white, and the trees had a beautiful white frosting on their branches.

2140. hielo - ice

Ahora hace demasiado calor, ¿me puedes dar un vaso de agua con <u>hielo</u>, por favor?

It is too hot right now, ¿can you give me a glass of water with <u>ice</u>, please?

2141. congelado - icy

Las carreteras estaban <u>congeladas</u> y resbaladizas, lo que hacía que los coches derraparan y dieran vueltas sin control; conducir era peligroso.

The roads were <u>icy</u> and slippery, causing cars to slide and spin out of control; it was a dangerous drive.

2142. tormeta de nieve - blizzard

La tormenta de nieve continuó, con fuertes vientos y mucha nieve que hacían casi imposible la visibilidad.

The blizzard raged on, with strong winds and heavy snow making visibility nearly impossible.

2143. granizo - hail

El granizo caía a trozos, golpeando el pavimento y haciendo ruido en los tejados, mientras la gente corría a cubrirse de la repentina tormenta.

The hail came down in sheets, pelting the pavement and making a racket on the rooftop, as people rushed to take cover from the sudden storm.

2144. copo de nieve - snowflake

¿Has visto un copo de nieve alguna vez? Son muy bonitos, pero muy delicados; al tocarlos se derriten muy rápido, debido al calor de los dedos.

Have you ever seen a snowflake? They are very beautiful, but very delicate; when touched, they melt very quickly, due to the heat of the fingers.

2145. caliente - hot

Estábamos congelados del frío de las calles, pero al entrar a casa entramos en calor; mi mamá había prendido la calefacción y toda la casa se sentía caliente.

We were freezing from the cold of the streets, but when we entered the house we got warm; my mom had turned on the heater and the whole house felt hot.

2146. caliente - warm

No olvides tu chaqueta si vas a salir a la calle, necesitas mantenerte caliente durante este invierno.

Don't forget your jacket if you are going outside, you need to keep yourself warm during this winter.

2147. frío - cold

El invierno pasado estuvo bastante frío, creo que ha sido el invierno más frío que he experimentado en esta ciudad.

Last winter was quite cold, I think it was the coldest winter I have ever experienced in this city.

2148. fresco - cool

Hay algunas plantas que necesitan permanecer en un clima fresco para florecer.

There are some plants that need to stay in a cool climate to bloom.

2149. helado - freezing

Cuando íbamos subiendo a la montaña, sentimos una brisa helada que nos dio en toda la cara.

On our way up the mountain, we felt freezing wind blowing in our faces.

2150. arcoíris - rainbow

Los niños salieron al parque después de la lluvia y quedaron encantados con los colores del arcoíris.

The children went out to the park after the rain and were delighted with the rainbow colors.

2151. cielo despejado - clear sky

El capitán del vuelo comentó que el clima es muy favorable y que hay un cielo despejado.

The flight captain commented that the weather is very favorable with a clear sky.

2152. cielo brillante - bright sky

Al despertarme esta mañana me di cuenta de que había un cielo brillante, tan brillante que se veía casi blanco.

When I woke up this morning, I noticed that there was a bright sky, so bright that it looked almost white.

2153. chubascos - shower

Durante el otoño es muy común que caigan chubascos de repente; lo mejor es siempre tener un paraguas encima.

During the fall it is very common for showers to occur suddenly, so it is best to always have an umbrella with you.

2154. llovizna - drizzle

Siempre que hay una leve llovizna, me quedo dormida con el sonido de las gotas tocando mi ventada de vidrio.

Whenever there is a light drizzle, I fall asleep to the sound of the drops touching my glass window.

2155. inundación - flood

La lluvia estuvo tan fuerte que creó una pequeña inundación en la entrada de la casa de mis tíos; unas horas después se calmó.

The rain was so heavy that it created a small flood in the entrance of my aunt and uncle's house; a few hours later it calmed down.

2156. nubes negras - dark clouds

Durante el evento se observaron una nubes negras acompañadas de relámpagos que terminaron en una lluvia tormentosa.

During the event, dark clouds were observed accompanied by lightning that ended in a stormy rain.

2157. parcialmente nublado - partly cloudy

Hoy no creo que sea un buen día para ir a la playa; no está lloviendo, pero está parcialmente nublado y en cualquier momento empezará la lluvia.

I don't think today is a good day to go to the beach; it's not raining, but it's partly cloudy and the rain will start any minute.

2158. nublado - overcast

Sinceramente estoy cansada de este clima nublado, me muero porque llegue el verano pronto.

I'm honestly tired of this overcast weather, I can't wait for the summer to come soon.

2159. brumoso - foggy

Melany fue a la montaña hace unos días y me comentó que el día estuvo nublado y brumoso, pero que no hacía frío.

Melany went to the mountains a few days ago and told me that the day was cloudy and foggy, but not cold.

2160. sombrío - gloomy

La ciudad estaba sumida en un ambiente sombrío debido a la lluvia constante.

The city was plunged into a gloomy atmosphere due to the constant rain.

2161. monzón - monsoon

El monzón causó estragos en la ciudad, dejando a su paso inundaciones y destrucción.

The monsoon wreaked havoc in the city, leaving floods and destruction in its wake.

2162. tifón - typhoon

El tifón se acercaba peligrosamente a la costa, causando temor entre los habitantes de la zona.

The typhon was dangerously close to the coast, causing fear among local residents.

FOOD & DRINKS

2163. manzana - apple
A pesar de que la mayoría de las personas prefieren las manzanas rojas, Kevin prefiere las verdes.

Although most people prefer red apples, Kevin prefers green ones.

2164. plátano - banana
Mi fruta favorita es el plátano debido a que es dulce y es una fruta que no necesita ser lavada.

My favorite fruit is the banana because it is sweet and it is a fruit that does not need to be washed.

2165. arándano - blueberry
En IKEA venden un plato de comida que incluye albondigas de carne o pollo, puré de papa, guisantes y una salsa de arándanos.

At IKEA, they sell a meal that includes meat or chicken meatballs, mashed potatoes, peas and a blueberry sauce.

2166. cereza - cherry
No me han gustado las cerezas, sin embargo, me parece que se ven muy bonitas en el tope de algún pastel.

I have never liked cherries, however, I think they look very pretty on top of a cake.

2167. uva - grape
En Latinoamérica, durante el Año Nuevo, existe una tradición muy popular en la cual se ponen doce uvas en una copa y se piden doce deseos, uno por cada uva.

In Latin America, during the New Year, there is a very popular tradition in which twelve grapes are placed in a glass and twelve wishes are made, one for each grape.

2168. limón - lemon
Mi papá es fiel amante de comer pescado frito y siempre le echa un poco de jugo de limón antes de empezar a comerlo.

My dad is a faithful lover of eating fried fish and always adds a little lemon juice before he starts eating it.

2169. melón - melon
La mejor manera de saber si un melón está apto para ser consumido es tocando las puntas de dicha fruta.

The best way to know if a melon is fit for consumption is to touch the tips of the fruit.

2170. naranja - orange

Kevin desayuna un sándwich de mantequilla y queso junto con un vaso de jugo de <u>naranja</u>.

Kevin eats a butter and cheese sandwich for breakfast along with a glass of <u>orange</u> juice.

2171. papaya - papaya

Durante la pandemia del 2020, en los McDonalds de Chile se promocionó un Sundae con sabor a <u>papaya</u>.

During the 2020 pandemic, a <u>papaya</u>-flavored Sundae was promoted at McDonalds in Chile.

2172. pera - pear

Mi hermano siempre come <u>pera</u> con Nutella, al parecer es una muy buena combinación.

My brother always eats <u>pear</u> with Nutella, apparently it's a very good combination.

2173. piña - pineapple

Hay frutas con coberturas duras, tal es el caso de la <u>piña</u>; por lo tanto, es necesario pelar esta fruta para poder consumirla.

There are fruits with hard coverings, such is the case of <u>pineapple</u>; therefore, it is necessary to peel this fruit to be able to consume it.

2174. fresa, frutilla - strawberry

La <u>fresa</u> es la fruta favorita de mi mamá; siempre que vamos al mercado compra al menos medio kilo.

<u>Strawberries</u> are my mom's favorite fruit; every time we go to the market, she buys at least half a kilo.

2175. sandía - watermelon

La <u>sandía</u> es una fruta muy dulce y refrescante, y que es muy popular durante las épocas cálidas debido a la gran cantidad de agua que contiene.

<u>Watermelon</u> is a very sweet and refreshing fruit, and it is very popular during the hot season due to the large amount of water it contains.

2176. espárrago - asparagus

El <u>espárrago</u> es una planta que puede superar el metro de altura y es recomendado en ciertas dietas bajas en calorías.

<u>Asparagus</u> is a plant that can exceed one meter in height and is recommended in low-calorie diets.

2177. aguacate, palta - avocado

Por lo general, el árbol de <u>aguacate</u> suele crecer rápido, sin embargo, tarda bastante en dar sus frutos.

The <u>avocado</u> tree usually grows fast, however, it takes a long time to bear fruit.

2178. brócoli - broccoli

El brócoli es una fuente de nutrientes y vitaminas como K y C, además de que al ser cultivado solo demora entre 60 y 90 días.

Broccoli is a source of nutrients and vitamins such as K and C, plus it only takes 60 to 90 days to grow.

2179. repollo - cabbage

El repollo es un excelente alimento para ensaladas, ayuda a bajar los niveles de colesterol y, lo mejor de todo, es que suele ser súper económico.

Cabbage is an excellent salad food, it helps lower cholesterol levels and, best of all, it is usually super economical.

2180. zanahoria - carrot

Existen varios tipos de zanahoria, no todas son naranjas, hay amarillas e incluso moradas.

There are several types of carrots, not all are orange, there are yellow and even purple.

2181. apio - celery

El consumo de apio ayuda a obtener ácido fólico, potasio, fibra y vitaminas C, A y B.

The consumption of celery helps to obtain folic acid, potassium, fiber and vitamins C, A and B.

2182. pepino - cucumber

El pepino es una fruta que pertenece a la familia de la sandía y el melón; es fresco, rico en agua y bajo en calorías, y es una fuente de fibra.

Cucumber is a fruit that belongs to the watermelon and melon family; it's fresh, rich in water, low in calories, and is a source of fiber.

2183. ajo - garlic

El pan con ajo es súper fácil de preparar, solo tienes que hornear los dientes de ajo (cubriéndolos con papel de aluminio) unos minutos y luego los esparces en el pan como si fueran mantequilla, y listo.

Garlic bread is super easy to prepare, just bake the garlic cloves (covered with aluminum foil) for a few minutes and then spread them on the bread as if they were butter and that's it.

2184. lechuga - lettuce

Se dice que César Augusto construyó una estatua en honor a la lechuga debido a que lo ayudó a mejorarse de una enfermedad grave.

It is said that Caesar Augustus built a statue in honor of lettuce because it helped him get better from a serious illness.

2185. cebolla - onion

La cebolla en su estado crudo es ideal para mejorar la digestión, disminuir la presión arterial y el colesterol.

The onion in its raw state is ideal for improving digestion, lowering blood pressure and cholesterol.

2186. pimiento - pepper

Cuando voy al mercado, siempre trato de comprar los cuatro tipos de pimientos: amarillo, naranja, rojo y verde.

When I go to the market, I always try to buy all four types of peppers: yellow, orange, red, and green.

2187. papa - potato

Existen muchas recetas que puedes cocinar utilizando papas y algún tipo de proteína, tal como papas rellenas o papas horneadas.

There are many recipes that you can cook using potatoes and some type of protein, such as stuffed potatoes or baked potatoes.

2188. espinaca - spinach

La espinaca es una excelente fuente de vitamina K y aporta minerales como magnesio, zinc, cobre y fósforo.

Spinach is an excellent source of vitamin K and provides minerals such as magnesium, zinc, copper, and phosphorus.

2189. tomate - tomato

A pesar de que mucha gente cree que el tomate es un vegetal, realmente es una fruta.

Although many people think of tomato as a vegetable, it is actually a fruit.

2190. amaranto - amaranth

El amaranto es originario de México y Centroamérica; de hecho, era uno de los principales alimentos de los mayas.

Amaranth is originally from Mexico and Central America; in fact, it was one of the main foods of the Mayas.

2191. cebada - barley

La cebada es un cereal con muchos años de antigüedad que se dice era originario de Israel, similar al trigo pero con menos gluten.

Barley is a cereal with many years of antiquity that is said to have originated in Israel, similar to wheat but with less gluten.

2192. pan - bread

El lunes pasado empecé un dieta baja en calorías y grasas, por lo que desayuno y ceno con pan integral y queso mozzarella.

Last Monday I started a low calorie and low fat diet, which is why I eat whole wheat bread and mozzarella cheese for breakfast and dinner.

2193. maíz - corn

Muchas de las comidas de Latinoamérica son elaboradas con <u>maíz</u> o harina de maíz, tales son los casos de las arepas, cachapas, tortillas y tacos.

Many Latin American meals are made with <u>corn</u> or corn flour, such as arepas, cachapas, tortillas, and tacos.

2194. galletas saladas - crackers

Si tienes hambre y no quieres salirte de tu dieta, la mejor opción es comer <u>galletas saladas</u> con queso bajo en grasa, te llenarás y seguirá siendo una merienda sana.

If you are hungry and don't want to go off your diet, the best option is to eat <u>crackers</u> with low-fat cheese, it will fill you up and still be a healthy snack.

2195. fideos - noodles

La mayoría de los platos asiáticos contienen <u>fideos</u>, ya sean finos o gruesos, pero siempre mezclados con alguna salsa o caldo.

Most Asian meals contain <u>noodles</u>, either thin or thick, but always mixed with some sauce or broth.

2196. avena - oatmeal

Cuando era pequeña, mi abuela me hacía galletas de <u>avena</u> cuando llegaba de la escuela.

When I was little, my grandmother used to make me <u>oatmeal</u> cookies when I came home from school.

2197. pasta - pasta

En mi casa suele cocinarse mucha comida italiana, como <u>pasta</u> con albóndigas o lasaña.

In my house we usually cook a lot of Italian food, such as <u>pasta</u> with meatballs or lasagna.

2198. palomitas de maíz - popcorn

Realmente no puedo ir al cine sin comprar aunque sea una ración pequeña de <u>palomitas de maíz</u>, pero solamente las saladas.

I really can't go to the movies without buying even a small portion of <u>popcorn</u>, but only the salty kind.

2199. quinoa - quinoa

La <u>quinoa</u> es un alimento que puede prepararse de varias maneras y que se ha popularizado en los últimos años debido a la comunidad vegana.

<u>Quinoa</u> is a food that can be prepared in various ways and has become popular in recent years due to the vegan community.

2200. arroz - rice

El arroz con pollo que prepara mi tía Gisela es exquisito; junto con un puré de papas y frijoles queda mucho mejor.

The rice with chicken that my aunt Gisela prepares is exquisite; along with mashed potatoes and beans it is even better.

2201. centeno - rye

El centeno es un cereal bajo en índice glicémico y alto contenido de fibra, lo cual lo hace ideal para dietas y para personas con diabetes.

Rye is a cereal low in glycemic index and high in fiber, which makes it ideal for diets and for people with diabetes.

2202. trigo - wheat

Cuando iba a la universidad, conocí a un compañero de clases que era alérgico al trigo; jamás había conocido a alguien así.

When I was in college, I met a classmate of mine who was allergic to wheat; I had never met anyone like that before.

2203. frijoles - beans

Aunque haya muchos tipos de frijoles mis favoritos son los negros porque combinan muchísimo con pasta o con arroz.

Although there are many types of beans, my favorite are black beans because they go great with pasta or rice.

2204. pollo - chicken

Desde que trabajé en KFC, ya no como tanto pollo; creo que me cansé de comerlo tan seguido.

Since I worked at KFC, I don't eat so much chicken anymore; I think I got tired of eating it so often.

2205. huevo - egg

El huevo es una de las mejores fuentes de proteína, súper recomendado si quieres ganar masa muscular.

Eggs are one of the best sources of protein, highly recommended if you want to gain muscle mass.

2206. pescado - fish

El pescado puede cocinarse de muchas maneras, ya sea frito u horneado, excelente para combinarlo con papa, yuca o incluso vegetales.

Fish can be cooked in many ways, either fried or baked, excellent to combine with potato, cassava or even vegetables.

2207. jamón - ham

A mi hermano le encanta cenar un sándwich con jamón y queso mientras ve un video en su computadora.

My brother loves to have a <u>ham</u> and cheese sandwich for dinner while watching a video on his computer.

2208. lentejas - lentils

Cuando no tengo ganas de comer carne, prefiero cocinar <u>lentejas</u> o algún otro tipo de frijol, ya que contienen proteína pero en menos cantidades que un trozo de carne.

When I don't feel like eating meat, I prefer to cook <u>lentils</u> or some other type of bean, since they contain protein but in smaller quantities than a piece of meat.

2209. carne de vaca - beef

Los países donde se consume más <u>carne de vaca</u> son Estados Unidos, Australia, Argentina y Nueva Zelanda.

The countries where most <u>beef</u> is consumed are the United States, Australia, Argentina and New Zealand.

2210. nueces - walnuts

Al igual que muchos otros frutos secos, las <u>nueces</u> contienen fibra y ayudan a mejorar la memoria.

Like many other <u>nuts</u>, walnuts contain fiber and help improve memory.

2211. guisantes - peas

Los <u>guisantes</u> son un excelente acompañante para cualquier comida, de hecho, quedan excelentes con arroz con pollo.

<u>Peas</u> are an excellent complement to any meal, in fact, they are excellent with chicken and rice.

2212. carne de cerdo - pork

Mi hermano cocinará ramen hoy y me pidió el favor de comprar la <u>carne de cerdo</u>.

My brother is cooking ramen today and asked me to buy the <u>pork</u>.

2213. mariscos - seafood

Me llama mucho la atención la comida española, sin embargo, debo tener cuidado, ya que soy alérgica a los <u>maricos</u>.

I am very attracted to Spanish food, however, I have to be careful, as I am allergic to <u>seafood</u>.

2214. semillas - seeds

Estuve viendo un par de videos en YouTube y resulta que puedes sembrar las semillas de tomate en un pequeño jardín y en cincuenta días ver los frutos.

I was watching a couple of videos on YouTube and it turns out that you can plant tomato seeds in a small garden and in fifty days see the fruits.

2215. camarón - shrimp

En el mercado venden diferentes tipos de camarones, algunos pelados y otros con piel.

In the market they sell different types of shrimp, some peeled and others with skin.

2216. soya - soy

Hay un restaurante vegano en la zona en la que vive mi amiga Laura y me dijo que la hamburguesa de soya es buenísima.

There is a vegan restaurant in the area where my friend Laura lives and she told me that the soy burger is great.

2217. mantequilla - butter

No hay nada mejor que un par de tostadas con mantequilla de desayuno.

There's nothing better than a couple of slices of buttered toast for breakfast.

2218. queso - cheese

¿Sabías que en el mercado de la esquina venden queso azul? Lo único malo es que es un poco caro.

Did you know that the corner market sells blue cheese? The only bad thing is that it is a bit expensive.

2219. crema - cream

Fuimos a un restaurante ayer y vimos cuando el cocinero agregó crema para hacer una salsa para pasta.

We went to a restaurant yesterday and watched when the cook added cream to make a pasta sauce.

2220. helado - ice cream

Mi helado favorito es el de dulce de leche, pero también me gusta combinarlo con helado de vainilla o de chocolate.

My favorite ice cream is caramel sauce, but I also like to combine it with vanilla or chocolate ice cream.

2221. leche - milk

Debido a la comunidad vegana, ahora se pueden conseguir muchos tipos de leches, como por ejemplo de almendras y de coco.

Due to the vegan community, many types of milks are now available, such as almond and coconut.

2222. leche en polvo - powdered milk

En mi casa no se compra casi <u>leche en polvo</u>, sin embargo, es necesaria para algunos postres.

In my house we almost never buy <u>powdered milk</u>, however, it is necessary for some desserts.

2223. crema agria - sour cream

La <u>crema agria</u> se hace solo con tres ingredientes: crema, vinagre o jugo de limón y una pizca de sal.

<u>Sour cream</u> is made with only three ingredients: cream, vinegar or lemon juice with a pinch of salt.

2224. crema batida - whipped cream

Mis primos se estaban comiendo toda la <u>crema batida</u> de la torta de cumpleaños de mi mamá.

My cousins were eating all the <u>whipped cream</u> on my mom's birthday cake.

2225. yogur - yogurt

El <u>yogur</u> no solo es un alimento saludable sino que también es un buen exfoliante para el cutis.

<u>Yogurt</u> is not only a healthy food but also a good exfoliant for the skin.

2226. bagel - bagel

Los <u>bagels</u> son una comida propia del desayuno muy popular en Norteamérica que posees un hueco en el centro y suelen rellenarse con queso.

<u>Bagels</u> are a very popular breakfast food in North America that have a hole in the center and are usually filled with cheese.

2227. cruasán, media luna - croissant

En la panadería que está al lado de mi casa venden un <u>cruasán</u> relleno de chocolate oscuro.

At the bakery next to my house they sell a <u>croissant</u> filled with dark chocolate.

2228. granola - granola

Mucha gente cree que la <u>granola</u> es muy saludable, sin embargo, contiene mucha azúcar, por eso solo se recomienda como desayuno.

Many people believe that <u>granola</u> is very healthy, but it contains a lot of sugar, so it is only recommended as breakfast.

2229. miel - honey

La <u>miel</u> de las abejas es el único producto de insectos que es comestible para los humanos.

<u>Honey</u> from bees is the only insect product that is edible for humans.

2230. mermelada, jalea - jam

Cuando estoy comprando comida en el mercado, nunca logro decidirme por un sabor de <u>mermelada</u> porque ¡hay demasiado sabores!

When I'm shopping for food at the market, I can never decide on a flavor of <u>jam</u> because there are just too many flavors!

2231. jarabe de maple - maple syrup

El <u>jarabe de maple</u> es originario de Canadá debido a los maples que allí se encuentran, sin embargo, también es posible que provenga del norte de Estados Unidos.

<u>Maple syrup</u> is originated in Canada because of the maple trees found there, but it is also possible that it comes from the northern United States.

2232. omelet - omelet

Los japoneses suelen preparar el <u>omelet</u> de una manera muy distinta, ¡con un sartén cuadrado!

The Japanese usually prepare the <u>omelet</u> in a very different way, with a square pan!

2233. panqueques, panquecas - pancakes

A pesar de que las <u>panquecas</u> se comen dulces en Norteamérica, a mi novio le gustan con mantequilla y queso rallado.

Although <u>pancakes</u> are eaten sweet in North America, my boyfriend likes them with butter and grated cheese.

2234. frijoles refritos - refried beans

No soy fanática de los frijoles, pero una tortilla con <u>frijoles refritos</u> son otro asunto.

I'm not a fan of beans, but a tortilla with <u>refried beans</u> is another matter.

2235. sándwich, emparedado - sandwich

Una de las empresas de comida rápida más populares a nivel internacional que elabora solamente <u>sándwiches</u> es Subway.

One of the most popular international fast food companies that only makes <u>sandwiches</u> is Subway.

2236. salchicha - sausage

A mi novio le gusta cocinar lentejas con <u>salchichas</u> cortadas en rodajas.

My boyfriend likes to cook lentils with sliced <u>sausages</u>.

2237. huevos revueltos - scrambled eggs

Los <u>huevos revueltos</u> y tocino son un desayuno muy grasoso para mi gusto.

<u>Scrambled eggs</u> and bacon are a breakfast too greasy for my taste.

2238. pan tostado, tostadas - toast

¿Quieres un sándwich o <u>tostadas</u> para el desayuno? Yo creo que desayunaré cereal con leche.

Would you like a sandwich or <u>toast</u> for breakfast? I think I'll have cereal and milk for breakfast.

2239. waffles - waffles

Las panquecas y los <u>waffles</u> son hechos con la misma mezcla, solo que en diferentes formas.

Pancakes and <u>waffles</u> are made with the same mix, just in different shapes.

2240. hamburguesa - burger

La mayoría de las <u>hamburguesas</u> contienen tomate, lechuga, mayonesa, ketchup, carne o pollo y pepinillos.

Most <u>burgers</u> contain tomato, lettuce, mayonnaise, ketchup, beef or chicken and pickles.

2241. alitas de pollo - chicken wings

Nunca he entendido a la gente que le gustan mucho las <u>alitas de pollo</u>, no siento que sean tan deliciosas.

I've never understood people who really like <u>chicken wings</u>, I don't feel they are that delicious.

2242. pato a la naranja - duck a l'orange

A pesar de que mucha gente cree que el <u>pato a la naranja</u> es un platillo francés realmente es de origen toscano, una región italiana.

Although many people believe that <u>duck à l'orange</u> is a French dish, it is actually of Tuscan origin, an Italian region.

2243. pescado con papas - fish and chips

En el Reino Unido se venden más de 276 millones de raciones de <u>pescado con papas</u> al año.

In the United Kingdom, more than 276 million portions of <u>fish and chips</u> are sold each year.

2244. pollo frito - fried chicken

El plato navideño de los japoneses es <u>pollo frito</u>, específicamente una cubeta de KFC.

The Japanese Christmas dish is <u>fried chicken</u>, specifically a bucket from KFC.

2245. perro caliente - hot dog

En Chile a los <u>perros calientes</u> se les dice Completos y suelen ponerle aguacate, mayonesa y cebolla picada.

In Chile, <u>hot dogs</u> are called Completos and are usually served with avocado, mayo, and chopped onion.

2246. pizza - pizza

Existen varios restaurantes de pizza buenos, sin embargo, siempre elijo comer en Papa's Johns porque me encanta la salsa de ajo que ofrecen.

There are several good pizza restaurants, however, I always choose to eat at Papa's Johns because I love the garlic sauce they offer.

2247. pavo asado - roast turkey

El pavo asado es conocido por ser el platillo de los estadounidenses durante el Día de Acción de Gracias.

Roast turkey is known to be the American Thanksgiving dish.

2248. filete - steak

Soy una persona sencilla en cuanto a comida; me conformo con un plato de filete, arroz y algún jugo.

I am a simple person when it comes to food; I am satisfied with a plate of steak, rice and some juice.

2249. papas fritas - French fries

Siempre que voy a McDonalds no puedo negarme a una ración de papas fritas, aunque sea una ración pequeña.

Whenever I go to McDonalds, I can't say no to a serving of French fries, even if it's a small portion.

2250. pan de ajo - garlic bread

Al menos una vez al mes, a Rodrigo le gusta preparar pan de ajo casero y, sinceramente, le queda muy sabroso.

At least once a month, Rodrigo likes to make homemade garlic bread and, honestly, it is very tasty.

2251. macarrones con queso - macaroni and cheese

Los macarrones con queso son un plato muy popular en Estados Unidos, de hecho, es bastante fácil de elaborar, pero para nada saludable.

Macaroni and cheese is a very popular dish in the United States, in fact, it is quite easy to make, but not healthy at all.

2252. puré de papa - mashed potatoes

La mejor manera de hacer puré de papas es poniéndolas a hervir con su concha y luego pelarlas y aplastarlas, así quedarán menos grumos en el producto final.

The best way to make mashed potatoes is to boil them in their shells and then peel and mash them, so there will be fewer lumps in the final product.

2253. champiñones - mushrooms

Hay una pizza en Papa's Johns que incluye champiñones fileteados y quedan muy bien con el sabor del pepperoni y la salsa de ajo.

There is a pizza at Papa's Johns that includes sliced mushrooms and they go very well with the pepperoni flavor and garlic sauce.

2254. ensalada - salad
Nunca me han gustado las ensaladas, pero para poder bajar de peso, debo empezar a comerlas más seguido.

I have never liked salads, but in order to lose weight, I have to start eating them more often.

2255. sopa - soup
No entiendo por qué mi mamá siempre quiere preparar sopa durante verano, al comerla sudo muchísimo.

I don't understand why my mom always wants to make soup during the summer, I sweat so much when I eat it.

2256. tarta de manzana - apple pie
Nunca he preparado tarta de manzana, pero me gustaría intentarlo, ya que es el postre favorito de mi suegro y pronto cumplirá años.

I've never made an apple pie, but I'd like to try, as it's my father-in-law's favorite dessert and he'll be celebrating his birthday soon.

2257. pan de plátano - banana bread
Mi prima me envió su receta del pan de plátano, pero creo que le puse mucha levadura y se desbordó del molde.

My cousin sent me her recipe for banana bread, but I think I put too much yeast in it and it overflowed from the pan.

2258. caramelo - caramel
El dulce de leche, también conocido como arequipe, manjar o caramelo, es una salsa dulce utilizada en postres tales como helados y tortas, originario de Argentina.

Dulce de leche, also known as arequipe, manjar, or caramel, is a sweet sauce used in desserts such as ice cream and cakes, originally from Argentina.

2259. pastel de queso - cheesecake
Mi hermano cumplió años en julio y le regalé un pastel de queso y se me olvidó por completo que es intolerante a la lactosa.

My brother had a birthday in July and I gave him a cheesecake and completely forgot that he is lactose intolerant.

2260. rollo de canela - cinnamon roll
Amo los rollos de canela, son mi postre favorito desde que tengo memoria. Mi mamá me llevó a Cinnabon por primera vez cuando tenía 7 años.

I love cinnamon rolls, in fact, they have been my favorite dessert for as long as I can remember. My mom took me to Cinnabon for the first time when I was 7 years old.

2261. dona, rosquilla - donut

Mañana nos reuniremos con unos amigos y estoy pensando en pedir unas donas de Dunkin Donuts, pero no sé qué sabores les gusten a mis amigos.

We're meeting some friends tomorrow and I'm thinking of ordering some donuts from Dunkin Donuts, but I don't know what flavors my friends would like.

2262. gelatina - jelly

De pequeña solía comer mucha gelatina, pero ahora de adulta casi no la como porque siempre consigo el mismo sabor en el mercado y me aburro fácil.

When I was little, I used to eat a lot of jelly, but now as an adult, I hardly eat it because I always get the same flavor at the market and I get bored easily.

2263. flan - flan

Disculpe ¿tendrán algún otro postre que no sea el flan de vainilla? Es que soy intolerante a lactosa.

Excuse me, do you have any other dessert other than vanilla flan? I am lactose intolerant.

2264. jugo de manzana - apple juice

En la casa de mi tía hay un manzano, entonces siempre hace postres y jugo de manzana, o incluso hasta me regala manzanas cuando voy a verla.

In my aunt's house there is an apple tree, so she always makes desserts and apple juice, or even gives me apples when I go to see her.

2265. café - coffee

El olor del café siempre me recuerda a mi abuela, que siempre se despertaba temprano para hacer el café y el desayuno.

The smell of coffee always reminds me of my grandmother, who always woke up early to make coffee and breakfast.

2266. chocolate caliente - hot chocolate

Durante las épocas frías, me gusta tomar alguna bebida caliente, como chocolate caliente; me hacen entrar en calor y se me quita el frío enseguida.

During the cold seasons, I like to have a hot drink, such as hot chocolate; it warms me up and takes away the cold right away.

2267. té caliente - hot tea

En Suramérica es muy común tomar té caliente y y galletas durante la tarde como merienda.

In South America it is very common to have hot tea and cookies in the afternoon as a snack.

2268. té helado - iced tea

En Starbucks venden un <u>té helado</u> con limonada que está a excelente precio y es muy refrescante durante el verano.

Starbucks sells an <u>iced tea</u> with lemonade at a great price and it is very refreshing during the summer.

2269. limonada - lemonade

No suelo tomar <u>limonada</u> debido a que las frutas cítricas me caen mal porque sufro de gastritis.

I don't usually drink <u>lemonade</u> because citrus fruits are bad for me due to the fact that I suffer from gastritis.

2270. malteada - milkshake

Para hacer una <u>malteada</u> solo tienes que poner en la licuadora helado de tu sabor preferido y leche y alguna salsa de tu preferencia, como Nutella o leche condensada.

To make a milkshake, you just have to put ice cream of your favorite flavor and milk and some sauce of your choice, such as Nutella or condensed milk, in the blender.

2271. jugo de naranja - orange juice

Los domingos mi mamá suele hacer arepas y, debido a que mi hermano está en la ciudad, él se encarga de llevar el <u>jugo de naranja</u>.

On Sundays my mom usually makes arepas and, since my brother is in town, he is in charge of bringing the <u>orange juice</u>.

2272. batido, licuado - smoothie

Mi nutricionista me recomendó hacer <u>batidos</u> de frutas rojas para subir los niveles de hemoglobina en la sangre.

My nutritionist recommended me to make red fruit <u>smoothies</u> to raise the hemoglobin levels in my blood.

2273. agua con gas - sparkling water

El <u>agua con gas</u> no me gusta debido a que me genera muchas flatulencias; prefiero el agua natural.

I don't like <u>sparkling water</u> because it makes me flatulent; I prefer natural water.

2274. botella - bottle

¿Podría traernos una <u>botella</u> de vino? Hoy es una ocasión especial, mi hija se graduó de Bióloga Marina.

Could you bring us a <u>bottle</u> of wine? Today is a special occasion, my daughter graduated as a Marine Biologist.

2275. cubiertos - cutlery

Casi todo está puesto en la mesa, creo que solo falta un par de <u>cubiertos</u> más para Lorenzo.

Almost everything is on the table, I think we only need a couple more pieces of <u>cutlery</u> for Lorenzo.

2276. menú, carta - menu

Diculpe, ¿podría traerme un <u>menú</u> adicional? Es que mi hermano está en camino y se nos unirá pronto.

Excuse me, could you bring me an additional <u>menu</u>? My brother is on his way and will be joining us soon.

2277. servilleta - napkin

No hay suficientes <u>servilletas</u> en nuestra mesa, pregunta al mesero si podría traer más.

There are not enough <u>napkins</u> on our table, ask the waiter if he could bring more.

2278. para llevar - takeaway

¿Vas a comerte el resto? Sino podemos pedirle al mesero que nos lo dé <u>para llevar</u>.

Are you going to eat the rest? If not, we can ask the waiter to give it to us to <u>takeaway</u>.

2279. mesero, mesera - waiter, waitress

Después de que hayamos terminado el postre, le pediré la cuenta al <u>mesero</u>.

After we have finished dessert, I will ask the <u>waiter</u> for the bill.

Animals, Insects & Arachnids

2280. perro - dog
Mi hermano siempre ha querido un perro y mis padres se lo regalaron en navidad.

My brother has always wanted a dog and my parents gave him one for Christmas.

2281. cachorro - puppy
Jenny quiere un cachorro, pero en su edificio están prohibidas las mascotas.

Jenny wants a puppy, but her building prohibits pets.

2282. gato - cat
La isla de Tashirojima que se encuentra en la prefectura de Miyagi, en Japón, es popularmente conocida por tener demasiados gatos.

The island of Tashirojima, located in Miyagi prefecture, in Japan, is popularly known for having too many cats.

2283. gatito - kitten
Karen trajo un gatito al trabajo el lunes, al parecer lo adoptará.

Karen brought a kitten to work on Monday; apparently, she will adopt it.

2284. pez dorado - goldfish
Aun cuando se llama pez dorado, realmente no es dorado, sino más bien naranja.

Even though it is called goldfish, it is not really gold, but rather orange.

2285. cuy, cobaya, conejillo de indias - guinea pig
Muchas marcas de cosméticos prueban sus productos en cobayos o conejos para ver si hay reacciones adversas.

Many cosmetic brands test their products on guinea pigs or rabbits for adverse reactions.

2286. conejo - rabbit
Mis vecinos están un poco molestos conmigo porque mi conejo se ha estado comiendo sus cosechas.

My neighbors are slightly upset with me because my rabbit has been eating their crops.

2287. ratón - mouse
Los ratones tienen un hocico puntiagudo, orejas redondeadas y pequeñas, una cola de la longitud del cuerpo y una alta tasa de reproducción.

Mice have a pointed snout, small rounded ears, a body-length tail, and a high breeding rate.

2288. loro, perico - parrot

El loro de mi abuelo sabe cantar en español, ya se ha aprendido algunas canciones de Thalía.

My grandfather's parrot can sing in Spanish, he has already learned some Thalía songs.

2289. hámster - hamster

Cuando era pequeña, siempre me gustó mucho la idea de tener una mascota pequeña, como un hámster, pero nunca lo tuve.

When I was little, I always liked the idea of having a small pet, like a hamster, but I never did.

2290. vaca - cow

La mejor manera de ordeñar una vaca es cantándole canciones de cuna, esto hace que se relajen.

The best way to milk a cow is to sing lullabies to her, this makes them relax.

2291. oveja - sheep

La lana de las ovejas es corta y convertida en hilo para poder elaborar prendas de ropa.

The sheep's wool is cut and converted into yarn to make clothing.

2292. cerdo, puerco - pig

El cerdo es un animal que casi siempre verás en una granja, son fáciles de alimentar y criar.

Pigs are animals that you will almost always see on a farm, they are easy to feed and raise.

2293. gallina - hen

La gallina es el ave más numerosa del planeta, pues se calcula que el número de ejemplares supera los dieciséis mil millones.

The hen is the most numerous bird on the planet since it is estimated that the number of birds exceeds sixteen billion.

2294. cabra - goat

Prefiero la leche de cabra que la leche de vaca, me parece que es menos grasosa.

I prefer goat's milk over cow's milk, I find it less greasy.

2295. caballo - horse

Los caballos son excelentes corredores, pero hay que estar pendiente de sus pezuñas ya que crecen rápido.

Horses are excellent runners, but you have to keep an eye on their hooves as they grow fast.

2296. pato - duck

¿Viste los patos en el estanque? Me encanta el color de las plumas verdes que tienen en la cabeza los patos canadienses.

Did you see the ducks on the pond? I love the color of the green feathers on the heads of the Canadian ducks.

2297. león - lion

El otro día llevé a mi primo al zoológico y se dio cuenta de que solo a los leones machos les crece la melena.

The other day I took my cousin to the zoo and he realized that only male lions grow a mane.

2298. tigre - tiger

Existe un tigre blanco, o también llamado albino, que en vez de ser naranja es blanco, pero mantiene las rayas negras.

There is a white tiger, or also called albino, that instead of being orange is white, but keeps the black stripes.

2299. elefante - elephant

El embarazo de una elefanta dura veintidós meses, es decir, casi dos años.

An elephant's pregnancy lasts twenty-two months, which is almost two years.

2300. cebra - zebra

Existen tres tipos de cebras propias de África: la cebra común, la cebra de montaña y la cebra Grevy.

There are three types of zebra native to Africa: the common zebra, the mountain zebra, and the Grevy's zebra.

2301. rinoceronte - rhinoceros

Para evitar la caza de los rinocerontes algunos residentes africanos pintan sus cuernos de colores, ya que sus cuernos son altamente cotizados.

To avoid hunting rhinoceros, some African locals paint their horns in colors, as their horns are highly valued.

2302. hipopótamo - hippopotamus

A pesar de su gran tamaño, en tierra, el hipopótamo corre más rápido que el hombre.

Despite its size, on land, the hippopotamus runs faster than a man.

2303. jirafa - giraffe

La jirafa es la más alta de todas las especies de animales terrestres existentes, ya que puede alcanzar una altura de 5,8 metros.

The giraffe is the tallest of all existing land animal species, as it can reach a height of 5.8 meters (16 feet).

2304. pingüino - penguin

Los pingüinos son una familia de aves que, aunque no vuelan, pueden nadar muy rápido.

Penguins are a family of birds that, although they do not fly, they can swim very fast.

2305. mono - monkey

Durante el invierno hay algunos monos que aprovechan las aguas termales para mantenerse calientes.

During the winter there are some monkeys that take advantage of the hot springs to keep warm.

2306. canguro - kangaroo

Los canguros son excelentes peleadores que usan sus patas traseras para golpear a otros machos y usan la cola de soporte.

Kangaroos are excellent fighters that use their hind legs to strike other males and use their tails for support.

2307. tiburón - shark

Existe una chica de Háwaii que sobrevivió al ataque de un tiburón en el año 2003 y es surfista profesional.

There is a girl from Hawaii who survived a shark attack in 2003 and is a professional surfer.

2308. ballena - whale

La ballena azul es considerada el animal más grande del planeta Tierra.

The blue whale is considered the largest animal on planet Earth.

2309. pulpo - octopus

Los pulpos tienen tres corazones y su sangre es azul.

Octopuses have three hearts and their blood is blue.

2310. calamar - squid

Los calamares son moluscos de cuerpo blando cuyas formas evolucionaron para adoptar un estilo de vida depredador activo.

Squids are soft-bodied mollusks whose forms evolved to adopt an active predatory lifestyle.

2311. camarón - shrimp

Mi amiga Sasha es alérgica a los camarones; una vez comió uno por error y tuvimos que llevarla de emergencia al hospital.

My friend Sasha is allergic to shrimps; she once ate one by mistake and we had to rush her to the hospital.

2312. langosta - lobster

Las langostas tienen hábitos nocturnos. Durante el día, permanecen ocultas en sus refugios y, por la noche, salen a buscar alimento.

Lobsters have nocturnal habits. During the day, they remain hidden in their shelters and, at night, they come out to look for food.

2313. cangrejo - crab

Los cangrejos tienen diez patas y se llaman decápodos. Al igual que las arañas, los cangrejos también pueden doblar las patas en las articulaciones.

Crabs have ten legs and are called decapods. Like spiders, crabs can also bend their legs at the joints.

2314. foca - seal

Las focas pasan poco tiempo en tierra, pero parte de este tiempo lo emplean para reproducirse y dar a luz y amamantar a sus crías.

Seals spend little time on land, but part of this time is spent breeding and giving birth, and nursing their pups.

2315. tortuga marina - sea turtle

Las tortugas marinas viven mucho tiempo; algunas pueden vivir hasta cincuenta años o más.

Sea turtles live a long time; some can live up to fifty years or more.

2316. delfín - dolphin

Los delfines son los mamíferos acuáticos más inteligentes del mundo marino.

Dolphins are the most intelligent aquatic mammals in the marine world.

2317. medusa - jellyfish

Las medusas se componen en un 95% de agua y no tienen cerebro ni sistema nervioso.

Jellyfish are 95% water and have no brain or nervous system.

2318. caballito de mar, hipocampo - seahorse

El caballito de mar macho es el que incuba los huevos que pronto serán sus crías.

The male sea horse is the one that incubates the eggs that will soon become its babies.

2319. serpiente - snake

La cabeza decapitada de una serpiente es capaz de morder y dichas mordeduras contienen grandes cantidades de veneno.

The decapitated head of a snake is capable of biting and such bites contain large amounts of venom.

2320. cocodrilo - crocodile

La mordedura del <u>cocodrilo</u> es la más poderosa de todo el reino animal, tiene 1.800 kilos de fuerza.

The <u>crocodile</u>'s bite is the most powerful of the entire animal kingdom, with 1,800 kilograms of strength.

2321. caimán - alligator

Todos los <u>caimanes</u> viven en agua dulce; ellos generalmente prefieren ríos de movimiento lento, arroyos, ciénagas, pantanos y lagos.

All <u>alligators</u> live in freshwater; they generally prefer slow-moving rivers, streams, marshes, swamps, and lakes.

2322. iguana - iguana

Las <u>iguanas</u> son animales solitarios. Nunca están en grupo, salvo en las épocas de apareamiento.

<u>Iguanas</u> are solitary animals. They are never in groups, except during mating season.

2323. sapo - toad

El <u>sapo</u> común se protege de sus potenciales enemigos segregando una toxina a través de las glándulas de la piel.

The common <u>toad</u> protects itself from potential enemies by secreting a toxin through skin glands.

2324. rana - frog

En el mundo existen más de 4 mil tipos de <u>ranas</u> distintas y ninguna de ellas puede vivir en agua salada.

There are more than 4,000 different types of <u>frogs</u> in the world and none of them can live in salt water.

2325. tortuga terrestre, galápago - tortoise

Durante las épocas de más frío y menos sol, las <u>tortugas terrestres</u> se esconden bajo la tierra y disminuyen su actividad.

During the coldest and least sunny periods, <u>tortoises</u> hide underground and decrease their activity.

2326. lagarto - lizard

El <u>lagarto</u> más grande es el dragón de Komodo, que alcanza los tres metros y es originario de la isla Komodo, en Indonesia.

The largest <u>lizard</u> is the Komodo dragon, which reaches three meters and is native to the island of Komodo in Indonesia.

2327. comadreja - weasel

Para matar a su presa, una <u>comadreja</u> se aferra al cuello de la presa y sigue mordiendo hasta que el animal muere.

To kill its prey, a <u>weasel</u> clings to the prey's neck and keeps biting until the animal dies.

2328. ardilla - squirrel

Los dientes de las <u>ardillas</u> no dejan de crecer en toda su vida, por lo cual deben limarlos constantemente.

<u>Squirrels'</u> teeth never stop growing throughout their lives, so they must constantly file them.

2329. koala - koala

Los <u>koalas</u> tienen dos pulgares para poder alimentarse y protegerse de los depredadores.

<u>Koalas</u> have two thumbs for feeding and protection from predators.

2330. hurón - ferret

El color del pelo de un <u>hurón</u> puede cambiar drásticamente durante su vida, posiblemente debido a factores ambientales, la castración, la edad, etc.

A <u>ferret</u>'s coat color can change drastically during its lifetime, possibly due to environmental factors, spaying/neutering, age, etc.

2331. murciélago - bat

La mayoría de los <u>murciélagos</u> tienen solo una cría al año, haciéndolos extremadamente vulnerables a la extinción.

Most <u>bats</u> have only one young per year, making them extremely vulnerable to extinction.

2332. rata - rat

La mayoría de los tipos de <u>ratas</u> viven en comunidades en las que se acicalan unas a otras, duermen juntas e incluso juegan.

Most types of <u>rats</u> live in communities, where they groom each other, sleep together, and even play.

2333. zorro - fox

Los <u>zorros</u> pueden correr hasta 72 kilómetros por hora. Es casi tan rápido como el antílope indio, uno de los animales más rápidos del planeta.

<u>Foxes</u> can run up to 72 kilometers per hour. This is almost as fast as the Indian antelope, one of the fastest animals on the planet.

2334. erizo - hedgehog

El <u>erizo</u> tiene una fuerte inmunidad al veneno de víbora, lo que no significa que en determinadas ocasiones la mordida del reptil no pueda acabar con su vida.

The <u>hedgehog</u> has a strong immunity to viper venom, which does not mean that on certain occasions the reptile's bite cannot end its life.

2335. ornitorrinco - platypus

Al <u>ornitorrinco</u> le encantan los cangrejos, los camarones, los pequeños peces y las larvas de insectos.

The <u>platypus</u> loves crabs, shrimp, small fish, and insect larvae.

2336. águila - eagle

Los nativos americanos ofrecían plumas de <u>águila</u> a personas no indígenas y miembros de otras tribus que probaban ser dignos de tal regalo.

Native Americans offered <u>eagle</u> feathers to non-Indians and members of other tribes who proved themselves worthy of such a gift.

2337. cuervo - raven

Los <u>cuervos</u> pueden imitar muchos sonidos, como aullidos de lobos, ladridos y muchas cosas más.

<u>Ravens</u> can imitate many sounds, such as wolf howls, barking, and many more.

2338. pavo - turkey

Cada año 46 millones de <u>pavos</u> son sacrificados para el Día de Acción de Gracias en Estados Unidos.

Every year 46 million <u>turkeys</u> are slaughtered for Thanksgiving in the US.

2339. avestruz - ostrich

Los huevos de los <u>avestruces</u> son los más grandes de todas las aves. Pueden llegar a medir 20 centímetros de largo y pesar 1,5 kilos.

<u>Ostrich</u> eggs are the largest of all birds. They can measure up to 20 centimeters long and weigh 1.5 kilograms.

2340. pavo real - peacock

Los <u>pavos reales</u> son aves que pueden llegar a pesar entre los 4 y los 6 kilos, y llegan a medir hasta dos metros.

<u>Peacocks</u> are birds that can weigh between 4 and 6 kilos, and can reach up to two meters in length.

2341. paloma - pigeon

Las <u>palomas</u> pueden ver a 40 kilómetros, escuchar a más de 100 kilómetros y volar en un día más de 700 millas.

<u>Pigeons</u> can see at 40 kilometers, hear at more than 100 kilometers, and fly more than 700 miles in one day.

2342. cisne - swan

La mayoría de los <u>cisnes</u> son blancos, aunque en Australia hay una especie de cisne negro.

Most <u>swans</u> are white, although there is a species of black swan in Australia.

2343. búho - owl

El búho más grande registrado era el búho gigante de Cuba, que se encuentra extinto.

The largest owl recorded was the giant owl of Cuba, which is now extinct.

2344. cigüeña - stork

Como la mayoría de los reptiles y aves, las cigüeñas al nacer tienen un diente en el pico para romper la cáscara del huevo.

Like most reptiles and birds, storks have a tooth in their beak at birth to break the egg shell.

2345. oruga - caterpillar

Las orugas pueden llegar a tener hasta cuatro mil músculos en su cuerpo.

Caterpillars can have up to four thousand muscles in their bodies.

2346. abeja - bee

El aguijón es un órgano que pertenece únicamente a las abejas hembras.

The stinger is an organ that belongs only to female bees.

2347. araña - spider

La mayoría de las arañas tienen ocho ojos, pero algunas, como la araña reclusa parda, únicamente tiene seis.

Most spiders have eight eyes, but some, such as the brown recluse spider, have only six.

2348. hormiga - ant

Existe una especie de hormiga llamada hormiga bala, que tiene la picadura más dolorosa del mundo. Tal como indica su nombre, se compara al dolor de recibir una bala.

There is a species of ant called bullet ant, which has the most painful sting in the world. As its name indicates, it is compared to the pain of receiving a bullet.

2349. mariposa - butterfly

Las mariposas solo sobreviven cuando hay temperaturas cálidas. En promedio, las mariposas necesitan entre 27ºC a 38ºC.

Butterflies only survive in warm temperatures. On average, butterflies need between 27ºC to 38ºC.

2350. polilla - moth

Las polillas hembras pueden poner hasta 350 huevos o más; pero después de poner los huevos, mueren al instante.

Female moths can lay up to 350 eggs or more; but after laying the eggs, they die instantly.

2351. escarabajo - beetle

Los escarabajos tienen capacidad de reflectar su propia luz, tal como sucede en el caso de las luciérnagas.

Beetles have the ability to reflect their own light, as it is the case with fireflies.

2352. ciempiés - centipede

Aunque su nombre diga lo contrario, los ciempiés no tienen cien pies; de hecho, pueden tener entre 15 y 191 pares.

Although their name says otherwise, centipedes do not have a hundred feet; in fact, they can have between 15 pairs and 191 pairs.

2353. mosca - fly

Las moscas domésticas generalmente viven de 15 a 25 días, pero pueden sobrevivir hasta 2 meses en condiciones óptimas.

Domestic flies generally live for 15 to 25 days but can survive up to 2 months under optimal conditions.

2354. mariquita - ladybird, ladybug

En las mitologías nórdicas, la mariquita está relacionada con la diosa de la fertilidad, Freya.

In Nordic mythologies, the ladybug is related to the goddess of fertility, Freya.

2355. cucaracha - cockroach

Las cucarachas son capaces de soportar dosis de radiactividad de 6 a 15 veces superiores a las de los seres humanos.

Cockroaches are capable of withstanding doses of radio-activity 6 to 15 times higher than those of human beings.

2356. libélula - dragonfly

Las libélulas ponen sus huevos en el agua y, cuando las larvas eclosionan, viven bajo el agua hasta dos años.

Dragonflies lay their eggs in water and, when the larvae hatch, they live underwater for up to two years.

2357. pulga - flea

Una pulga hembra puede poner hasta 2 mil huevos en toda su vida.

A female flea can lay up to 2,000 eggs in her lifetime.

2358. mosquito - mosquito

El negro tal vez lo haga verse más esbelto pero, si quiere evitar a los mosquitos, es mejor seleccionar ropa de color claro.

Black may make you look slimmer but, if you want to avoid mosquitoes, it is better to select light-colored clothing.

2359. escorpión - scorpion

Según los fósiles hallados, se estima que los <u>escorpiones</u> existieron desde hace más de 400 millones de años.

According to the fossils found, it is estimated that <u>scorpions</u> existed more than 400 million years ago.

Colors & Shapes

2360. rojo - red

Mi prima tuvo su fiesta de 15 años hace dos semanas y lució un vestido <u>rojo</u> y negro que le quedaba perfecto.

My cousin had her 15th birthday party two weeks ago and wore a <u>red</u> and black dress that fit her perfectly.

2361. rosa, rosado - pink

Cuando nos mudamos aquí, la casa estaba toda pintada de <u>rosado</u>, pero unos meses después decidimos pintarla de blanco.

When we moved here, the house was all painted <u>pink</u>, but a few months later, we decided to paint it white.

2362. naranja - orange

No pude llevarme las zapatillas <u>naranjas</u> que vi ayer en la tienda, a pesar de que estaban en oferta, debido a que había mucha gente para pagar y estaba apurada.

I couldn't take the <u>orange</u> sneakers I saw yesterday in the store, even though they were on sale, because there were too many people to pay and I was in a hurry.

2363. amarillo - yellow

Los controles <u>amarillos</u> de mi Nintendo Switch ya no funcionan igual que antes, creo que deberé llevarlos a reparar pronto.

The <u>yellow</u> controls on my Nintendo Switch no longer work the same as before, I think I will have to take them in for repair soon.

2364. verde - green

No suelo usar mucha ropa de color <u>verde</u>, sin embargo, mi novio siempre me dice que ese color me queda muy bien.

I don't usually wear a lot of <u>green</u> clothes, however, my boyfriend always tells me that color looks great on me.

2365. azul - blue

Recientemente compré unos audífonos <u>azules</u> para el trabajo, tienen micrófono y luces de colores.

I recently bought some <u>blue</u> headphones for work, they have a microphone and colored lights.

2366. morado, violeta - purple

Hace 2 años le regalé a Belkis una taza <u>morada</u> y aún la usa; trataré de enviarle una nueva este año.

I gave Belkis a <u>purple</u> mug 2 years ago and she still uses it; I will try to send her a new one this year.

2367. marrón - brown

Todas mis primas tienen los ojos azules y el cabello rubio, sin embargo, mis ojos y cabello son marrones.

All my cousins have blue eyes and blonde hair, however, my eyes and hair are brown.

2368. negro - black

A pesar de que vestirse de negro puedo generar calor en verano, es el mejor color para combinar con otros tonos.

Although wearing black can be hot in summer, it is the best color to combine with other tones.

2369. gris - gray

La consola Super Nintendo es conocida por ser de color gris y morado en América, pero en Japón es gris y con cuatro colores en sus botones.

The Super Nintendo console is known for being gray and purple in America, but in Japan, it is gray with four colors on its buttons.

2370. blanco - white

Mucha gente tiene la idea equivocada de que los dientes son blancos y en realidad son color crema.

Many people have the misconception that teeth are white and are actually cream-colored.

2371. dorado - golden

Mi mamá se compró un collar dorado el otro día en el centro comercial, pero me dijo que lo devolvería porque le causaba alergia.

My mom bought a golden necklace the other day at the mall, but she told me she would return it because it caused her allergies.

2372. plateado - silver

He reunido suficiente para comprarme el carro que quiero, pero al final creo que compraré el modelo plateado.

I have gathered enough to buy the car I want, but in the end I think I will buy the silver model.

2373. círculo - circle

El papel mural de la habitación del hijo de Karen tenía círculos azules y verdes.

The wallpaper in Karen's son's room had blue and green circles.

2374. cuadrado - square

Dibujar cuadrados es un poco complicado para mí, no tengo buen pulso al dibujar.

Drawing squares is a little bit complicated for me, I don't have a good drawing pulse.

2375. rectángulo - rectangle

El rectángulo es una de las figuras geométricas más comunes utilizada en la arquitectura de edificios y casas, en diseño de objetos o incluso en la estructura de jardines.

The rectangle is one of the most common geometric shapes used in the architecture of buildings and houses, in the design of objects, or even in the structure of gardens.

2376. triángulo - triangle

Los triángulos se forman de tres líneas rectas y existen distintos tipos de triángulos, según sus lados o según sus ángulos.

Triangles are formed by three straight lines and there are different types of triangles, according to their sides or angles.

2377. óvalo - oval

El óvalo es una figura plana de la geometría que se asemeja a la figura de un huevo de gallina.

The oval is a plane figure of geometry that resembles the figure of a hen's egg.

2378. cubo - cube

El cubo de Rubik es un rompecabezas tridimensional que consta de seis lados con diferentes colores.

The Rubik's cube is a three-dimensional puzzle consisting of six sides with different colors.

2379. esfera - sphere

Los zarcillos de Daniela tienen forma de esfera y ayer, durante la función del, cine se le cayó uno y no logramos encontrarlo.

Daniela's earrings are in the shape of a sphere and yesterday, during the movie show, she dropped one and we couldn't find it.

2380. cilindro - cylinder

Las velas aromáticas que compra mi mamá para decoración navideña tienen forma de cilindro.

The scented candles my mom buys for Christmas decorations are in the shape of a cylinder.

2381. cono - cone

Prefiero pedir helado en vaso en vez de en cono porque, por lo general, siempre gotea la punta del cono.

I prefer to order ice cream in a cup rather than in a cone because usually the tip of the cone always drips.

2382. pirámide - pyramid

Las pirámides de Egipto fueron construidas como criptas para los faraones durante los años 2630 y 2610 a.C.

The pyramids of Egypt were built as crypts for the pharaohs during the years 2630 and 2610 BC.

Parts of the House

2383. cocina - kitchen

La <u>cocina</u> en la casa de mi abuela está llena de muchos electrodomésticos, de joven era chef.

The <u>kitchen</u> in my grandmother's house is filled with many appliances, she was a chef when she was young.

2384. sala - living room

Todo hogar debería tener una <u>sala</u>, sin embargo, hay departamentos tipo studio que tienen un solo ambiente.

Every home should have a <u>living room</u>, however, there are studio apartments that have only one room.

2385. habitación, dormitorio - bedroom

Mi hermano siempre tiene su <u>habitación</u> muy desordenada, mi mamá siempre lo regaña por eso.

My brother always has a very messy <u>bedroom</u>, my mom always scolds him for that.

2386. jardín - garden

Solamente las casas tienen <u>jardín</u>; en un departamento solo podrías tener un mini jardín si el departamento tiene un balcón.

Only houses have a <u>garden</u>; in an apartment, you could only have a mini garden if the apartment has a balcony.

2387. pasillo - hallway

Si hay muchas habitaciones en tu casa o departamento, entonces tendrás un <u>pasillo</u> en el que se puedan ver las puertas que conducen a cada una de estas habitaciones.

If there are many bedrooms in your house or apartment, you will have a <u>hallway</u> where you can see the doors leading to each of these bedrooms.

2388. comedor - dining room

Como mi departamento es pequeño, no tenemos un <u>comedor</u>, pero en la cocina hay un mesón en el que comemos siempre aunque solo caben dos o tres personas.

Since my apartment is small, we don't have a <u>dining room</u>, but in the kitchen, there is a counter where we always eat even though it only fits two or three people.

2389. ático - attic

El <u>ático</u> es la parte más alta de la casa, normalmente se utiliza como una habitación de almacenamiento o incluso como una habitación para invitados si está acomodada para tal.

The <u>attic</u> is the highest part of the house, generally used as a storage room or even as a guest room if it is suitable for that purpose.

2390. sótano - basement

No me gustan los <u>sótanos</u>, he visto muchas películas de terror y ya no veo a los sótanos de la misma manera.

I don't like <u>basements</u>, I've seen a lot of horror movies and I don't see basements the same way anymore.

2391. baño - bathroom

Hay diferentes tipos de <u>baños</u>, con duchas, tinas o incluso con Jacuzzi si son lo suficientemente grandes.

There are different types of <u>bathrooms</u>, with showers, bathtubs, or even Jacuzzi if they are large enough.

2392. planta baja - ground floor

En la <u>planta baja</u> de aquella casa se encuentra la sala, la cocina y una habitación de juegos para los niños.

On the <u>ground floor</u> of that house are the living room, the kitchen, and a playroom for the children.

2393. primer piso - first floor

Es común que las casas tengan más de un piso, pero también hay unos departamentos llamados "loft" que tienen planta baja y <u>primer piso</u>.

It is common for houses to have more than one floor, but there are also apartments called lofts that have a ground floor and a <u>first floor</u>.

2394. horno - oven

Siempre que vayas a hornear una torta, recuerda siempre precalentar el <u>horno</u> a 180°C o 350°F.

Whenever you are going to bake a cake, always remember to preheat the <u>oven</u> to 180°C or 350°F.

2395. refrigerador, nevera - fridge, refrigerator

La <u>nevera</u> de mi tía tiene dos puertas y dos gavetas abajo que son el congelador.

My aunt's <u>fridge</u> has two doors and two drawers below that are the freezer.

2396. cuchara - spoon

Hay muchos tipos de <u>cucharas</u>, pero por lo general en casa solo usamos dos, la de sopa (grande) y para postres (pequeña).

There are many types of <u>spoons</u>, but usually, at home, we only use two, the soup spoon (large) and the dessert spoon (small).

2397. tenedor - fork

Los primeros tenedores de la historia solo tenían dos dientes, pero con los años se creó el tan famoso utensilio que conocemos hoy en día con tres dientes.

The first forks in history had only two tines, but as the years went by, the famous utensil we know today with three tines was created.

2398. cuchillo - knife

El cuchillo debe ser uno de los utensilios de cocina más peligrosos, ya que son filosos y los hay de diferentes tamaños para diferentes propósitos.

The knife must be one of the most dangerous kitchen utensils, as they are sharp and come in different sizes for different purposes.

2399. plato - plate

Los platos usualmente se compran en un set de vajilla que incluye cuatro platos en distintos tamaños: llanos, ondos y de postre. Aunque también se pueden comprar uno por uno.

The plates are usually purchased in a dinnerware set that includes four plates in different sizes: dinner, deep, and dessert plates. They can also be purchased one by one.

2400. vaso - cup

Hace poco mi novio compró unos vasos de vidrio de 500 mililitros. Son muy bonitos, aunque un poco pesados para mi gusto.

My boyfriend recently bought some 500 mililiter glass cups. They are very nice, although a bit heavy for my taste.

2401. taza - mug

No suelo beber en tazas ya que no me gustan las bebidas calientes como el té o el café, pero hay tantos diseños bonitos en el mercado.

I don't usually drink out of mugs as I don't like hot drinks like tea or coffee, but there are so many beautiful designs on the market.

2402. licuadora - blender

Antes no usaba la licuadora en mi casa, pero últimamente estoy comiendo más sano y me gusta hacer batidos de frutas.

I didn't use the blender at home before, but lately, I'm eating healthier and I like to make fruit smoothies.

2403. olla - pot

Me gustaría comprar un set de ollas nuevas para la casa, las que tenemos están muy viejas y golpeadas.

I would like to buy a set of new pots for the house, the ones we have are very old and beat up.

2404. sartén - frying pan

Aunque hay muchos utensilios en la cocina, el <u>sartén</u> ha de ser el que más uso en el día a día, ya que siempre me gusta hacer una salsa para acompañar la pasta.

Although there are many utensils in the kitchen, the <u>frying pan</u> has to be the one I use the most on a daily basis, as I always like to make a sauce to go with pasta.

2405. hornillas - burners

En mi departamento tenemos una cocina de vitrocerámica que tiene solo dos <u>hornillas</u>; nos gustaría poder tener una o dos <u>hornillas</u> más.

In my apartment we have a vitroceramic stove that has only two <u>burners</u>; we would like to have one or more <u>burners</u>.

2406. microondas - microwave

El <u>microondas</u> tiene que ser el electrodoméstico más útil de la cocina, ya que te permite recalentar cualquier comida del día anterior o incluso para hacer las palomitas de maíz.

The <u>microwave</u> has to be the most useful appliance in the kitchen, as it allows you to reheat any food from the day before or even to make popcorn.

2407. fregadero - sink

La sensación de después de lavar todos los platos y dejar el <u>fregadero</u> totalmente limpio no tiene precio.

The feeling after washing all the dishes and leaving the <u>sink</u> totally clean is priceless.

2408. mesón - kitchen counter

El <u>mesón</u> es muy conveniente para hacer platillos como pizza, donde puedas amasar y estirar dicha masa, o simplemente tener un espacio para elaborar tus platillos con mayor facilidad.

The <u>kitchen counter</u> is very convenient for making dishes such as pizza, where you can knead and stretch the dough, or simply have a space to make your dishes more easily.

2409. despensa - pantry

La <u>despensa</u> es una zona dedicada para colocar los alimentos que ya vienen empaquetados listos para su consumo, tales como snacks o productos de larga duración.

The <u>pantry</u> is a dedicated area for ready-to-eat packaged foods, such as snacks or long-life products.

2410. silla - chair

Si buscas comprar un comedor, debes tener en cuenta cuántos integrantes hay en tu casa, ya sabes, para comprar el número correcto de sillas.

If you are looking to buy a dining table, you should consider how many people are in your house, you know, to buy the right number of chairs.

2411. lavavajilla - dishwasher machine

Un lavavajilla es un electrodoméstico que, al igual que la lavadora, tiene que estar conectado por medio de mangueras para recibir y expulsar el agua para poder hacer el lavado.

A dishwasher machine is an appliance that, like a washing machine, must be connected by pipes to receive and expel the water for washing.

2412. batidora - mixer

Jesús tiene una batidora de pedestal de una marca reconocida, pero es muy costosa. Yo solo tengo una batidora manual.

Jesús has a stand mixer from a well-known brand, but it is very expensive. I only have a hand mixer.

2413. mesa de centro - coffee table

Cuando mis amigas vienen a la casa, siempre les invito un vaso de alguna bebida que les guste y nos sentamos alrededor de la mesa de centro a conversar.

When my friends come over, I always offer them a glass of a drink they like and we sit around the coffee table and talk.

2414. ventana - window

Durante invierno, siempre mantenemos las ventanas cerradas porque el frío es fuerte.

During winter, we always keep the windows closed because the cold is strong.

2415. cortinas - curtains

Conozco las cortinas de tela, sin embargo, las cortinas que hay en mi departamento son cortinas roller y son buenas para bloquear el sol durante el verano.

I am familiar with fabric curtains, however, the curtains in my apartment are roller shades and they are good for blocking the sun during the summer.

2416. teléfono - telephone

Siempre que llaman al teléfono que tenemos en la sala son puras llamadas de ventas, casi nunca contesto ese teléfono.

Whenever they call the phone we have in the living room they are purely sales calls, I almost never answer that phone.

2417. alfombra - carpet

No me gustan mucho las <u>alfombras</u>, pero para casas grandes son ideales, además de que a las mascotas les gustan mucho.

I don't like <u>carpets</u> very much, but for big houses they are ideal, plus pets like them a lot.

2418. cojín - cushion

Actualmente estoy tejiendo una funda para el <u>cojín</u> que tenemos en el sillón. Espero terminarlo en unos días.

I am currently knitting a cover for the <u>cushion</u> we have on the couch. I expect to finish it in a few days.

2419. sillón - couch

El <u>sillón</u> que había en la casa de mis padres era verde y de cuero, pero era muy ruidoso al sentarse debido al material.

The <u>couch</u> in my parents' house was green and made of leather, but it was very noisy to sit on because of the material.

2420. televisor - television, TV

Fuimos de viaje a otra ciudad y nos hospedamos en un Airbnb donde tenían un <u>televisor</u> que venía con Netflix incluido ¡Qué genial!

We went on a trip to another city and stayed at an Airbnb where they had a <u>TV</u> that came with Netflix included. How cool!

2421. lámpara - lamp

Ahora es muy común leer libros en digital, sin embargo, me gusta leer mis libros en físico y hasta tengo una <u>lámpara</u> pequeña para cuando ya es muy oscuro.

Now it is very common to read books in digital format, however, I like to read my books in physical format, and I even have a small <u>lamp</u> for when it is too dark.

2422. chimenea - chimney

La <u>chimenea</u> es un excelente lugar para mantenerse caliente durante las épocas frías; pero durante las épocas calientes, es importante cerrarla para evitar que algún animal o insecto entre a tu casa en busca de un ambiente menos caluroso.

The <u>chimney</u> is an excellent place to stay warm during the cold seasons; but during the hot seasons, it is important to close it to prevent any animal or insect from entering your house in search of a less hot environment.

2423. cuadro, retrato - painting, picture

El cuadro de la sala tiene un paisaje muy bonito lleno de nieve, me da mucha nostalgia y me recuerda a mi infancia.

The painting in the living room has a very beautiful landscape full of snow, it makes me very nostalgic and reminds me of my childhood.

2424. biblioteca - bookshelf

En la casa de mis tíos hay una biblioteca llena de puros libros de medicina pediátrica; mi tía es doctora.

In my aunt and uncle's house, there is a bookshelf full of pediatric medical books; my aunt is a doctor.

2425. reloj - clock

El reloj en la casa de Daniel es un reloj de cuco, es decir, que cada 30 minutos en el reloj sale un pequeño pájaro a cantar.

The clock in Daniel's house is a cuckoo clock, which means that every 30 minutes a little bird comes out of the clock to sing.

2426. inodoro - toilet, WC

Recientemente Paulina se mudó a un nuevo departamento y tiene un inodoro japonés que te limpia con solo usar unos botones; lo malo es que está todo en japonés.

Paulina recently moved to a new apartment and has a Japanese toilet that cleans you with just a few buttons; the bad thing is that it's all in Japanese.

2427. ducha - shower

¿Te gusta más bañarte con la ducha que en la tina? Orlando y Alberto prefieren también la ducha.

Do you like taking a shower rather than a bath? Orlando and Alberto also prefer the shower.

2428. grifo - faucet

Hay un grifo que venden en el supermercado que es de silicón y puedes moverlo en la dirección que más te guste, ¿no te parece genial? Pero es un poco costoso.

There is a faucet that they sell in the supermarket that is made of silicone and you can move it in the direction you like, don't you think it's great? But it's a bit expensive.

2429. tina - tub

Si andas muy apurado, la tina capaz no sea la opción para ti, ya que se debe llenar completa para poder bañarte y eso toma tiempo.

If you are in a hurry, the tub may not be the option for you, since it must be filled completely in order to take a bath and that takes time.

2430. toalla - towel

Es una buena idea mantener en el baño un par de toallas limpias, tanto para las manos y la cara como para el cuerpo entero.

It is a good idea to keep a couple of clean towels in the bathroom, for hands and face as well as for the whole body.

2431. jabón - soap

La marca favorita de Daniela de jabón es Dove. A mí también me gusta el Dove pero en su formato líquido.

Daniela's favorite brand of soap is Dove. I also like Dove but in its liquid format.

2432. cepillo de dientes - toothbrush

Mi mamá me compró un cepillo de dientes pequeño para llevármelo en el viaje, ya que la semana que viene es mi vuelo a Argentina.

My mom bought me a small toothbrush to take with me on the trip, since I am flying to Argentina next week.

2433. papel higiénico - toilet paper

Hubo un tiempo durante la pandemia del 2020 que en muchos lugares escaseaba el papel higiénico y la gente hasta se peleaba por un paquete pequeño.

There was a time during the 2020 pandemic when toilet paper was scarce in many places and people were even fighting over a small package.

2434. espejo - mirror

Es posible que en tu casa tengas más de un espejo; en el baño, en tu habitación o incluso en la sala.

You may have more than one mirror in your home; in the bathroom, in your bedroom, or even in the living room.

2435. escobilla para inodoro - toilet brush

La escobilla para inodoro es el mejor utensilio para lavar el inodoro correctamente y sin salpicar mucho el agua debido a la forma que tiene.

The toilet brush is the best utensil for flushing the toilet properly and without splashing too much water due to the way it is shaped.

2436. destapador de inodoro - toilet plunger

El destapador de inodoro se puede utilizar tanto en el inodoro como en la misma ducha o tina en caso de haber algún tipo de obstrucción en la tubería.

The toilet plunger can be used both in the toilet and in the shower or bathtub in case of any type of obstruction in the pipe.

2437. papelera - waste basket

Hay algunos baños que no necesitan papelera debido a que el inodoro puede llevarse el papel sin tapar la tubería.

There are some bathrooms that do not need a waste basket because the toilet can carry the paper away without blocking the pipe.

2438. cesta de la ropa - laundry basket

Recientemente compré una lavadora y aproveché de comprar una nueva cesta de ropa del mismo color de la lavadora. ¡Ahora hacen juego!

I recently bought a washing machine and took the opportunity to buy a new laundry basket in the same color as the washing machine. Now they match!

2439. lavamanos, lavabo - sink

Siempre que llego de la calle, voy directo al lavamanos a lavarme la cara y manos; en la ciudad hay muchos gérmenes.

Whenever I come in from the street, I go straight to the sink to wash my face and hands; in the city there are many germs.

2440. báscula - scale

Diego comenzó una dieta muy estricta y le regalé una báscula para que pudiera llevar un control de su peso más fácilmente.

Diego started a very strict diet and I bought him a scale so that he could keep track of his weight more easily.

2441. toallero - towel rack

Hay muchos toalleros en el mercado, sin embargo, me gustan los que tienen espacio para dos o tres toallas; ya sabes, una toalla para cada cosa: manos, cara y cuerpo.

There are many towel racks on the market, however, I like the ones that have space for two or three towels; you know, a towel for each thing: hands, face, and body.

2442. alfombra de baño - bath mat

Hay dos tipos de alfombras de baño, una que se coloca dentro de la tina para no resbalarte y otra fuera de la tina para secarte los pies al salir.

There are two types of bath mats, one that goes inside the tub so you don't slip and one outside the tub to dry your feet when you get out.

2443. cama - bed

No hay mejor sensación que lanzarte en tu propia cama después de una largo día de trabajo.

There is no better feeling than throwing yourself on your own bed after a long day of work.

2444. mesita de noche - night table

Siempre que voy a dormir dejo mis lentes y teléfono en mi <u>mesita de noche</u>, o a veces dejo el libro que estuve leyendo.

Whenever I go to sleep, I always leave my glasses and phone on my <u>night table</u>, or sometimes I leave the book I've been reading.

2445. armario - closet

Roberta compró recientemente un <u>armario</u> nuevo para su casa y, al parecer, le enviaron el modelo incorrecto.

Roberta recently purchased a new <u>closet</u> for her home and, apparently, the wrong model was sent to her.

2446. escritorio - desk

Si trabajas desde casa es recomendable que compres un buen <u>escritorio</u> para poder trabajar cómodamente.

If you work from home, it is recommended that you buy a good <u>desk</u> to be able to work comfortably.

2447. perchero - hanger

En la casa de mis abuelos hay un <u>perchero</u> en la entrada de la casa, donde siempre dejo mi mochila y abrigo.

At my grandparents' house, there is a <u>hanger</u> at the entrance of the house, where I always leave my backpack and coat.

2448. cuna - crib

Mi primo y su esposa van bastante a la iglesia del pueblo y recientemente tuvieron un bebé y no tenían suficiente dinero para comprar una <u>cuna</u>, y el pastor les regaló una.

My cousin and his wife go to church in town a lot and they recently had a baby and didn't have enough money to buy a <u>crib</u>, so the pastor gave them one.

2449. sábanas - sheets

Cada vez que voy a IKEA, tengo que comprar unas <u>sábanas</u> nuevas porque tienen unos diseños muy bonitos y son súper suaves.

Every time I go to IKEA, I have to buy some new <u>sheets</u> because they have such beautiful designs and are super soft.

2450. juguete - toy

Valentina tiene dos hijos y su casa siempre tiene <u>juguetes</u> regados por todos lados. Sus hijos son super traviesos.

Valentina has two children and her house always has <u>toys</u> scattered everywhere. Her kids are super naughty.

2451. almohada - pillow

Carlos siempre se quejaba de no dormir bien hasta que se compró una <u>almohada</u> de plumas.

Carlos always complained about not sleeping well until he bought a feather <u>pillow</u>.

2452. aire acondicionado - air conditioning

El <u>aire acondicionado</u> de la casa de Federico es súper refrescante, sobre todo si es verano.

The <u>air conditioning</u> in Federico's house is super refreshing, especially in summer.

2453. escoba - broom

Desde que mi hermano compró la aspiradora inteligente que le recomendé, ya ni usa la <u>escoba</u>.

Since my brother bought the smart vacuum cleaner I recommended, he doesn't even use the <u>broom</u> anymore.

2454. aspiradora - vacuum cleaner

El sábado pasado fui al centro comercial y conseguí una excelente oferta en una <u>aspiradora</u> inalámbrica de mano; es increíblemente útil para limpiar esas esquinas difíciles de la casa.

Last Saturday I went to the mall and got a great deal on a cordless handheld <u>vacuum cleaner</u>; it's incredibly useful for cleaning those hard-to-reach corners of the house.

2455. enchufe - plug

Los <u>enchufes</u> cambian de forma dependiendo de la región del mundo en la que te encuentres. En Europa tienen tres pines redondeados y en América son dos pines planos.

The <u>plugs</u> change shape depending on the region of the world you are in. In Europe, there are three rounded pins and, in America, there are two flat pins.

2456. llave - key

Una vez que entro a mi departamento, dejo mis <u>llaves</u> en la entrada, colgadas cerca de la puerta porque suelo perderlas con facilidad.

Once I enter my apartment, I leave my <u>keys</u> at the entrance, hanging near the door because I tend to lose them easily.

2457. basura - garbage

El camión del aseo pasa todos los días por las noches a recoger la <u>basura</u> tanto de los edificios como de las casas.

The sanitation truck comes by every day in the evenings to pick up <u>garbage</u> from both buildings and houses.

2458. computadora - computer

Laura tiene una <u>computadora</u> nueva que le regalaron sus padres en navidad, pero la mantendrá en casa ya que para trabajar usa su laptop de siempre.

Laura has a new <u>computer</u> that her parents gave her for Christmas, but she will keep it at home since she uses her usual laptop for work.

2459. escaleras - stairs

En el departamento loft de Karen, hay unas <u>escaleras</u> con las que llegas a su habitación.

In Karen's loft apartment, there are <u>stairs</u> that lead to her room.

2460. cajas - boxes

En la bodega de mi departamento mantengo todas las <u>cajas</u> de los electrodomésticos y artículos electrónicos que tengo. En caso de que desee mudarme, será más fácil guardar todo.

In the storage room of my apartment, I keep all the <u>boxes</u> of appliances and electronic items that I have. In case I want to move, it will be easier to store everything.

2461. ventilador - fan

Nunca creí que un <u>ventilador</u> sería tan indispensable hasta que me mudé a la capital y me di cuenta de que el calor en verano es muy intenso.

I never thought a <u>fan</u> would be so indispensable until I moved to the capital and realized that the heat in summer is so intense.

2462. repisa - shelf

Mi novio y yo leemos muchos libros y estábamos pensando en comprar una <u>repisa</u> para ordenarlos bien.

My boyfriend and I read a lot of books and we are thinking of buying a <u>shelf</u> to organize them well.

Sports & Venues

2463. fútbol americano - football

Mi hermano juega en el equipo nacional de fútbol americano de su universidad. Juegan la semana que viene.

My brother plays on his university's national football team. They play the next week.

2464. bádminton - badminton

El bádminton es el deporte con raqueta más rápido del mundo y uno de los más populares en el continente asiático.

Badminton is the fastest racquet sport in the world and one of the most popular in Asia.

2465. béisbol - baseball

El primer partido de béisbol ocurrió en Nueva York el 19 de junio de 1845.

The first baseball game took place in New York on June 19, 1845.

2466. básquetbol, baloncesto - basketball

Originalmente el baloncesto se jugaba con una pelota de fútbol y con canastas de durazno.

Originally basketball was played with a football and peach baskets.

2467. bolos, boliche - bowling

¿Alguna vez has jugado a los bolos? ¡Debes tener fuerza en las manos!

Have you ever played bowling? You must have strength in your hands!

2468. ajedrez - chess

El ajedrez es uno de los juegos de mesa más populares del mundo y se estima que más de 500 millones de personas lo juegan en todo el mundo.

Chess is one of the most popular board games in the world and it is estimated that more than 500 million people play it worldwide.

2469. críquet - cricket

La bola usada para jugar críquet pesa unos 160 gramos y está recubierta de cuero.

The ball used to play cricket weighs about 160 grams and is covered with leather.

2470. fútbol - football, soccer

Mi familia siempre se reúne los fines de semana para ver los partidos de fútbol de nuestro equipo favorito en la televisión.

My family always gets together on weekends to watch our favorite team's soccer games on TV.

2471. golf - golf

El golf es uno de los dos deportes que se han jugado en la luna.

Golf is one of the two sports that have been played on the moon.

2472. hockey sobre césped - grass hockey

El hockey sobre césped se agregó por primera vez a los Juegos Olímpicos en modalidad masculina en Londres 1908.

Grass hockey was added to the Olympic Games for the first time in the men's category at London 1908.

2473. balonmano - handball

¿Quieres jugar al balonmano con nosotros? Aún nos faltan dos jugadores más.

Do you want to play handball with us? We are still missing two more players.

2474. rugby - rugby

En los inicios del rugby, las pelotas que se utilizaban tenían forma de una ciruela y eran hechas de vejigas de cerdo.

In the early days of rugby, the balls used were plum-shaped and made of pig bladders.

2475. sóftbol - softball

Las diferencias más notorias entre una pelota de sóftbol y una de béisbol es que la de sóftbol es más grande, más dura y más pesada.

The most noticeable differences between a softball and a baseball are that the softball is larger, harder, and heavier.

2476. tenis de mesa, ping pong - table tennis

Siempre he querido tener una mesa de ping pong, pero me parece que son súper costosas.

I have always wanted to have a table tennis, table but I find they are super expensive.

2477. tenis - tennis

Mi novio practicaba tenis cuando tenía 15 años y aún conserva su raqueta marca Wilson.

My boyfriend played tennis when he was 15 years old and he still has his Wilson racquet.

2478. vóleibol - volleyball

Durante los recesos en mi colegio, solíamos jugar vóleibol, aunque nunca terminábamos el partido.

During breaks at my school, we used to play volleyball, although we never finished the game.

2479. waterpolo, polo acuático, fútbol acuático - waterpolo

Las reglas del <u>waterpolo</u> no se habían concretado hasta que en 1870 se concretaron y se le empezó a conocer como el fútbol acuático.

The rules of <u>waterpolo</u> had not been finalized until 1870 when it became known as water soccer.

2480. tiro con arco - archery

El <u>tiro con arco</u> es un deporte que demanda mucha disciplina y, de hecho, no tiene límite de edad.

<u>Archery</u> is a sport that demands a lot of discipline and, in fact, has no age limit.

2481. alpinismo - climbing

A pesar de que muchas personas le siguen llamando "<u>alpinismo</u>" a esta disciplina, el término más correcto sería "montañismo."

Although many people still call this discipline "<u>alpinism</u>," the more correct term would be "climbing."

2482. ciclismo - cycling

El Tour de Francia es el tercer evento deportivo con mayor cobertura informativa del mundo y el más seguido del mundo del <u>ciclismo</u>.

The Tour de France is the third most covered sporting event in the world and the most followed in the world of <u>cycling</u>.

2483. clavadismo - diving

¿Cómo lo hacen? Es increíble cómo esos chicos que practican <u>clavadismo</u> salpican tan poca agua a pesar de la altura.

How do they do it? It's amazing how these guys who practice <u>diving</u> splash so little water despite the altitude.

2484. esgrima - fencing

Practiqué mis movimientos de <u>esgrima</u> con el tintineo de la espada contra la máscara de esgrima resonando en mis oídos.

I practiced my <u>fencing</u> moves with the clang of the sword against the fencing mask echoing in my ears.

2485. gimnasia - gymnastics

Mi amiga Sara ejecutó una voltereta perfecta en la colchoneta de <u>gimnasia</u> y aterrizó perfectamente.

My friend Sara executed a perfect cartwheel on the <u>gymnastics</u> mat and she landed perfectly.

2486. equitación - horse riding

La equitación es una forma estupenda de establecer un vínculo con el caballo, ya que se aprende a tener confianza y a comprenderse mutuamente.

Horse riding is a great way to bond with the animal, as you learn to trust and understand each other.

2487. tiro - shooting

El tirador permanecía tranquilo en el campo de tiro, apuntando y disparando con precisión, dando en cada blanco con facilidad, demostrando su maestría en el deporte del tiro.

The marksman stood calmly at the range, taking aim and firing with precision, hitting each target with ease, displaying his mastery of the sport of shooting.

2488. natación - swimming

El olor a cloro y el sonido de las salpicaduras llenaron el aire mientras se zambullía en la piscina, con los músculos doloridos por el intenso entrenamiento de natación que acababa de completar.

The smell of chlorine and the sound of splashing water filled the air as she dove into the pool, with her muscles aching from the intense swimming workout she had just completed.

2489. levantamiento de pesas, halterofilia - weight lifting

La competición de halterofilia fue intensa, ya que atletas de todo el mundo se reunieron para exhibir su fuerza y competir por el título de campeón.

The weight lifting competition was intense, as athletes from all around the world gathered to showcase their strength and compete for the title of champion.

2490. boxeo - boxing

Se inició en el boxeo para ponerse en forma y aprender defensa personal.

She took up boxing as a way to get in shape and learn self-defense.

2491. kárate - karate

El kárate es un arte marcial que hace hincapié en técnicas de golpeo como puñetazos, patadas y golpes a mano abierta.

Karate is a martial art that emphasizes striking techniques such as punches, kicks, and open-hand strikes.

2492. lucha libre - wrestling

Pedro se unió al equipo de lucha libre del instituto para mantenerse en forma.

Pedro joined the high school wrestling team as a way to stay in shape.

2493. curling - curling

El curling se originó en la Escocia medieval y se jugaba en estanques y lagos helados.

Curling originated in medieval Scotland and was played on frozen ponds and lochs.

2494. patinaje artístico - figure skating

El primer campeonato de patinaje artístico se celebró en 1891 en San Petersburgo, Rusia.

The first figure skating championship was held in 1891 in St. Petersburg, Russia.

2495. hockey sobre hielo - ice hockey

El objetivo del hockey sobre hielo es marcar goles lanzando un disco a la red del equipo contrario.

The objective of ice hockey is to score goals by shooting a puck into the opposing team's net.

2496. luge - luge

El luge es un deporte de invierno en el que una persona se tumba de espaldas en un pequeño trineo y corre a gran velocidad por una pista de hielo empinada y sinuosa.

Luge is a winter sport where a person lies on their back on a small sled and races down a steep, twisting ice track at high speeds.

2497. patinaje de velocidad - speed skating

Siempre me hipnotizan las competencias del patinaje de velocidad durante los Juegos Olímpicos de Invierno.

I am always mesmerized by the speed skating competitions during the Winter Olympics.

2498. salto de esquí - ski jumping

El salto de esquí es un deporte de invierno en el que los atletas descienden esquiando por una rampa de despegue y saltan lo más lejos posible.

Ski jumping is a winter sport in which athletes ski down a take-off ramp and jump as far as possible.

2499. skeleton - skeleton

A mi hermano le encanta ver las competiciones de skeleton durante los Juegos Olímpicos de Invierno; le emociona ver a los atletas deslizarse de cabeza por la pista a gran velocidad.

My brother loves watching the skeleton competitions during the Winter Olympics; he finds it thrilling to see the athletes slide head first down the track at high speeds.

2500. snowboard, patinaje sobre nieve - snowboarding

Mi amiga Laura es una ávida practicante de snowboard y no se cansa de sentir la sensación de surcar la nieve y la emoción de realizar trucos y acrobacias en la montaña.

My friend Laura is an avid snowboarder and can't get enough of the feeling of carving through the snow and the thrill of performing tricks and stunts on the mountain.

2501. longboard - longboarding

El longboard es un deporte que consiste en montar en un longboard y realizar trucos.

Longboarding is a sport that involves riding a longboard and performing tricks.

2502. natación en aguas abiertas - open water swimming

La natación en aguas abiertas es un deporte que consiste en nadar en masas de agua naturales, como océanos, lagos y ríos, en lugar de hacerlo en una piscina.

Open water swimming is a sport that involves swimming in natural bodies of water such as oceans, lakes and rivers, rather than in a pool.

2503. paracaidismo - parachuting

Diana estaba nerviosa, pero emocionada, mientras se preparaba para su primera experiencia con el paracaidismo.

Diana was nervous, but excited, as she prepared for her first parachuting experience.

2504. parapente - paragliding

Él siempre había querido probar el parapente y por fin tuvo la oportunidad en sus vacaciones.

He had always wanted to try paragliding and finally got the chance on his vacation.

2505. parkour - parkour

Los practicantes de parkour, conocidos como "traceurs," se esfuerzan por moverse con precisión, rapidez y eficacia.

Practitioners of parkour, known as "traceurs," strive to move with precision, speed, and efficiency.

2506. buceo - scuba diving

El buceo requiere una formación y un equipo adecuados, como una bombona, un regulador y un traje de buzo, así como el conocimiento de los procedimientos de seguridad en el buceo.

Scuba diving requires proper training and equipment, including a scuba tank, a regulator, and diving suit, as well as knowledge of diving safety procedures.

2507. patinaje - skateboarding

El patinaje se considera una actividad desafiante pero gratificante que requiere equilibrio, coordinación y creatividad.

Skateboarding is considered a challenging yet rewarding activity that requires balance, coordination, and creativity.

2508. surfeo - surfing

El surfeo es un pasatiempo popular que existe desde hace siglos y cuyos orígenes se remontan a la cultura polinesia.

Surfing is a popular pastime that has been around for centuries, with its origins rooted in the Polynesian culture.

2509. arena - arena

Una arena es un gran espacio cerrado, normalmente circular u ovalado, utilizado para deportes y otras formas de entretenimiento, como conciertos y teatro.

An arena is a large enclosed space, typically circular or oval-shaped, used for sports and other forms of entertainment such as concerts and theater.

2510. campo de golf - golf course

Los campos de golf suelen diseñarse para aprovechar las características naturales, como colinas, valles y masas de agua.

Golf courses are often designed to take advantage of natural features such as hills, valleys, and bodies of water.

2511. octágono - octagon

El octágono se utiliza habitualmente en artes marciales mixtas y boxeo, pero también en otros deportes de combate como el kickboxing y la lucha libre.

The octagon shape is commonly used in MMA and boxing, but also can be seen in other combat sports like kickboxing and wrestling.

2512. cuadrilátero, ring - ring

Los rings pueden ser de distintos tamaños y materiales, como lona, cuero o esterilla, según el deporte.

Rings can come in different sizes and materials, like canvas, leather or mat, depending on the sport.

2513. piscina - pool

La piscina fue un complemento de lujo para la casa y añadió valor a la propiedad.

The pool was a luxurious addition to the house and added value to the property.

2514. parque - park

El parque era el lugar perfecto para jugar al frisbee o a la pelota.

The park was the perfect place for a game of frisbee or a casual game of catch.

2515. estadio - stadium

El estadio era un destino popular para los entusiastas del deporte y acogía diversos acontecimientos a lo largo del año.

The stadium was a popular destination for sports enthusiasts, hosting a variety of events throughout the year.

2516. campo de fútbol - soccer field

El campo de fútbol era un escenario donde los jugadores podían mostrar su talento y competir al más alto nivel.

The soccer field was a stage where players could showcase their talents and compete at the highest level.

2517. cancha de tenis - tennis court

La cancha de tenis es un lugar para mejorar tus habilidades, tanto si eres un principiante como un profesional experimentado.

The tennis court is a place to improve your skills, whether you are a beginner or a seasoned pro.

2518. pista - track

Me moría de ganas de salir a la pista, de sentir el viento en la cara y la adrenalina corriendo por mis venas mientras me esforzaba por correr más rápido y más lejos.

I couldn't wait to hit the track, the feeling of the wind in my face, and the adrenaline pumping through my veins as I pushed myself to run faster and further.

2519. sede - venue

Mi novio estaba ansioso por llevarme a la nueva sede en el centro, no podía esperar para mostrarme las increíbles vistas y el gran ambiente.

My boyfriend was excited to take me to the new venue downtown, he couldn't wait to show me the amazing views and great atmosphere.

2520. campo de tiro - shooting range

Si vas al campo de tiro, recuerda siempre llevar puestos unos tapones en los oídos o algunos audífonos, debido a que siempre es un lugar muy ruidoso.

If you go to the shooting range always remember to wear earplugs or headphones because it is always a very noisy place.

JOBS & OCCUPATIONS

2521. artista - artist
El artista pintaba con pasión en su estudio todos los días.

The artist painted with passion in his studio every day.

2522. astronauta - astronaut
El astronauta entrenaba duro para su próxima misión en el espacio.

The astronaut trained hard for his next mission in space.

2523. cocinero, cocinera - chef
El cocinero preparaba una deliciosa cena para sus invitados.

The chef prepared a delicious dinner for his guests.

2524. constructor - construction worker
El constructor trabajaba incansablemente en la construcción de un edificio.

The construction worker was working tirelessly on the construction of a building.

2525. bombero - firefighter
El bombero arriesgaba su vida para salvar a las personas y apagar los incendios.

The firefighter risked his life to save people and put out fires.

2526. doctor, doctora - doctor
El doctor se esforzaba por curar a sus pacientes con dedicación y habilidad.

The doctor strived to heal his patients with dedication and skill.

2527. policía - police officer
El policía protegía a la comunidad con valentía y justicia.

The police officer protected the community with bravery and justice.

2528. maestro, maestra - teacher
El maestro enseñaba a sus estudiantes con entusiasmo y paciencia.

The teacher taught his students with enthusiasm and patience.

2529. veterinario - veterinarian
El veterinario cuidaba a los animales enfermos con amor y dedicación.

The veterinarian cared for sick animals with love and dedication.

2530. actor, actriz - actor, actress

El actor interpretaba sus papeles en el teatro con habilidad y sentimiento.

The actor played his roles in the theater with skill and feeling.

2531. arquitecto, arquitecta - architect

El arquitecto diseñaba edificios impresionantes con una combinación de estética y funcionalidad.

The architect designed impressive buildings with a combination of aesthetics and functionality.

2532. cantante - singer

La cantante subió al escenario y cautivó al público con su impresionante voz.

The singer went on stage and captivated the audience with her impressive voice.

2533. dentista - dentist

El dentista examinaba cuidadosamente los dientes de sus pacientes para detectar problemas.

The dentist carefully examined his patients' teeth to detect problems.

2534. detective - detective

El detective investigaba el caso con paciencia y astucia para encontrar al culpable.

The detective investigated the case with patience and cunning to find the culprit.

2535. escritor, escritora - writer

El escritor se sumergió en su mundo creativo para escribir su próximo gran éxito literario.

The writer immersed himself in his creative world to write his next literary success.

2536. granjero, granjera - farmer

El granjero trabajaba incansablemente para cultivar cosechas abundantes y saludables.

The farmer worked tirelessly to cultivate abundant and healthy crops.

2537. enfermero, enfermera - nurse

La enfermera brindaba atención y cuidado excepcional a sus pacientes.

The nurse provided exceptional care and attention to her patients.

2538. piloto - pilot

El piloto maniobraba con precisión el avión en pleno vuelo.

The pilot maneuvered the plane with precision in flight.

2539. ingeniero, ingeniera - engineer

Mi padre trabaja como <u>ingeniero</u> en aquella compañía de immobiliarios.

My father works as an <u>engineer</u> in that real estate company.

2540. contador, contadora - accountant

El <u>contador</u> llevaba un registro detallado de las finanzas de la empresa.

The <u>accountant</u> kept detailed records of the company's finances.

2541. carnicero - butcher

El <u>carnicero</u> preparaba con habilidad los cortes de carne para los clientes.

The <u>butcher</u> skillfully prepared meat cuts for customers.

2542. cajero, cajera - cashier

El <u>cajero</u> del automercado estaba ocupado atendiendo a los clientes que compraban sus alimentos.

The <u>cashier</u> at the supermarket was busy serving customers who were buying their groceries.

2543. barbero - barber

El <u>barbero</u> había sido el encargado de cortar el cabello de la familia durante varias generaciones.

The <u>barber</u> had been in charge of cutting the hair of the family for several generations.

2544. carpintero - carpenter

El <u>carpintero</u> trabajaba en la fabricación de muebles de alta calidad utilizando técnicas tradicionales.

The <u>carpenter</u> was working on the manufacture of high-quality furniture using traditional techniques.

2545. pastelero, pastelera - baker

El <u>pastelero</u> había sido contratado para crear un pastel especial para la boda del año.

The <u>baker</u> had been hired to create a special cake for the wedding of the year.

2546. electricista - electrician

El <u>electricista</u> estaba trabajando en la instalación de un sistema de iluminación nuevo en la casa.

The <u>electrician</u> was working on the installation of a new lighting system in the house.

2547. asistente de vuelo - flight attendant

La <u>asistente de vuelo</u> estaba ocupada brindando atención a los pasajeros durante el vuelo.

The <u>flight attendant</u> was busy attending to the passengers during the flight.

2548. plomero - plumber

El plomero había sido llamado para reparar la tubería de agua que había estallado en el sótano.

The plumber had been called to repair the water pipe that had burst in the basement.

2549. fotógrafo, fotógrafa - photographer

El fotógrafo estaba capturando imágenes únicas de la naturaleza en el parque nacional.

The photographer was capturing unique images of nature in the national park.

2550. recepcionista - receptionist

La recepcionista estaba recibiendo a los huéspedes del hotel con una sonrisa en su rostro y proporcionando información sobre los servicios del hotel.

The receptionist was welcoming guests to the hotel with a smile on her face and providing information about the hotel's services.

2551. científico, científica - scientist

La científica estaba investigando nuevos métodos para curar enfermedades graves.

The scientist was researching new methods for curing serious illnesses.

2552. abogado, abogada - lawyer

La abogada estaba preparando su argumento para el juicio que se llevaría a cabo al día siguiente.

The lawyer was preparing her argument for the trial that would take place the next day.

2553. conductor de autobús - bus driver

El conductor de autobús estaba llevando a los pasajeros a través de la ciudad en un viaje seguro y puntual.

The bus driver was taking passengers through the city on a safe and timely journey.

2554. diseñador, diseñadora - designer

La diseñadora estaba creando un nuevo concepto de moda para la próxima temporada.

The designer was creating a new fashion concept for the next season.

2555. periodista - journalist

El periodista estaba investigando una historia importante para su próxima publicación.

The journalist was investigating an important story for his next publication.

2556. salvavidas - lifeguard

El salvavidas estaba supervisando la seguridad de los bañistas en la playa durante el verano.

The lifeguard was monitoring the safety of swimmers at the beach during the summer.

2557. músico - musician

El músico estaba tocando una melodía emotiva en su piano en un concierto en vivo.

The musician was playing an emotional melody on his piano in a live concert.

2558. pintor, pintora - painter

El pintor estaba creando una obra de arte en su estudio, utilizando técnicas de pintura tradicionales.

The painter was creating a work of art in his studio, using traditional painting techniques.

2559. florista - florist

La florista estaba diseñando un ramo especial para una boda importante.

The florist was designing a special bouquet for an important wedding.

2560. asistente de ventas - sales assistant

El asistente de ventas estaba ayudando a los clientes a encontrar el producto adecuado en la tienda.

The sales assistant was helping customers find the right product in the store.

2561. mecánico - mechanic

El mecánico estaba reparando un vehículo dañado en su taller, utilizando herramientas especializadas.

The mechanic was repairing a damaged vehicle in his workshop, using specialized tools.

2562. modelo - model

La modelo estaba desfilando en la pasarela de la semana de la moda con un diseño exclusivo de un famoso diseñador.

The model was walking the runway of the fashion week with an exclusive design from a famous designer.

2563. asistente de tienda - shop assistant

El asistente de tienda estaba ayudando a los clientes a encontrar los productos que estaban buscando y brindando información de sus características.

The shop assistant was helping customers find the products they were looking for and providing information about the features of them.

2564. político, política - politician

El político estaba dando un discurso en el parlamento sobre la importancia de la educación en el desarrollo del país.

The politician was giving a speech in parliament about the importance of education in the development of the country.

2565. traductor, traductora - translator

La traductora estaba traduciendo un documento importante del inglés al español para una reunión importante.

The translator was translating an important document from English to Spanish for an important meeting.

2566. peluquero, peluquera - hairdresser

El peluquero estaba cortando el cabello de un cliente y aconsejándole sobre el cuidado del cabello.

The hairdresser was cutting a customer's hair and advising them on hair care.

2567. taxista - taxi driver

El taxista estaba llevando a sus pasajeros a su destino de manera segura y eficiente.

The taxi driver was taking his passengers to their destination safely and efficiently.

2568. farmaceuta - pharmacist

El farmaceuta estaba recomendando un medicamento específico para un paciente con una afección de salud particular.

The pharmacist was recommending a specific medication for a patient with a particular health condition.

2569. agente de viajes - travel agent

El agente de viajes estaba ayudando a un cliente a planificar un viaje de vacaciones y reservar los servicios necesarios.

The travel agent was helping a customer plan a vacation trip and book the necessary services.

2570. limpiador - cleaner

El limpiador estaba limpiando la oficina durante la noche para asegurar que todo estuviera en orden para el día siguiente.

The cleaner was cleaning the office at night to ensure that everything was in order for the next day.

2571. biólogo, bióloga - biologist

El biólogo estaba estudiando el comportamiento de una especie de animales en su hábitat natural.

The biologist was studying the behavior of a species of animals in their natural habitat.

2572. empresario, empresaria - businessman, businesswoman

El empresario estaba discutiendo una nueva estrategia de negocios con su equipo de trabajo para aumentar las ventas.

The businessman was discussing a new business strategy with his team to increase sales.

2573. bailarín, bailarina - dancer

El bailarín estaba practicando sus pasos en la sala de ensayo antes de su próxima presentación.

The dancer was practicing his steps in the rehearsal room before his next performance.

2574. jardinero, jardinera - gardener

El jardinero estaba cuidando las flores y las plantas en el jardín del parque público.

The gardener was taking care of the flowers and plants in the public park garden.

2575. meteorólogo, meteoróloga - meteorologist

El meteorólogo estaba analizando los datos meteorológicos para predecir el tiempo en los próximos días.

The meteorologist was analyzing weather data to predict the weather in the coming days.

2576. cartero - postman

El cartero estaba entregando el correo en las casas de la vecindad.

The postman was delivering mail to the houses in the neighborhood.

2577. programador, programadora - programmer

El programador estaba desarrollando una nueva aplicación para dispositivos móviles.

The programmer was developing a new application for mobile devices.

2578. niñera, niñero - nanny

La niñera estaba cuidando a los niños mientras los padres estaban fuera trabajando.

The nanny was taking care of the children while the parents were out working.

2579. guía turístico - tour guide

El guía turístico estaba mostrando a los visitantes los lugares de interés de la ciudad y proporcionando información sobre su historia.

The tour guide was showing visitors the city's places of interest and providing information about its history.

2580. vendedor, vendedora - salesman, saleswoman

La vendedora estaba ayudando a los clientes a encontrar el producto adecuado en la tienda y respondiendo sus preguntas.

The saleswoman was helping customers find the right product in the store and answering their questions.

2581. investigador, investigadora - researcher

El investigador estaba estudiando un tema específico para publicar sus hallazgos en una revista científica.

The researcher was studying a specific topic to publish his findings in a scientific journal.

2582. empleo - job

El empleo como contador en la empresa multinacional había sido el sueño de Juan desde que se graduó de la universidad.

The job as an accountant in the multinational company had been Juan's dream since he graduated from university.

2583. trabajo - work

El trabajo es una parte esencial de la vida y es necesario para alcanzar la estabilidad financiera y bienestar personal.

Work is an essential part of life and is necessary to achieve financial stability and personal well-being.

2584. jefe - boss

El jefe estaba dando instrucciones a su equipo sobre cómo llevar a cabo un proyecto importante.

The boss was giving instructions to his team on how to carry out an important project.

2585. empleado, empleada - employee

La empleada estaba realizando tareas administrativas en la oficina mientras esperaba recibir instrucciones del jefe.

The employee was performing administrative tasks in the office while waiting to receive instructions from the boss.

2586. horario - schedule

El horario de trabajo de Lorena incluía llegar temprano a la oficina y trabajar hasta tarde para cumplir con las metas del proyecto.

Lorena's work schedule included arriving early to the office and working late to meet project goals.

2587. día libre - day off

Patricia había planificado su <u>día libre</u> para visitar a su familia y amigos que vivían en otra ciudad.

Patricia had planned her <u>day off</u> to visit her family and friends who lived in another city.

Holidays & Celebrations

2588. feriado bancario - bank holiday

El feriado bancario es una excelente oportunidad para hacer una escapada de fin de semana largo.

The bank holiday is an excellent opportunity for a long weekend getaway.

2589. viernes negro - Black Friday

Siempre intento evitar las multitudes y hago mis compras por Internet durante el viernes negro.

I always try to avoid the crowds and do my shopping online on Black Friday.

2590. ramo de bodas - bridal bouquet

El florista creó un ramo de bodas personalizado que incorporaba las flores favoritas de la novia.

The florist created a custom bridal bouquet that incorporated the bride's favorite flowers.

2591. carnaval - carnival

Me encanta la emoción del ambiente de carnaval con las luces brillantes y la música a todo volumen.

I love the excitement of the carnival atmosphere with the bright lights and loud music.

2592. Año Nuevo chino - Chinese New Year

Las celebraciones del Año Nuevo chino suelen durar varios días e incluyen costumbres tradicionales como danzas del león y fuegos artificiales.

The celebrations for Chinese New Year usually last for several days and include traditional customs such as lion dances and fireworks.

2593. bautizo - christening

El bautizo es un rito religioso generalmente asociado a la religión cristiana en el que se bautiza a una persona. También se conoce como bautismo.

Christening is a religious rite usually associated with the Christian religion in which a person is baptized. It is also known as baptism.

2594. navidad - Christmas

Las tradiciones de navidad incluyen decorar el árbol, intercambiar regalos y cantar villancicos.

Christmas traditions include decorating a tree, exchanging gifts, and singing carols.

2595. payaso - clown

El payaso del circo hacía reír a los niños.

The clown at the circus made the children laugh.

2596. confeti - confetti

El confeti llovió sobre la pareja mientras salían de la iglesia.

The confetti rained down on the couple as they left the church.

2597. fiesta de cumpleaños - birthday party

Cecilia organizó una pequeña e íntima fiesta de cumpleaños con amigos cercanos y familiares.

Cecilia hosted a small intimate birthday party with close friends and family.

2598. Pascua - Easter

El conejo de Pascua es un símbolo festivo, a menudo asociado con traer caramelos y pequeños regalos a los niños.

The Easter Bunny is a holiday symbol, often associated with bringing candy and small gifts to children.

2599. Día del Padre - Father's Day

Bernardo estaba deseando pasar el Día del Padre con sus hijos.

Bernardo was looking forward to spending Father's Day with his kids.

2600. fuegos artificiales - fireworks

Los fuegos artificiales suelen utilizarse para celebrar ocasiones especiales como Nochevieja, el Día de la Independencia y bodas.

Fireworks are often used to celebrate special occasions such as New Year's Eve, Independence Day, and weddings.

2601. Viernes Santo - Good Friday

El Viernes Santo es una fiesta cristiana que conmemora la crucifixión de Jesucristo.

Good Friday is a Christian holiday commemorating the crucifixion of Jesus Christ.

2602. Halloween, noche de brujas - Halloween

Muchas personas asisten a fiestas de Halloween o van a casas encantadas para divertirse.

Many people attend Halloween parties or go to haunted houses for fun.

2603. vacaciones - holidays

Las vacaciones son una época para relajarse y pasar tiempo con los seres queridos.

Holidays are a time for relaxation and spending time with loved ones.

284

2604. luna de miel - honeymoon

La pareja se embarcó en un crucero de <u>luna de miel</u> a múltiples destinos tropicales.

The couple took a <u>honeymoon</u> cruise to multiple tropical destinations.

2605. Día de la Independencia - Independence Day

Tulio participó en el desfile del <u>Día de la Independencia</u> en su ciudad natal.

Tulio participated in the <u>Independence Day</u> parade in his hometown.

2606. Día de la Madre - Mother's Day

Andrea recibió flores y una tarjeta de sus hijos el <u>Día de la Madre</u>.

Andrea received flowers and a card from her children on <u>Mother's Day</u>.

2607. día de Año Nuevo - New Year's Day

El <u>día de Año Nuevo</u> es también un momento para reflexionar sobre el año transcurrido y mirar hacia el futuro.

<u>New Year's Day</u> is also a time for people to reflect on the past year and look forward to the future.

2608. Nochevieja - New Year's Eve

La <u>Nochevieja</u> es el último día del año, a menudo celebrado con fiestas y eventos especiales.

<u>New Year's Eve</u> is the last day of the year, often celebrated with parties and special events.

2609. Día de San Patricio - Saint Patrick's Day

El <u>Día de San Patricio</u> es una fiesta nacional en Irlanda que se celebra el 17 de marzo.

<u>Saint Patrick's Day</u> is a national holiday in Ireland celebrated on March 17th.

2610. fiesta sorpresa - surprise party

Una <u>fiesta sorpresa</u> es una forma estupenda de celebrar una ocasión especial que sea memorable.

A <u>surprise party</u> is a great way to celebrate a special occasion and make it memorable.

2611. Día de Acción de Gracias - Thanksgiving

El <u>Día de Acción de Gracias</u> es una fiesta nacional en Estados Unidos que se celebra el cuarto jueves de noviembre.

<u>Thanksgiving</u> is a national holiday in the United States celebrated on the fourth Thursday of November.

2612. Día de San Valentín - Valentine's Day

Leonardo le compró rosas rojas a su esposa por el <u>Día de San Valentín</u>.

Leonardo bought red roses for his wife for <u>Valentine's Day</u>.

2613. aniversario de bodas - wedding anniversary

Planeó una escapada sorpresa de fin de semana para celebrar su <u>aniversario de boda</u>.

He planned a surprise weekend getaway to celebrate their <u>wedding anniversary</u>.

2614. boda - wedding

La <u>boda</u> fue una gran celebración y un hermoso recuerdo que atesorarán para siempre.

The <u>wedding</u> was a big celebration and a beautiful memory that they will treasure forever.

2615. graduación - graduation

Hace tres semanas fue la <u>graduación</u> de Daniel, se graduó con honores y dió un discurso muy emotivo.

Three weeks ago was Daniel's <u>graduation</u>, he graduated with honors and gave a very emotional speech.

Travel

2616. documentación de viaje - travel documentation

Asegúrese de llevar toda la documentación de viaje necesaria, incluidos el pasaporte y el visado, antes de salir de viaje.

Make sure to bring all necessary travel documentation, including your passport and visa, before leaving for your trip.

2617. documentos personales de identificación - personal identification documents

Daniel, ¿tienes contigo todos tus documentos personales de identificación? Recuerda que para poder abordar el avión te los solicitarán.

Daniel, do you have all your personal identification documents with you? Remember that you will be asked for them in order to board the plane.

2618. pasaporte - passport

Es esencial tener tu pasaporte actualizado antes de viajar al extranjero.

It is essential to have your passport updated before traveling abroad.

2619. visa - visa

Debido a que Dorys es venezolana, necesita tramitar una visa para poder ingresar a los Estados Unidos.

Because Dorys is Venezuelan, she needs to apply for a visa to enter the United States.

2620. boletos de avión - airplane tickets

Es importante comprar los boletos de avión con anticipación para asegurar disponibilidad y mejores tarifas.

It is important to purchase airplane tickets in advance to ensure availability and better rates.

2621. itinerario - itinerary

Catalina, ¿cuál es el itinerario de tu viaje a México? Parece que estarás tres horas de escala en Panamá.

Catalina, what is your itinerary for your trip to Mexico? It looks like you will have a three-hour layover in Panama.

2622. registros de salud - health records

Es importante llevar registros de salud actualizados y la medicación necesaria durante el viaje.

It is important to carry updated health records and necessary medication during the trip.

2623. seguro de viaje - travel insurance

Es recomendable contratar un seguro de viaje para cubrir cualquier emergencia médica o imprevista.

It is advisable to hire a travel insurance to cover any medical or unexpected emergency.

2624. instalaciones de viaje - travel facilities

¿Investigaron sobre las instalaciones de viaje disponibles en Costa Rica? Según Google, hay tres hoteles cerca y una estación de autobuses a 200 metros.

Did you do any research on the travel facilities available in Costa Rica? According to Google, there are three hotels nearby and a bus station 200 meters away.

2625. agencia de viajes - travel agency

Carlos tuvo que cancelar su viaje debido a que la agencia de viajes extravió toda su información.

Carlos had to cancel his trip because the travel agency lost all his information.

2626. aeropuerto - airport

El aeropuerto de Panamá es bastante grande y tiene muchísimas tiendas, pero con precios muy elevados.

Panama's airport is quite large and has many stores, but with very high prices.

2627. terminal de autobús - bus terminal

El terminal de autobuses del centro siempre está muy lleno, creo que lo mejor será tomar un avión, aunque sea un poco más costoso.

The downtown bus terminal is always very crowded, I think the best thing to do is to take a plane, even if it is a little more expensive.

2628. migración - immigration

Antes de salir del país, es necesario pasar por el proceso de migración.

Before leaving the country, it is necessary to go through the inmigration process.

2629. control del pasaporte - passport control

El control del pasaporte es el proceso de verificar la validez y autenticidad del pasaporte de un viajero.

Passport control is the process of verifying the validity and authenticity of a traveler's passport.

2630. sala de embarque - departure lounge

Disculpe, ¿donde está la sala de embarque? Llevo un buen rato revisando el mapa del aeropuerto pero me temo que no la encuentro.

Excuse me, where is the departure lounge? I've been looking at the airport map for a while now but I'm afraid I can't find it.

2631. bandas de equipaje - baggage belts

Aún no han salido las maletas de mi vuelo por las <u>bandas de equipaje</u>, creo que deberé esperar unos minutos más.

My bags have not yet left my flight through the <u>baggage belts</u>, I think I will have to wait a few more minutes.

2632. puerta de abordaje - boarding gate

En mi boleto de avión dice que la <u>puerta de abordaje</u> que me corresponde es la número 19, y aquí está la 4; hay que caminar en aquella dirección.

On my plane ticket it says that the <u>boarding gate</u> for me is number 19, and here is gate 4; I have to walk in that direction.

2633. aduana - customs

La <u>aduana</u> es el lugar donde se revisa y declara el equipaje y los artículos adquiridos en el extranjero.

<u>Customs</u> is the place where luggage and items purchased abroad are checked and declared.

2634. estación de tren - train station

Por lo general, en una <u>estación de tren</u> veras dos trenes que van en diferentes direcciones.

Usually, at a <u>train station</u> you will see two trains going in different directions.

2635. ventanilla - window

La <u>ventanilla</u> de la estación estará habilitada para la compra de boletos desde las 7 am.

The ticket <u>window</u> at the station will be open for ticket purchases starting at 7 am.

2636. tablero de salidas y llegadas - departures and arrivals board

El <u>tablero de salidas y llegadas</u> indicó que el avión en el que viene Sara está retrasado.

The <u>departures and arrivals board</u> indicated that the plane Sara is on is delayed.

2637. sala de espera - waiting room

En la <u>sala de espera</u> había unos sillones súper cómodos y nos trataron súper bien.

In the <u>waiting room</u>, there were super comfortable chairs and we were treated super well.

2638. andén - platform

El <u>andén</u> del metro de Santiago siempre está muy limpio y es común ver a los trabajadores limpiando constantemente.

The <u>platform</u> of the Santiago subway is always very clean and it is common to see workers cleaning it constantly.

2639. vagón del tren - train coach

Por lo general, en el primer vagón del tren no hay tantas personas si lo comparas con los vagones del centro.

Usually, in the first train coach there are not so many people if you compare it to the center coaches.

2640. vías del tren - train tracks

Cuando el tren se está acercando, se puede escuchar un chillido de las vías del tren.

When the train is approaching, you can hear a screeching noise from the train tracks.

2641. puerto - port

El puerto suele ser un lugar muy ruidoso, debido a los sonidos de los barcos y de las maquinarias que cargan dichos barcos.

The port is usually a very noisy place, due to the sounds of the ships and the machinery that load the ships.

2642. transporte público - public transportation

El transporte público es una opción económica y accesible para desplazarse en la ciudad.

Public transportation is an affordable and accessible option for getting around the city.

2643. avión - airplane

El avión comercial estaba volando a gran altitud en el cielo azul, dejando un rastro blanco a su paso.

The commercial plane was flying at a great altitude in the blue sky, leaving a white trail in its wake.

2644. avión de hélice - propeller plane

El avión de hélice, con capacidad para solo seis pasajeros, comenzó a despegar del aeropuerto rural, generando un gran ruido.

The propeller plane, with capacity for only six passengers, began to take off from the rural airport, generating a lot of noise.

2645. avioneta - two-seater plane

La pequeña avioneta de dos plazas aterrizó suavemente en el campo de aviación después de un vuelo panorámico por la zona.

The small two-seater plane landed smoothly on the airfield after a scenic flight over the area.

2646. barco - boat

El barco de pesca, cargado con un gran botín, navegaba tranquilamente en el mar cristalino.

The fishing boat, loaded with a great catch, was sailing calmly on the crystal clear sea.

2647. ferry - ferry

El ferry con capacidad para cientos de pasajeros transportaba a los viajeros al otro lado del río, ofreciendo una impresionante vista de la ciudad.

The ferry with capacity for hundreds of passengers was transporting travelers to the other side of the river, offering an impressive view of the city.

2648. balsa - raft

La balsa hecha de troncos de árboles flotaba en el río, llevando a un grupo de aventureros hacia la selva.

The raft made of logs was floating on the river, taking a group of adventurers towards the jungle.

2649. crucero - cruise

El impresionante crucero de lujo, con capacidad para miles de pasajeros, zarpó del puerto con destino a las Islas Griegas, prometiendo unas vacaciones inolvidables.

The impressive cruise ship, with capacity for thousands of passengers, sailed from the port to the Greek islands, promising unforgettable holidays.

2650. tren - train

El tren con vagones modernos y cómodos avanzaba velozmente por la vía férrea, cruzando hermosos paisajes.

The train with modern and comfortable cars was moving quickly along the railway tracks, crossing beautiful landscapes.

2651. metro, subterráneo - subway

El metro, con frecuencia y puntualidad, llevaba a los pasajeros a través de la ciudad, conectando diferentes puntos turísticos.

The subway, with frequency and punctuality, was taking passengers through the city, connecting different tourist spots.

2652. taxi - taxi, cab

El conductor de aquel taxi fue muy amable, lo llevó al aeropuerto a tiempo para su vuelo, evitando el estrés del tráfico.

The driver of that cab was very kind, taking him to the airport in time for his flight, avoiding the stress of traffic.

2653. carro alquilado - rented car

El carro alquilado nos ayudó a recorrer la ciudad y poder llegar a lugares más alejados que no estaban cubiertos por los transportes públicos.

The rented car helped us to get around the city and to reach more distant places that were not covered by public transportation.

2654. pedir un aventón - to hitch a lift

Al no tener suficiente dinero para pagar un taxi, optamos por <u>pedir un aventón</u> a un conductor generoso que nos llevó hasta nuestro destino.

Not having enough money to pay for a taxi, we decided <u>to hitch a lift</u> with a generous driver who took us to our destination.

2655. ir a pie - to go on foot

Como queríamos ahorrar dinero, decidimos <u>ir a pie</u> por la ciudad para poder disfrutar de las vistas y el ambiente local.

We wanted to save money, so we decided <u>to go on foot</u> around the city to enjoy the views and the local atmosphere.

2656. alojarse - to stay

Buscando un lugar para <u>alojarnos</u>, encontramos un hotel de lujo con vistas impresionantes y servicios de primera clase.

Looking for a place <u>to stay</u>, we found a luxurious hotel with stunning views and first-class services.

2657. hotel - hotel

Hay algunas aerolíneas que ofrecen paquetes de alojamiento en <u>hotel</u> junto con el boleto de avión.

There are some airlines that offer <u>hotel</u> accommodation packages along with the airline ticket.

2658. posada - inn

Optamos por alojarnos en una <u>posada</u> tradicional con un ambiente acogedor y un servicio amable.

We chose to stay in a traditional <u>inn</u> with a cozy atmosphere and friendly service.

2659. pensión con desayuno - bed and breakfast

Mi hermano decidió abrir una <u>pensión con desayuno</u> como su nuevo emprendimiento.

My brother decided to open a <u>bed and breakfast</u> as his new venture.

2660. albergue - hostel

Al no encontrar un lugar para alojarse en la ciudad, decidimos alquilar un <u>albergue</u> en las afueras.

Not finding a place to stay in the city, we decided to rent a youth <u>hostel</u> on the outskirts.

2661. casa de huéspedes - guest house

Como queríamos tener una experiencia más auténtica, decidimos alojarnos en una casa de huéspedes con anfitriones locales que nos dieron recomendaciones valiosas sobre la zona.

We wanted to have a more authentic experience, so we decided to stay in a guest house with local hosts who gave us valuable recommendations about the area.

2662. Airbnb - Airbnb

Debido a que eran nuestras primeras vacaciones como pareja, decidimos alquilar una casa completa en Airbnb para tener un espacio más privado.

Because it was our first vacation as a couple, we decided to rent a whole house on Airbnb to have a more private space.

2663. turistear - to travel around

El verano es la época perfecta para turistear por el país.

The summer is the perfect time to travel around the country.

2664. parque de diversiones - amusement park

El parque de diversiones está lleno de atracciones emocionantes para toda la familia.

The amusement park is full of exciting attractions for the whole family.

2665. parque nacional - national park

El parque nacional es un lugar ideal para admirar la belleza natural del país.

The national park is an ideal place to admire the natural beauty of the country.

2666. parque acuático - water park

Adriel y Liris nos invitaron a pasar un día en el parque acuático que queda a las afueras de la ciudad.

Adriel and Liris invited us to spend a day at the water park on the outskirts of town.

2667. zoológico - zoo

El zoológico es un lugar divertido para aprender sobre diferentes animales.

The zoo is a fun place to learn about different animals.

2668. centro comercial - mall

El centro comercial es el lugar perfecto para hacer compras y pasar el tiempo libre.

The mall is the perfect place to shop and spend free time.

2669. centros recreativos - recreation centers

Los centros recreativos ofrecen una gran variedad de actividades para todas las edades.

Recreation centers offer a wide variety of activities for all ages.

2670. museo - museum

El museo es un lugar interesante para aprender sobre la historia, la cultura y el folklore.

The museum is an interesting place to learn about history, culture, and folklore.

2671. aguas termales - hot springs

Las aguas termales son conocidas por sus propiedades curativas y relajantes.

Hot springs are known for their healing and relaxing properties.

2672. lago - lake

Los lagos son un lugar popular para practicar deportes acuáticos y disfrutar de la naturaleza.

Lakes are a popular spot for water sports and enjoying nature.

2673. río - river

Mi tío se fue de pesca con unos amigos al río que queda cerca de su casa, pero se devolvió porque olvidó la carnada.

My uncle went fishing with some friends in the river near his house, but he came back because he forgot the bait.

2674. playa - beach

La playa es el lugar perfecto para relajarse, tomar el sol y disfrutar del agua.

The beach is the perfect place to relax, sunbathe, and enjoy the water.

2675. sitios para acampar - camping sites

Si planeas ir a algún sitio para acampar, recuerda siempre llevar el equipo necesario.

If you plan on going to a camping site, always remember to bring the necessary equipment.

2676. supermercado - supermarket

El supermercado es un lugar conveniente para comprar productos de alimentación y otros suministros necesarios.

The supermarket is a convenient place to buy food products and other necessary supplies.

2677. mercado - market

El <u>mercado</u> es un lugar popular para comprar productos frescos y locales a precios razonables.

The <u>market</u> is a popular place to buy fresh and local products at reasonable prices.

2678. restaurante - restaurant

El <u>restaurante</u> es un lugar ideal para disfrutar de una cena deliciosa con amigos y familiares.

The <u>restaurant</u> is an ideal place to enjoy a delicious dinner with friends and family.

CONNECTORS

2679. después de - after, afterward

Después de haber estudiado toda la noche, finalmente logré aprobar el examen.

After having studied all night, I finally managed to pass the exam.

2680. ya - already

Ya he terminado mi tarea, así que ahora puedo relajarme.

I have already finished my task, so now I can relax.

2681. siempre - always

Siempre me esfuerzo por hacer las cosas lo mejor posible, independientemente de lo difíciles que sean.

I always strive to do things to the best of my ability, regardless of how difficult they may be.

2682. en cuanto - as soon as, when, once

En cuanto terminé de hacer mi tarea, salí a dar un paseo.

Once I finished my homework, I went for a walk.

2683. tan pronto como - as soon as

Tan pronto como llegué a casa, me di cuenta de que había olvidado las llaves.

As soon as I got home, I realized I had forgotten my keys.

2684. al principio - at first, at the beginning

Al principio, no estaba seguro de si podría hacerlo, pero finalmente lo logré.

At first, I wasn't sure if I could do it, but I finally managed to do it.

2685. por fin - at last, finally

Por fin logré terminar ese proyecto que me había estado dando tantos problemas.

I finally managed to finish that project that had been giving me so many problems.

2686. al mismo tiempo - at the same time, simultaneously

Al mismo tiempo que estudiaba para mi examen, también estaba trabajando en un proyecto de ciencias.

At the same time I was studying for my exam, I was also working on a science project.

2687. a la misma vez - at the same time, simultaneously

A la misma vez intentaba mantenerme al día con mi trabajo, responder a los correos electrónicos de mis colegas y atender las necesidades de mis hijos durante la reunión virtual.

I was simultaneously trying to keep up with my work, respond to my colleagues' emails, and attend to my children's needs during the virtual meeting.

2688. inmediatamente - at once, immediately, right away

Cuando me di cuenta de que mi mamá no respondía el teléfono desde la noche anterior, sabía que algo pasaba e inmediatamente llamé a mi papá.

When I realized that my mom hadn't answered the phone since the night before, I knew something was up and immediately called my dad.

2689. antes de - before

Antes de salir de casa, siempre me aseguro de tener todo lo necesario en mi mochila.

Before leaving home, I always make sure to have everything I need in my backpack.

2690. brevemente - briefly

Brevemente, explicaré el proceso detrás de este experimento antes de comenzar.

Briefly, I will explain the process behind this experiment before starting.

2691. anteayer, antier - the day before yesterday

Anteayer, mi amigo y yo fuimos al cine a ver la última película de acción.

The day before yesterday, my friend and I went to the movies to see the latest action film.

2692. durante - during

Durante el viaje, aproveché para leer un libro que había estado queriendo leer.

During the trip, I took the opportunity to read a book that I had been wanting to read.

2693. eventualmente - eventually

Eventualmente, después de muchos intentos, logré superar el desafío.

Eventually, after many attempts, I managed to overcome the challenge.

2694. primero - first

Primero, haré una pequeña presentación para darles una idea de lo que quiero lograr con este proyecto.

First, I will make a small presentation to give you an idea of what I want to achieve with this project.

2695. primero que nada - first of all

Primero que nada, debemos asegurarnos de tener todos los materiales necesarios antes de comenzar el experimento.

First of all, we must make sure to have all of the necessary materials before starting the experiment.

2696. frecuentemente - frequently, often

Frecuentemente, me encuentro reflexionando sobre cómo puedo mejorar mi vida y alcanzar mis metas.

Frequently, I find myself reflecting on how I can improve my life and achieve my goals.

2697. al rato - in a little while, shortly after

Los chicos están durmiendo, deberé despertarlos al rato para que hagan sus tareas.

The kids are sleeping, I'll have to wake them up in a little while so they can do their homework.

2698. en primer lugar - in the first place

En primer lugar, quiero agradecer a todos por su tiempo y esfuerzo en esta empresa.

In the first place, I want to thank everyone for their time and effort in this company.

2699. mientras tanto - in the meantime, meanwhile, until then

Mientras tanto, en la otra sala de la conferencia, se discutían temas relacionados con la tecnología.

Meanwhile, in the other room of the conference, topics related to technology were being discussed.

2700. en el pasado - in the past

En el pasado, solía tener dificultades para expresar mis pensamientos de manera clara y precisa.

In the past, I used to have difficulties expressing my thoughts clearly and precisely.

2701. en segundo lugar - in the second place, secondly

En segundo lugar, quiero destacar la importancia de la colaboración en este proyecto.

Secondly, I want to highlight the importance of collaboration in this project.

2702. anoche - last night, yesterday evening

Anoche, mientras cenaba con mi familia, hablamos sobre nuestros planes para las vacaciones de verano.

Last night, while having dinner with my family, we talked about our plans for the summer vacation.

2703. por último - lastly, finally, last but not least

Por último, pero no menos importante, quiero agradecer a toda mi familia, que hizo posible este logro.

Last but not least, I want to thank all my family who made this achievement possible.

2704. la mayor parte del tiempo - most of the time, mostly

La mayor parte del tiempo, me dedico a estudiar y trabajar en proyectos relacionados con la inteligencia artificial.

Most of the time, I spend studying and working on projects related to artificial intelligence.

2705. luego - next, then

Estuve cocinando toda la mañana y luego fui a darme una ducha para prepararme para salir con mis amigas.

I was cooking all morning and then went to take a shower to get ready to go out with my friends.

2706. al otro día - the next day

Al otro día, después de una noche de descanso, me sentía mucho más enfocado y energizado.

The next day, after a night of rest, I felt much more focused and energized.

2707. por la mañana - in the morning

Por la mañana, me gusta hacer ejercicio y tomar un desayuno saludable antes de comenzar mi día.

In the morning, I like to exercise and have a healthy breakfast before starting my day.

2708. nunca - never, ever

Nunca había tenido la oportunidad de trabajar en un proyecto de esta envergadura y estoy muy emocionado de tener esta oportunidad.

I have never had the opportunity to work on a project of this magnitude before and I am very excited to have this opportunity.

2709. ahora - now, in a minute, currently

Ahora, estoy aprendiendo un nuevo idioma, ya que pronto viajaré a Estados Unidos y no sabía ni lo básico.

Now, I am learning a new language, as I will soon be traveling to the United States and I didn't even know the basics.

2710. muchas veces - often, many times

Muchas veces, me encuentro pensando en cómo puedo utilizar la tecnología para ayudar a mejorar la vida de las personas.

Many times, I find myself thinking about how I can use technology to help improve people's lives.

2711. el siguiente año - the following year

Kevin y yo estamos haciendo todos los preparativos porque nos mudaremos el siguiente año.

Kevin and I are making all the preparations because we are moving the following year.

2712. raramente - rarely, seldom

Raramente, tengo la oportunidad de salir de mi ciudad natal, pero cuando lo hago, disfruto mucho de la experiencia.

Rarely, I have the opportunity to leave my hometown, but when I do, I enjoy the experience very much.

2713. desde entonces - since then, ever since

Desde entonces, he estado trabajando en mejorar mi capacidad para comunicarme en distintos idiomas.

Since then, I have been working on improving my ability to communicate in different languages.

2714. algunas veces - sometimes, a few times, occasionally

Algunas veces, me siento abrumado con la cantidad de información que tengo que procesar, pero trato de mantenerme enfocado.

Sometimes, I feel overwhelmed with the amount of information I have to process, but I try to stay focused.

2715. pronto - soon, fast, quickly, early

Pronto, estaremos lanzando una nueva versión de nuestra plataforma con mejoras significativas en su usabilidad.

Soon, we will be launching a new version of our platforms with significant improvements in usability.

2716. de repente - suddenly, all of a sudden, maybe

De repente, me di cuenta de que había estado trabajando en el proyecto equivocado durante todo este tiempo.

Suddenly, I realized that I had been working on the wrong project this whole time.

2717. entonces - then, so

Entonces, decidí cambiar mi enfoque y comenzar de nuevo con una nueva estrategia.

Then, I decided to change my approach and start again with a new strategy.

2718. para continuar - to continue

Para continuar, es importante que sigamos trabajando juntos para alcanzar nuestras metas y objetivos.

To continue, it is important that we continue working together to achieve our goals and objectives.

2719. cuando - when, if

Cuando me preguntaron cómo me había sentido al lograr el objetivo que me había propuesto, les respondí que había sido una gran sensación de logro.

When I was asked how I felt when I achieved the goal I had set for myself, I replied that it had been a great feeling of accomplishment.

2720. tercero - third

Primero, debemos conseguir un apartamento en el que acepten mascotas. Segundo, el apartamento debe contar con cocina a gas. Tercero, solo queremos vivir en los pisos 1 o 2.

First, we must look for an apartment that accepts pets. Second, the apartment must have a gas stove. Third, we only want to live on the 1st or 2nd floor.

2721. ayer - yesterday

Ayer, durante la reunión, se discutió la posibilidad de expandir nuestra presencia en el mercado internacional.

Yesterday, during the meeting, the possibility of expanding our presence in the international market was discussed.

2722. encima de - at the top of, on top of

Encima de su apretada agenda laboral, también tenía que cuidar de su madre enferma, por lo que fue una época difícil y estresante para él.

On top of his busy work schedule, he also had to take care of his ill mother, making it a difficult and stressful time for him.

2723. en medio de - midst, in the middle of

En medio de la pandemia, tuvimos que adaptarnos rápidamente a un nuevo formato de trabajo remoto.

In the middle of the pandemic, we had to quickly adapt to a new format of remote work.

2724. alrededor de - around, about

Alrededor de la ciudad, hay varios parques y áreas verdes donde se pueden disfrutar actividades al aire libre.

Around the city, there are several parks and green areas where outdoor activities can be enjoyed.

2725. abajo - below, down

Abajo en la planta baja, hay una pequeña cafetería donde se puede tomar un descanso y relajarse.

Down on the ground floor, there is a small café where you can take a break and relax.

2726. al lado de - next to, by

Al lado de la oficina, hay un estacionamiento donde se puede dejar el coche.

Next to the office, there is a parking lot where you can leave your car.

2727. más allá - beyond, further

Más allá de lo que podemos ver a simple vista, hay un mundo de posibilidades y oportunidades.

Beyond what we can see at first glance, there is a world of possibilities and opportunities.

2728. adelante - forward, ahead, onward

Adelante, vamos a seguir trabajando juntos para alcanzar nuestros objetivos y superar los desafíos.

Forward, we will continue to work together to achieve our goals and overcome the challenges.

2729. de - of, from

De todas las habilidades que he aprendido a lo largo de mi carrera, creo que la comunicación ha sido la más valiosa.

Of all the skills I've learned throughout my career, I think communication has been the most valuable.

2730. desde - from, since

Desde mi infancia, siempre he tenido una gran pasión por la tecnología y la informática.

Since my childhood, I've always had a great passion for technology and computer science.

2731. aquí - here

Aquí en la oficina, tenemos un gran equipo de profesionales con habilidades y experiencias diversas.

Here in the office, we have a great team of professionals with diverse skills and experiences.

2732. delante de - in front of, before

Delante de mi escritorio, tengo una foto que me recuerda a mi familia y me da motivación para seguir trabajando.

In front of my desk, I have a photo that reminds me of my family and gives me motivation to keep working.

2733. dentro de - within

Dentro de los próximos meses, espero poder completar varios proyectos importantes en los que he estado trabajando.

Within the next few months, I hope to be able to complete several important projects that I've been working on.

2734. cerca de - close to

Creí que no habían muchas zonas verdes por aquí, sin embargo, hay dos parque grandes cerca de mi nuevo apartamento.

I thought there weren't many green spaces around here, however, there are two large parks close to my new apartment.

2735. sobre - on, about

Hola, Diego. Paola quiere saber un poco más sobre tu trabajo, ella se encuentra desempleada actualmente y está buscando trabajo por todos lados.

Hi, Diego. Paola wants to know a little more about your work, she is currently unemployed and is looking for work everywhere.

2736. frente a - in front, in the face of

Frente al edificio, hay una gran plaza con árboles y bancos donde la gente suele sentarse a descansar.

In front of the building, there is a large square with trees and benches where people often sit to rest.

2737. afuera - outside

Afuera de la ciudad, hay una gran extensión de campo donde se pueden practicar actividades al aire libre.

Outside of the city, there is a large expanse of countryside where outdoor activities can be practiced.

2738. a través de - through, across

A través de mi experiencia, he aprendido que es importante ser paciente y perseverante en el camino hacia el logro de metas.

Through my experience, I've learned that it is important to be patient and persevering on the path towards achieving goals.

2739. entre - between, among, amid

Entre mis amigos y yo, tenemos un gran interés en la tecnología y siempre estamos buscando nuevas formas de aprender y crecer en este campo.

Among my friends and I, we have a great interest in technology and we are always looking for new ways to learn and grow in this field.

2740. debajo de - below, under, underneath

Debajo del escritorio, tengo un cajón lleno de herramientas y suministros para mi trabajo.

Underneath my desk, I have a drawer full of tools and supplies for my job.

2741. junto a - next to

Junto a la ventana, hay una pequeña planta que me ayuda a mantenerme conectado con la naturaleza.

Next to the window, there is a small plant that helps me stay connected with nature.

2742. aparte de - besides, apart from, aside from

Aparte de mi trabajo, también me gusta dedicar tiempo a la lectura y a la escritura.

Aside from my job, I also like to spend time reading and writing.

2743. además - moreover, additionally, in addition

Además, me gusta viajar y explorar nuevos lugares, lo cual me ayuda a ampliar mi perspectiva del mundo.

Additionally, I like to travel and explore new places, which helps me broaden my perspective of the world.

2744. asimismo - also

Asimismo, trato de mantenerme activo y saludable a través de la práctica regular de ejercicios y una dieta equilibrada.

Also, I try to stay active and healthy through regular exercise and a balanced diet.

2745. de todas formas - in any case, anyhow

De todas formas, sé que esto no será fácil y requerirá mucho esfuerzo y dedicación.

Anyhow, I know that this will not be easy and will require a lot of effort and dedication.

2746. de todas maneras - in any case, anyhow, all the same

De todas maneras, estoy seguro de que podremos superar los desafíos si trabajamos juntos y mantenemos una mentalidad positiva.

In any case, I am sure that we can overcome the challenges if we work together and maintain a positive mindset.

2747. de todos modos - in any case, anyway

De todos modos, creo que vale la pena seguir adelante con este proyecto debido a las posibles recompensas y beneficios.

Anyway, I think it is worth going ahead with this project due to the potential rewards and benefits.

2748. de cualquier manera - in any case, in any way, anyhow

De cualquier manera, estaré aquí para apoyarte en lo que necesites y ayudarte a alcanzar tus metas.

In any case, I will be here to support you in whatever you need and help you achieve your goals.

2749. sobre todo - above all, particularly, especially

Sobre todo, es importante mantener una actitud positiva y una mentalidad abierta a los cambios y a los desafíos.

Above all, it is important to maintain a positive attitude and an open-mindedness towards change and challenges.

2750. también - also, too

También me gusta pasar tiempo con mi familia y amigos, lo cual me ayuda a desconectar del trabajo y relajarme.

I also like to spend time with my family and friends, which helps me disconnect from work and relax.

2751. otra vez - again

Otra vez, me encuentro trabajando en un proyecto importante que requiere de mucha atención y esfuerzo.

Again, I find myself working on an important project that requires a lot of attention and effort.

2752. y - and

Y, a pesar de las dificultades, sé que con dedicación y trabajo duro, podremos alcanzar nuestros objetivos.

And, despite the difficulties, I know that with dedication and hard work, we will be able to achieve our goals.

2753. en primera instancia - in the first place, first of all, initially

En primera instancia, pensé que no sería capaz de completar este proyecto, pero después de considerarlo más detenidamente, me di cuenta de que sí podría hacerlo.

Initially, I thought I wouldn't be able to complete this project, but after considering it more closely, I realized that I could do it.

2754. de igual manera - similarly, likewise, in the same way

De igual manera, es importante ser honesto y transparente en nuestras acciones y decisiones.

Likewise, it is important to be honest and transparent in our actions and decisions.

2755. a diferencia de - in contrast to, unlike

A diferencia de otros proyectos similares, este tiene un enfoque único y una serie de desafíos interesantes.

Unlike other similar projects, this one has a unique focus and a series of interesting challenges.

2756. a pesar de - in spite of, despite

A pesar de las limitaciones, estamos trabajando duro para encontrar soluciones y superar los obstáculos.

Despite the limitations, we are working hard to find solutions and overcome obstacles.

2757. al contrario - on the contrary, in contrast

Al contrario, estoy emocionado y motivado por la oportunidad de trabajar en un proyecto tan desafiante y emocionante.

On the contrary, I am excited and motivated by the opportunity to work on such a challenging and exciting project.

2758. aunque - although, even though

Aunque a veces me siento un poco abrumado, sé que con el apoyo de mi equipo podremos superar cualquier obstáculo y lograr nuestras metas.

Although I sometimes feel a bit overwhelmed, I know that, with the support of my team, I can overcome any obstacle and achieve our goals.

2759. sin embargo - nevertheless, still

Sin embargo, debemos tener en cuenta que hay muchos factores que pueden influir en el éxito de este proyecto.

Nevertheless, we must keep in mind that there are many factors that can influence the success of this project.

2760. en cambio - on the other hand, instead

En cambio, opté por tomarme un tiempo para reflexionar y hacer un plan detallado antes de tomar una decisión.

On the other hand, I chose to take some time to reflect and make a detailed plan before making a decision.

2761. en contraste con - in contrast to

En contraste con otros métodos, este enfoque es más eficiente y tiene mejores resultados.

In contrast to other methods, this approach is more efficient and has better results.

2762. en lugar de - instead of, rather than

En lugar de gastar dinero en publicidad costosa, optamos por invertir en una estrategia de marketing digital.

Rather than spending money on expensive advertising, we opted to invest in a digital marketing strategy.

2763. en vez de - instead of, rather than

En vez de seguir adelante con el proyecto tal y como estaba planificado, decidimos hacer algunos cambios y adaptaciones.

Instead of proceeding with the project as planned, we decided to make some changes and adaptations.

2764. no obstante - nevertheless, however, notwithstanding

No obstante, debemos tener en cuenta que todavía hay muchas incertidumbres y desafíos a superar.

However, we must keep in mind that there are still many uncertainties and challenges to overcome.

2765. por el contrario - on the contrary, by contrast

Por el contrario, creo que deberíamos considerar otras opciones y alternativas antes de tomar una decisión.

On the contrary, I think we should consider other options and alternatives before making a decision.

2766. por un lado... por el otro lado - on one hand... on the other hand

Por un lado, este plan parece tener un gran potencial, pero por el otro lado, requiere de un gran esfuerzo y recursos.

On one hand, this plan seems to have great potential, but on the other hand, it requires a lot of effort and resources.

2767. sin embargo - nevertheless, however

Sin embargo, debemos tener en cuenta que hay muchos factores que pueden influir en el éxito de este proyecto.

However, we must keep in mind that there are many factors that can influence the success of this project.

2768. pero - but

Pero, con el apoyo de mi equipo y la dedicación necesaria, estoy seguro de que podremos alcanzar nuestras metas.

But, with the support of my team and the necessary dedication, I am sure that we will be able to achieve our goals.

2769. aún así - even so

Aún así, debemos tener en cuenta que hay muchos factores que pueden influir en el éxito de este proyecto.

Even so, we must keep in mind that there are many factors that can influence the success of this project.

2770. de lo contrario - otherwise, differently

De lo contrario, podríamos enfrentar consecuencias graves e imprevistas.

Otherwise, we could face serious and unforeseen consequences.

2771. así como - as well as, just as

Así como en otros proyectos, es importante establecer un plan detallado y un calendario para asegurar el éxito.

Just as in other projects, it is important to establish a detailed plan and schedule to ensure success.

2772. con relación a - with regard to, regarding

Con relación a los recursos, debemos ser cuidadosos y asegurarnos de tener suficientes para completar el proyecto.

Regarding resources, we must be careful and make sure to have enough to complete the project.

2773. de la misma forma - in the same way, likewise

De la misma forma, es importante tener en cuenta las opiniones y sugerencias de los miembros del equipo.

In the same way, it is important to take into account the opinions and suggestions of team members.

2774. en cuanto a - in terms of, in respect of

En cuanto a la estrategia, debemos ser flexibles y estar dispuestos a hacer cambios si es necesario.

In terms of strategy, we must be flexible and willing to make changes if necessary.

2775. sin duda - without a doubt, certainly, surely

Sin duda, este proyecto requiere de un gran esfuerzo y dedicación, pero los resultados valdrán la pena.

Without a doubt, this project requires a great effort and dedication, but the results will be worth it.

2776. tal como - just like, such as

La situación en el país es tal como se describió, o incluso podría estar mucho peor.

The situation in the country is such as described, or could be much worse.

2777. de cierta manera - in a way, in some way, in a sense

De cierta manera, este proyecto es un desafío, pero también es una oportunidad para demostrar nuestras habilidades y capacidades.

In a way, this project is a challenge, but it's also an opportunity to showcase our skills and capabilities.

2778. está claro que - of course, admittedly, it is clear that

Está claro que ya Andrés no me quiere hablar, sigue ignorándome desde que hablamos la semana pasada.

It's clear that Andres doesn't want to talk to me anymore, he keeps ignoring me since we talked last week.

2779. en efecto - indeed, in fact

En efecto, el éxito de este proyecto depende de la colaboración y el trabajo en equipo de todos los miembros involucrados.

In fact, the success of this project depends on the collaboration and teamwork of all the members involved.

2780. en realidad - indeed, in fact, actually

En realidad, el proyecto es más complejo de lo que inicialmente pensábamos, pero eso no nos detendrá, seguiremos adelante.

Actually, the project is more complex than we initially thought, but that will not stop us, we will move forward.

2781. en resumen - in short, in summary, in essence

En resumen, el libro trataba de una serie de crímenes a sangre fría efectuados por una mujer sin sentimientos.

In short, the book was about a series of cold-blooded crimes carried out by a woman with no feelings.

2782. es decir - that is to say, in other words

Es decir, debemos ser realistas con respecto a los recursos y plazos disponibles, pero al mismo tiempo, debemos ser ambiciosos y trabajar duro.

That is to say, we must be realistic with respect to the available resources and deadlines, but at the same time, we must be ambitious and work hard.

2783. por ejemplo - for example

Por ejemplo, en vez de comprar la mesa en una tienda, decidimos hacerla nosotros mismos con las medidas que necesitábamos.

For example, instead of buying the table in a store, we decided to make it ourselves with the measurements we needed.

2784. por lo general - in general, generally, usually

Por lo general, es importante tener un plan detallado y un calendario para asegurar el éxito de la campaña.

Generally, it's important to have a detailed plan and schedule to ensure the success of the campaign.

2785. por supuesto - of course, naturally

Por supuesto, solamente es una hipótesis; tendremos que comprobar todos los detalles del proyecto con los encargados de marketing.

Of course, it is only a hypothesis; we will have to corroborate all the details of the project with the marketing managers.

2786. en otras palabras - in other words

En otras palabras, debemos ser flexibles y estar dispuestos a hacer cambios si es necesario.

In other words, we must be flexible and willing to make changes if necessary.

2787. en particular - in particular

Hoy estuvimos hablando de dos temas en particular, ¿a cuál de estos dos temas te refieres?

Today we were talking about two topics in particular, which of these two topics are you referring to?

2788. específicamente - specifically, particularly

Este bolso fue creado específicamente para llevar laptops de 15.6 pulgadas.

This bag was created specifically to carry 15.6-inch laptops.

2789. para ilustrar - to illustrate

Para ilustrar, podemos ver cómo la implementación de una estrategia de marketing digital ha aumentado significativamente las ventas en empresas similares.

To illustrate, we can see how the implementation of a digital marketing strategy has significantly increased sales in similar companies.

2790. en consecuencia - consequently, accordingly, as a consequence

Los vestidos con bolsillos son muy cómodos, en consecuencia, son los más vendidos de esta temporada.

Dresses with pockets are very comfortable, consequently, they are the best sellers of this season.

2791. por consiguiente - consequently, therefore

Omar ha estado trabajando todo el día sin parar, por consiguiente, debería descansar y relajarse un poco.

Omar has been working non-stop all day, therefore, he should rest and relax a bit.

2792. por eso - therefore, for this reason, that's why

Por eso, es crucial que trabajemos juntos como equipo para asegurarnos de tener un plan sólido y una estrategia bien establecida.

That's why, it's crucial that we work together as a team to ensure that we have a solid plan and a well-established strategy.

2793. por lo tanto - therefore, hence

Por lo tanto, debemos estar dispuestos a hacer cambios al diseño de la aplicación, de ser necesarios.

Therefore, we must be willing to make changes to the application design, if necessary.

2794. por lo visto - apparently, by all accounts, with that in mind

Por lo visto, nuestra competencia ha adoptado nuevas tácticas y estrategias, por lo que debemos actualizar nuestros propios métodos para mantenernos competitivos.

Apparently, our competition has adopted new tactics and strategies, so we must update our own methods to stay competitive.

2795. resulta que - it turns out that

Resulta que la falta de comunicación efectiva ha sido un problema recurrente en nuestro equipo, por lo que debemos trabajar para mejorar esta área.

It turns out that the lack of effective communication has been a recurring problem in our team, so we should work to improve this area.

2796. ya que - since, because of

Ya que el tiempo es un factor crucial para este libro, debo organizarme para poder encargárselo a la imprenta a tiempo.

Since time is a crucial factor for this book, I must organize myself to be able to deliver it to the printer on time.

2797. al fin y al cabo - after all

Mi profesora de Química se equivocó diciendo los valores de un elemento de la tabla periódica. Al fin y al cabo, ella también es humana, es normal equivocarse.

My Chemistry teacher made a mistake saying the values of an element of the periodic table. After all, she is also human, it is normal to make a mistake.

2798. finalmente - finally, eventually, lastly, at last

Finalmente, después de todos los esfuerzos, vimos el fruto; sacamos un 10 en el proyecto de historia.

Finally, after all the efforts, we saw the fruit; we got an 10 on the history project.

2799. para terminar - lastly, finally

Para terminar, debemos tener en cuenta que el éxito de este proyecto no es sólo para nosotros, sino también para nuestros clientes y nuestra empresa.

Lastly, we must keep in mind that the success of this project is not only for us, but also for our customers and our company.

100 Most Used Verbs in Spanish

2800. ser - to be

Mi primo Daniel quiere <u>ser</u> un astronauta cuando crezca.

My cousin Daniel wants to <u>be</u> an astronaut when he grows up.

2801. estar - to be

No recuerdo donde <u>están</u> mis llaves, creo que las guardé en mi bolso.

I don't remember where my keys <u>are</u>, I think I put them in my purse.

2802. tener - to have

Siempre es importante <u>tener</u> dinero ahorrado en caso de emergencias.

It is always important to <u>have</u> money saved in case of emergencies.

2803. hacer - to do, to make

Mi abuela me regañaba de pequeña porque no me gustaba <u>hacer</u> mi tarea.

My grandmother used to scold me when I was little because I didn't like to <u>do</u> my homework.

2804. poder - to be able to, can

Siempre que voy a abrir un frasco, le pido ayuda a mi novio porque él si <u>puede</u> abrirlo y yo no.

Whenever I go to open a jar, I always ask my boyfriend for help because he <u>can</u> open it and I can't.

2805. decir - to say

Cuando estoy en alguna reunión virtual, me pongo muy nerviosa y no sé qué <u>decir</u>.

When I am in a virtual meeting, I get very nervous and I don't know what to <u>say</u>.

2806. haber - to have (auxiliary verb)

Mi hermano ya se <u>ha</u> ido a la escuela. Debería volver después de las 2 pm.

My brother <u>has</u> already left for school. He should be back after 2 pm.

2807. ir - to go

<u>Iremos</u> al cine esta tarde y luego a comer unas hamburguesas.

We will <u>go</u> to the movies this afternoon and then grab some burgers.

2808. dar - give

<u>Daremos</u> a los cachorros de nuestra Golden Retriever en adopción.

We will <u>give</u> our Golden Retriever puppies for adoption.

2809. ver - to see

Sin mis lentes no puedo <u>ver</u> muy bien, veo muy borroso.

Without my glasses I can't <u>see</u> very well, I see very blurry.

2810. saber - to know

Mi hermano <u>sabe</u> cocinar lasagna. Le queda exquisita.

My brother <u>knows</u> how to cook lasagna. It is delicious.

2811. pasar - to walk by, to pass

Diego <u>pasó</u> cerca de mi casa ayer, lo saludé desde mi balcón.

Diego <u>walked by</u> my house yesterday, I greeted him from my balcony.

2812. deber - must, to have to

El médico me dijo que <u>debo</u> hacer más ejercicio.

The doctor told me that I <u>must</u> exercise more.

2813. querer - to want, to love

La niña <u>quería</u> una muñeca para su cumpleaños.

The girl <u>wanted</u> a doll for her birthday.

2814. llegar - to arrive

Salimos temprano; estoy seguro de que <u>llegaremos</u> a tiempo.

We left early; I am sure we will <u>arrive</u> on time.

2815. dejar - to leave

El inquilino <u>dejó</u> la casa hace tres meses.

The tenant <u>left</u> the house three months ago.

2816. llevar - to carry

Compré un estuche nuevo para <u>llevar</u> mi guitarra.

I bought a new case for <u>carrying</u> my guitar.

2817. encontrar - to find

<u>Encontré</u> mis audífonos después de buscar por todos lados.

I <u>found</u> my headphones after looking everywhere.

2818. seguir - to follow

Este año, el desfile <u>seguirá</u> un recorrido muy largo.

The parade will <u>follow</u> a very long route this year.

2819. poner - to put

Me <u>puse</u> el abrigo porque hacía frío fuera.

I <u>put</u> my coat on because it was cold outside.

2820. quedarse - to stay

Los niños no podían <u>quedarse</u> quietos justo antes del recreo.

The children could not <u>stay</u> still just before recess.

2821. parecer - to seem

A primera vista, la mujer <u>parecía</u> amable.

At first glance, the woman <u>seemed</u> friendly.

2822. hablar - to speak

La gerente <u>habló</u> de la posibilidad de contratar nuevo personal.

The manager <u>talked</u> about the possibility of hiring new personnel.

2823. pensar - to think

Los padres siempre <u>piensan</u> en el futuro de sus hijos.

Parents always <u>think</u> about their children's future.

2824. volver - to return

Mi hermano <u>volvió</u> a casa después de dos años en el extranjero.

My brother <u>returned</u> home after two years abroad.

2825. conocer - to know

Mi padre no <u>conocía</u> a mi amigo, así que los presenté.

My father didn't <u>know</u> my friend, so I introduced them.

2826. salir - to go out

No quiero quedarme en casa esta noche, pero tampoco quiero <u>salir</u>.

I don't want to stay at home tonight, but I don't want to <u>go out</u> either.

2827. realizar - to perform

El piloto <u>realizó</u> acrobacias aéreas como parte del espectáculo.

The pilot <u>performed</u> overhead stunts as part of the show.

2828. tomar - to take, to grab

<u>Toma</u> este libro y llévaselo a tu madre.

<u>Take</u> this book and take it to your mother.

2829. tratar - to try, to deal with

La empresa <u>trata</u> de fortalecer la confianza de su clientela.

The company <u>tries</u> to build up trust among its customers.

2830. contar - to count, to tell

Le conté a la policía todo lo que había visto.

I told the police everything I had seen.

2831. llamar - to call

Intenté llamarte anoche, pero la línea estaba ocupada.

I tried calling you last night, but the line was busy.

2832. venir - to come, to arrive

Mi abuela vendrá hoy a cuidar de mi hermano mientras mi mamá está en el trabajo.

My grandmother will come today to take care of my brother while my mom is away at work.

2833. mirar - to see, to look

La niña se inclinó hacia delante para mirar por la ventana.

The girl leaned forward to look out the window.

2834. presentar - to present, to show, to submit

De conformidad con esta cláusula, debo presentar un informe.

In accordance with this clause, I must submit a report.

2835. permitir - to allow

El dinero del premio me permitió viajar alrededor del mundo.

The prize money allowed me to travel around the world.

2836. esperar - to wait, to expect

Los cerdos estaban esperando su comida dentro de la granja.

The pigs were waiting for their food inside the farm.

2837. sentir - to feel

Si sientes frío, enciende la calefacción.

If you feel cold, turn the heat on.

2838. vivir - to live

Las personas no pueden vivir sin oxígeno.

People can't live without oxygen.

2839. buscar - to look for

Después de graduarme, empezaré a buscar trabajo.

After graduating, I will start looking for work.

2840. creer - to believe

Los niños suelen creer en los cuentos de hadas.

Children often believe in fairy tales.

2841. crear - to create

Miguel Ángel creó muchas obras maestras.

Michelangelo created numerous masterpieces.

2842. perder - to lose

Perdí las llaves del coche y tuve que hacer una copia.

I lost the car keys and had to make a copy.

2843. existir - to exist

Los caballos existen, los Pegasos no.

Horses exist, but Pegasus does not.

2844. considerar - to consider

Antes de tomar una decisión, considera todas las ventajas y desventajas.

Before making a decision, consider all the pros and cons.

2845. abrir - to open

Si estás solo en casa, ¡nunca le abras la puerta a un extraño!

If you are home alone, never open the door to a stranger!

2846. trabajar - to work

Trabaja en una oficina cercana a su domicilio.

She works in an office close to her house.

2847. recibir - to receive

El director recibió el Oscar a la mejor película.

The director received the Oscar for best picture.

2848. mantener - to maintain

El preso mantiene su declaración inicial.

The prisoner maintains his initial statement.

2849. explicar - to explain

Dedicó el tiempo necesario para explicar el asunto a sus compañeros.

He took the necessary time to explain the matter to his workmates.

2850. lograr - to achieve

El equipo local marcó un gol y logró la victoria.

The home team scored a goal and achieved victory.

2851. empezar - to begin

La maestra <u>empezó</u> la clase con media hora de retraso.

The teacher <u>began</u> the class half an hour late.

2852. recordar - to remember

Aún <u>recuerdo</u> el día en que naciste.

I still <u>remember</u> the day you were born.

2853. comenzar - to start

Estamos esperando que <u>comience</u> la película.

We're waiting for the movie to <u>start</u>.

2854. pedir - to ask for

El niño le <u>pidió</u> agua a su madre.

The child <u>asked</u> his mother <u>for</u> water.

2855. preguntar - to ask

Cuando le <u>pregunté</u> a Carlos la razón de su ausencia, me dijo que había estado enfermo.

When I <u>asked</u> Carlos the reason for his absence, he told me he had been ill.

2856. producir - to produce, to make

Debido a la huelga, no hay material para <u>producir</u> automóviles.

Because of the strike, there is no material to <u>produce</u> automobiles.

2857. convertir - to convert, to change

El organismo humano <u>convierte</u> la glucosa en energía.

The human organism <u>converts</u> glucose into energy.

2858. entrar - to enter

El empleado tiene que mostrar su credencial para <u>entrar</u> al edificio.

The employee must show the badge to <u>enter</u> the building.

2859. mostrar - to show

Mi hermana me <u>mostró</u> una foto de su novio.

My sister <u>showed</u> me a picture of her boyfriend.

2860. señalar - to point

El niño <u>señaló</u> el juguete que quería.

The child <u>pointed</u> at the toy he wanted.

2861. escribir - to write

Anoche mi hermano estuvo <u>escribiendo</u> su resumen del libro que estuvo leyendo.

Last night my brother was <u>writing</u> his summary of the book he was reading.

2862. utilizar - to use

Utilicé una báscula para ver cuánto peso.

I used a scale to see how much I weigh.

2863. entender - to understand

Finalmente entendí lo que quería decir mi profesor.

I finally understood what my teacher meant.

2864. terminar - to end, to finish

El niño terminó su tarea y salió al patio a jugar.

The child finished his homework and went out to the patio to play.

2865. ganar - to win, to earn

Juan ha ganado el primer premio en la lotería.

Juan has won the first prize in the lottery.

2866. incluir - to include

Han incluido a tu hermano en la lista de los admitidos.

They have included your brother in the admissions list.

2867. morir - to die

Las tradiciones ancestrales de nuestro pueblo no deben morir.

We must not let our people's ancestral traditions die.

2868. asegurar - to ensure, to secure

Aseguramos las ventanas con tablas antes de la tormenta.

We secured the windows with planks before the storm.

2869. ocurrir - to occur

Ocurrió un grave accidente, hay decenas de heridos.

A serious accident occurred, there are dozens of casualties.

2870. ofrecer - to offer

Esta clínica ofrece servicios médicos gratuitos a los pobres.

This clinic offers free medical services to the poor.

2871. jugar - to play

Me gusta jugar a las cartas con mis amigos.

I like to play cards with my friends.

2872. gustar - to like

La película es un poco lenta, pero me gustó.

The movie is a bit slow, but I liked it.

2873. escuchar - to listen
Me gusta <u>escuchar</u> música mientras limpio la casa.

I like <u>to listen</u> to music while I clean the house.

2874. sentar - to sit
El camarero nos <u>sentó</u> en una mesa con vista al lago.

The waiter <u>sat</u> us at a table with a view of the lake.

2875. cambiar - to change
Ana quiere <u>cambiar</u> los términos del acuerdo.

Ana wants to <u>change</u> the terms of the agreement.

2876. aparecer - to appear
En la mano del mago <u>apareció</u> un ramo de flores.

In the hand of the magician, a bouquet of flowers <u>appeared</u>.

2877. acabar - to finish, to end
Todavía no <u>he acabado</u> la tarea.

I still <u>have</u> not <u>finished</u> the assignment.

2878. decidir - to decide
Juan <u>ha decidido</u> estudiar Medicina.

Juan <u>has decided</u> to study Medicine.

2879. resultar - to result, to prove
Los cambios administrativos <u>resultaron</u> en mayor eficacia.

The administrative changes <u>resulted</u> in better efficiency.

2880. caer - to fall
El agua <u>cae</u> desde la parte más alta de la fuente.

The water <u>falls</u> from the highest part of the fountain.

2881. desarrollar - to develop
Las mascotas <u>desarrollan</u> vínculos fuertes con sus dueños.

Pets <u>develop</u> strong bonds with their owners.

2882. necesitar - to need
<u>Necesito</u> ajustar la hora en mi reloj.

I <u>need</u> to set the time on my watch.

2883. sacar - to remove
El entrenador <u>sacó</u> del equipo al jugador conflictivo.

The coach <u>removed</u> the conflictive player from the team.

2884. establecer - to establish, to set

El director estableció las normas del proyecto.

The director set the rules for the project.

2885. conseguir - to get

La alumna consiguió un diez en el examen.

The student got a ten on the exam.

2886. indicar - to indicate

Pegué una etiqueta en la caja para indicar el contenido.

I stuck a label on the box to indicate its content.

2887. formar - to form

Los estudiantes formaron grupos para hacer la actividad.

The students formed groups to do the activity.

2888. reconocer - to recognize

Tras afeitarme, mi madre no pudo reconocerme.

After shaving, my mother could not recognize me.

2889. dirigir - to lead, to conduct

Mi padre dirige la orquesta con una batuta.

My father conducts the orchestra with a baton.

2890. servir - to serve

El gerente dice que su primera prioridad es servir a sus clientes.

The manager says that his first priority is to serve his customers.

2891. alcanzar - to reach

Se subió en una silla para alcanzar la bombilla que tenía que cambiar.

He stood up on a chair to reach the light bulb that needed changing.

2892. intentar - to try

He intentado hacer una torta, pero no lo logré.

I have tried to make a cake, but it didn't go well.

2893. cumplir - to accomplish

Trabajo duro para cumplir mis objetivos.

I work hard to accomplish my goals.

2894. leer - to read

Intento leer un libro cada semana.

I try to read a book every week.

2895. obtener - to get, to obtain
El estudiante <u>obtuvo</u> su diploma en un año.

The student <u>obtained</u> his diploma in a year.

2896. ayudar - to help
<u>Ayudé</u> a mi padre a mudarse a su nuevo hogar.

I <u>helped</u> my father move into his new home.

2897. usar - to use
Todos los empleados pueden <u>usar</u> la sala de reuniones.

All the employees can <u>use</u> the meeting room.

2898. observar - to observe
La bióloga <u>observó</u> el grupo de células con un microscopio.

The biologist <u>observed</u> the cluster of cells with a microscope.

2899. responder - to answer, to respond
Un alto porcentaje de gente <u>respondió</u> a la encuesta.

A high percentage of people <u>responded</u> to the survey.

Spanish Idioms

2900. Pan comido - Eaten bread
Meaning: It refers to something that is easy or simple to do (an action).
English equivalent: A piece of cake.

Diana ha estado estudiando durante dos años seguidos para este examen, será pan comido para ella.

Diana has been studying for two years straight for this exam, so it will be a piece of cake for her.

2901. Dormir/acostarse con las gallinas - To go to sleep with the chickens
Meaning: To go to sleep early (like real chickens do).

Belkis nunca ve las películas completas porque es de las que se acuestan con las gallinas.

Belkis never watches the full movies because she's the type of person that goes to sleep early.

2902. Andarse/irse por las ramas - To walk around the branches
Meaning: To avoid the subject.
English equivalent: To beat around the bush.

Karen siempre anda por las ramas. No me ha confirmado si asistirá a mi cumpleaños o no.

Karen is always beating around the bush. She has not confirmed whether she will attend my birthday or not.

2903. Peor es nada - Worse is nothing
Meaning: Better than nothing

El trabajo que conseguí es muy exigente, tengo que trabajar doce horas, pero peor es nada.

The job I got is very demanding, I have to work twelve hours a day, but it's better than nothing.

2904. Tal para cual - Such for which
Meaning: Very similar.
English equivalent: Like two peas in a pod.

Kevin y Carlos son tal para cual.

Kevin and Carlos are like two peas in a pod.

2905. Quemarse las pestañas - To burn your own lashes
Meaning: To stay up late studying or working on something.
English equivalent: To burn the midnight oil.

Anoche me estuve quemando las pestañas para poder finalizar el proyecto de Biología.

I was burning the midnight oil last night in order to finish my Biology project.

2906. Buscarle la quinta pata al gato - Looking for the fifth leg of the cat

Meaning: To overcomplicate things.

A Ernesto le encanta discutir por todo; ¡siempre le está <u>buscando la quinta pata al gato</u>!

Ernesto loves to argue about everything; he likes <u>to overcomplicate things</u>!

2907. Con las manos en la masa - With hands in the dough

Meaning: To be caught in the act of misbehaving.

English equivalent: To be caught red-handed.

Patricia fue atrapada <u>con las manos en la masa</u>, comiéndose la torta antes de la fiesta.

Patricia <u>was caught red-handed</u>, eating the cake before the party.

2908. ¿Qué es una raya más para el tigre? - What's one more stripe for the tiger?

Meaning: A little more won't make a difference.

Anoche estuve bebiendo con unos amigos y luego mi hermano me invitó un trago, y le dije que si iría, de todas maneras <u>¿que es una raya más para el tigre?</u>

Last night I was drinking with some friends and then my brother invited me for a drink, and I told him I would go because <u>a little more won't make a difference.</u>

2909. A mal tiempo, buena cara - To bad weather, a good face

Meaning: Face disappointment and make the best of it.

English equivalent: When life gives you lemons, make lemonade.

Cada vez que me encuentro en una mala situación, mi mamá siempre dice: "<u>Al mal tiempo, buena cara.</u>"

Whenever I find myself in a bad situation, my mother always says, "<u>If life gives you lemons, make lemonade.</u>"

2910. Tener memoria de pez - To have the memory of a fish

Meaning: An inability to remember things.

Mi hermano siempre se molesta conmigo porque no suelo recordar muchas cosas, él dice que <u>tengo memoria de pez</u>.

My brother always gets annoyed with me because I don't usually remember a lot of things, he says I <u>have a fish memory</u>.

2911. Empezar la casa por el tejado - To start the house from the roof

Meaning: Do things out of order.

English equivalent: To place the cart before the horse.

Le dije a mi hermano que no podía hacer esa tarea de esa forma, pero a él siempre le gusta <u>empezar la casa por el tejado</u>.

I told my brother that I couldn't do the task that way, but he always likes <u>to place the cart before the horse</u>.

2912. Meter la pata - To put the foot in (as into a trap)

Meaning: To make a mistake or mess up.

A mi hermano se le rompió la camisa y no sabe coser entonces, antes de que vaya a <u>meter la pata</u>, decidí ayudarlo.	My brother's shirt broke and he doesn't know how to sew so, before he <u>messes up</u>, I decided to help him.

2913. Estar hasta la coronilla - To be in all the way up to the head/noses

Meaning: To be fed up with something.

English equivalent: Neck-deep, in over your head.

Ya <u>estoy hasta la coronilla</u> de que me digan qué debo hacer con mi vida, ya soy un adulto. ¡Déjenme en paz!	I'm neck-deep with being told what to do with my life, I'm an adult now, leave me alone!

2914. Estar como una cabra - To be like a goat

Meaning: To act crazy.

English equivalent: To be totally nuts.

<u>Estás como una cabra</u>, ¡deja de hacer eso!	You<u>'re totally nuts</u>, stop doing that!

2915. Tirar la casa por la ventana - To throw the house out the window

Meaning: To spare no expense and worry about the bill tomorrow.

English equivalent: Go all out.

Luis va a <u>tirar la casa por la ventana</u> en su fiesta de graduación de la universidad.	Luis is <u>going all out</u> for his college graduation party.

2916. Dar la vuelta a la tortilla - To turn the tortilla around

Meaning: To turn the tables.

English equivalent: Change things up, mix it up a bit.

Estoy cansada de siempre hacer lo mismo, trabajar y dormir, necesito darle <u>vuelta a la tortilla</u>.	I'm tired of always doing the same thing, working and sleeping, I need <u>to change things up</u>.

2917. Quedarse de piedra - To stay like a stone

Meaning: To be shocked, especially into silence.

English equivalent: To be stunned, shocked, or amazed (depending on the situation).

Me <u>quedé de piedra</u> al descubrir que mi profesora de arte se había jubilado, era mi favorita.	I <u>was shocked</u> when I discovered that my art teacher had retired, she was my favorite.

2918. Hablando del rey de Roma - Speaking of the king of Rome

Meaning: When you're talking about someone and they just show up.

English equivalent: Speaking of the devil.

Ricardo está súper ocupado, no se si venga a la fiesta; ¡hablando del rey de Roma, me está llamando!	Ricardo is super busy, I don't know if he's coming to the party; speaking of the devil, he's calling me!

2919. Sin pelos en la lengua - Without hair on your tongue

Meaning: To speak in a straightforward manner.

Mi madre es una mujer sin pelos en la lengua, siempre dice lo que piensa.	My mother is a woman who doesn't mince words, she always speaks her mind.

2920. Una media naranja - A half an orange, to find your orange half

Meaning: A soul mate, to find your soul mate.

Pedro se ha registrado en un sitio web de citas, el aún no se rinde, aun quiere conseguir a su media naranja.	Pedro has signed up on a dating website, he still doesn't give up, he still wants to find his soul mate.

2921. Bueno y barato no caben en el mismo zapato - Good and cheap won't fit in the same shoe

Meaning: You get what you pay for.

Dicen por allí que lo bueno y barato no caben en el mismo zapato; sin embargo, compré esta camisa por 10 dólares y es de muy buena calidad.	They say that you get what you pay for; however, I bought this shirt for 10 dollars and it is very good quality.

2922. No tener pies ni cabeza - To have neither feet nor head

Meaning: Not making any sense.

English equivalent: Neither head nor tail.

Jesús me pidió ayuda con la tarea y, cuando la revisé, me di cuenta de que no tenía ni pies ni cabeza.	Jesús asked me for help with the homework and, when I reviewed it, I realized that it had neither head nor tail.

2923. Camarón que se duerme se lo lleva la corriente - Sleeping shrimp get carried by the current

Meaning: If you don't do anything, you have no control over what happens.

English equivalent: You snooze, you lose.

¿No has estudiado nada para los exámenes de la próxima semana? Te recomiendo que comiences pronto, recuerda que <u>camarón que se duerme se lo lleva la corriente</u>.

Haven't you studied at all for next week's exams? I recommend you to start soon, remember that if <u>you snooze, you lose</u>.

2924. A fin de cuentas - In the end
Meaning: After all.
English equivalent: At the end of the day.

No tengo mucho dinero, así que le tejeré una bufanda a Lorenzo como regalo de cumpleaños. <u>A fin de cuentas</u>, lo que importa es la intención.

I don't have much money, so I will knit a scarf for Lorenzo as a birthday present. <u>At the end of the day</u>, what matters is the intention.

2925. A la vuelta de la esquina - Very near
Meaning: To express that an event is going to happen soon.
English equivalent: Around the corner.

Parece que ayer comencé mi carrera universitaria y ahora la graduación está <u>a la vuelta de la esquina</u>.

It seems like just yesterday I started my college career and now graduation is just <u>around the corner</u>.

2926. Ahogarse en un vaso de agua - Drowning in a glass of water
Meaning: To exaggerate a problem or give up too easily.
English equivalent: Make a mountain out of a molehill.

Mi amiga <u>se está ahogando en un vaso de agua</u> por las preparaciones de su boda, así que le recomendé una empresa que se dedica a todo eso para ayudarla y que pueda disfrutar de su boda.

My friend <u>is making a mountain out of a molehill</u> because of her wedding preparations, so I recommended a wedding planning company to help her enjoy her wedding.

2927. Comerse la cabeza - Eat your own head
Meaning: To rack one's brain over something, to overthink.

Carlos <u>se estaba comiendo mucho la cabeza</u> por que no sabe que nota sacó en el examen de inglés.

Carlos <u>was racking his own brain over</u> because he doesn't know what grade he got on the English test.

2928. Como pez en el agua - Like a fish in water (English equivalent)
Meaning: To be comfortable in a situation.

A ella siempre le han gustado mucho los videojuegos y se veía que se sentía como pez en el agua cuando llegamos a la convención.

She has always been very passionate about video games and it was clear that she felt like a fish in water when we arrived at the convention.

2929. Ser un libro abierto - To be an open book (English equivalent)
Meaning: Very clear, with nothing to hide.

Lisa siempre ha sido un libro abierto, siempre es súper sincera con lo que le gusta y lo que no.

Lisa has always been an open book, always super honest with her likes and dislikes.

2930. Cortar por lo sano - To cut to the chase
Meaning: To abruptly stop or finish something.
English equivalent: Cut your losses, a clean break (depending on the situation).

Daniela y Claudio decidieron cortar por lo sano, ya la relación no era lo mismo.

Daniela and Claudio decided to make a clean break, the relationship was no longer the same.

2931. Dar el brazo a torcer - To give arm to twist
Meaning and English equivalent: To give in.

Después de la discusión, Alan dio su brazo a torcer y le pidió disculpa a su padre.

After the argument, Alan gave in and apologized to his father.

2932. Dar en el blanco/clavo - To hit the target/nail
Meaning: To be right, to get something right.
English equivalent: To hit the mark, to hit the bulls-eye, to hit the nail on the head.

A pesar de que todos los participantes parecían muy experimentados, yo fui la única que dio en el blanco.

Although all the participants seemed very experienced, I was the only one who hit the mark.

2933. Echar leña al fuego - To add wood to the fire
Meaning: To make a situation worse.
English equivalent: Fuel the fire.

Después de la discusión, Carla le echó leña al fuego con su comentario de mal gusto.

After the discussion, Carla added fuel to the fire with her rude comment.

2934. El dinero no crece en los árboles - Money does not grow from trees
Meaning: Money is not easy to obtain.

Tienes que terminar tu carrera universitaria, recuerda que <u>el dinero no crece en los arboles.</u>

You have to finish your college degree, remember that <u>money does not fall from trees.</u>

2935. Tomar el pelo - Pulling the hair
Meaning: To be joking (colloquial).
English equivalent: To be kidding.

Cuando Renata me comentó que estaba embarazada, creí que me estaba <u>tomando el pelo.</u>

When Renata told me she was pregnant, I thought she <u>was kidding me.</u>

2936. Caminar en la cuerda floja - To be walking a tightrope
Meaning: To be involved in a difficult situation.
English equivalent: To walk on thin ice.

La semana pasada me subieron el precio del alquiler de mi casa y actualmente no me va muy bien en el trabajo, realmente estoy <u>caminando en la cuerda floja.</u>

Last week the rent for my house was raised and I am not doing very well at work at the moment, I am really <u>walking on thin ice.</u>

2937. Flipar (Spain idiom only) - To flip out
Meaning: To freak out.
English equivalent: To be crazy, surprised, or excited about something.

Compré un videojuego nuevo, ¡es increíble! Vas a <u>flipar</u> cuando te lo enseñe.

I bought a new video game, it's incredible! You'll be <u>freaked out</u> when I show it to you.

2938. Hablar hasta por los codos - To talk up to the elbows
Meaning: To talk too much.
English equivalent: To talk your head/ears off.

Mi amiga Liris habla tanto que <u>habla hasta por los codos.</u>

My friend Liris talks so much that she <u>talks her head off.</u>

2939. Hacer algo al pie de la letra - To do something to the letter
Meaning: To do something very precisely.
English equivalent: To the T.

Nuestro jefe nos pidió para este nuevo proyecto seguir sus indicaciones <u>al pie de la letra.</u>

Our boss asked us for this new project to follow his instructions <u>to the T.</u>

2940. Hacerse el sordo/loco - To play deaf/crazy
Meaning: To pretend not to know something.

English equivalent: To play dumb.

Escuché a mi esposa hablando con unos amigos y me enteré de que me están preparando una fiesta sorpresa, ahora tengo que <u>hacerme el sordo</u>.	I heard my wife talking to some friends and I found out that they are preparing a surprise party for me, now I have <u>to play dumb</u>.

2941. Hacerse un lío - Get messed up

Meaning: To be confused about something.

English equivalent: Get yourself into a mess.

Quisiera ir a visitar a mis amigos en Londres, pero <u>estoy hecha un lío</u> con el idioma y la visa.	I would like to visit my friends in London, but <u>I am in a mess</u> with the language and the visa.

2942. Ir al grano - Go to the grain

Meaning and English equivalent: To go straight to the point.

Antes de que empecemos con las formalidades, <u>voy a ir al grano</u>: nuestra prioridad ahora es mejorar la seguridad del edificio.	Before we start with the formalities, <u>I will get straight to the point</u>: our priority now is to improve the security of the building.

2943. Lavarse las manos - To wash one's hands (Enligsh equivalent)

Meaning: To avoid responsibility.

Hace unos días le dije a mi pareja que teníamos que hablar sobre nuestra relación, pero él siempre <u>se lava las manos</u> diciendo que está muy ocupado en el trabajo.	A few days ag,o I told my partner that we need to talk about our relationship, but he always <u>washes his hands</u> of it saying he is too busy at work.

2944. Más claro ni el agua - Clearer than water

Meaning: Very clear.

English equivalent: Crystal clear.

A Leónidas se le nota que está enamorado de Karen, <u>más claro ni el agua</u>. Estuvo toda la tarde hablando de ella.	Leónidas is obviously in love with Karen, <u>it's crystal clear</u>. He spent the whole afternoon talking about her.

2945. Matar a dos pájaros de un tiro - To kill two birds with one shot

Meaning: Solve two problems with a single action.

English equivalent: Kill two birds with one stone.

Paola mat\u00f3 a dos p\u00e1jaros de un solo tiro, se cas\u00f3 la semana pasada y resulta que su esposo es un excelente cocinero y le encantan los ni\u00f1os.

Paola killed two birds with one stone, she got married last week and it turns out that her husband is an excellent cook and loves children.

2946. Menos mal - Less bad
Meaning: Thank God.
English equivalent: It's a good thing, luckily.

Menos mal no hab\u00eda tr\u00e1fico y pudimos llegar a tiempo a la funci\u00f3n del cine.

Luckily, there was no traffic and we were able to get to the movie theater on time.

2947. No hay mal que por bien no venga - There is no bad thing without a good one
Meaning: A bad situation can be a chance to do something good.
English equivalent: To be a blessing in disguise, every cloud has a silver lining.

Perd\u00ed mi trabajo hace unos meses, pero me ofrecieron un mejor salario y mejores beneficios. De verdad que no hay mal que por bien no venga.

I lost my job a few months ago, but I was offered a better salary and better benefits. It's true that every cloud has a silver lining.

2948. Sin pegar un ojo - Without sleeping a wink (English equivalent)
Meaning: Not being able to sleep at all.

Anoche mi hermana se fue a la discoteca con sus amigas y mi mam\u00e1 estuvo sin pegar un ojo.

Last night my sister went to the disco with her friends and my mom didn't sleep a wink.

2949. Tener un as bajo la manga - To have an ace up your sleeve (English equivalent)
Meaning: To have a trick up one's sleeve.

En caso de que mi cita no se presente, tengo un as bajo la manga porque en la esquina hay una discoteca excelente en la cual me puedo divertir.

In case my date doesn't show up, I have an ace up my sleeve because on the corner there is an excellent disco where I can have fun.

2950. Tirar la toalla - To throw in the towel (English equivalent)
Meaning: To give up, to abandon.

A pesar de que estuvo estudiando por cinco a\u00f1os la carrera de Medicina, decidi\u00f3 tirar la toalla en el \u00faltimo semestre y nunca se gradu\u00f3.

Although he was studying Medicine for five years, he decided to throw in the towel in the last semester and never graduated.

2951. Traer algo entre manos - To bring something between hands
Meaning: To have a plan.
English equivalent: To be up to something.

Jesús está actuando muy extraño, estoy segura de que se <u>trae algo entre manos</u>.	Jesús is acting very strange, I'm sure he'<u>s up to something</u>.

2952. De labios/boca para afuera - From the lips/mouth outwards
Meaning: To say something you didn't mean

Todos somos amigos aunque a veces nos peleemos <u>de la boca para afuera</u>.	We are all friends even if sometimes we fight with each, <u>but we don't mean to</u>.

2953. Llover a cántaros - To rain to pitchers
Meaning: Heavily raining.
English equivalent: Raining cats and dogs.

Por la casa de mi papá estuvo <u>lloviendo a cántaros</u> toda la noche sin parar.	At my dad's house it was <u>raining cats and dogs</u> all night long without stopping.

2954. Estar más sano que una pera - To be healthier than a pear
Meaning: When someone feels great and is very healthy.
English equivalent: To be as fit as a fiddle.

Mi abuela tiene actualmente 70 años, pero parece de 40, <u>está más sana que una pera</u>.	My grandmother is currently 70 years old, but she looks like she's 40, she'<u>s as fit as a fiddle</u>.

2955. Tener un humor de perros - To have a mood of dogs
Meaning: To be in a bad mood.
English equivalent: To be in a foul mood.

Mi prima <u>tiene un humor de perros</u> porque no entró a la universidad que quería.	My cousin <u>is in a foul mood</u> because she didn't get into the college she wanted.

2956. Se me hace agua la boca - It makes my mouth water
Meaning: When a meal is so delicious it makes the saliva flow in a person's mouth.

¡<u>Se me hace agua la boca</u> de solo pensar en que vamos al centro comercial a comprar unos roles de canela!	<u>My mouth is watering</u> just thinking about going to the mall to buy some cinnamon rolls!

2957. Buscar una aguja en un pajar - To look for a needle in a haystack (English equivalent)
Meaning: To find the impossible.

Fuimos al concierto de Metallica y debíamos encontrarnos con nuestra amiga Ariana. Sin embargo, fue bastante difícil encontrarla, habían más de 20 mil personas allí, fue como buscar una aguja en un pajar.

We went to the Metallica concert and we were supposed to meet our friend Ariana. However, it was quite difficult to find her, there were more than 20 thousand people there, it was like looking for a needle in a haystack.

2958. Dar a luz - To give to light
Meaning and English equivalent: To give birth.

Mi cuñada dio a luz a dos hermosos gemelos. En un par de días la enviarán a casa.

My sister-in-law gave birth to two beautiful twins. In a couple of days, she will be sent home.

2959. Ojos que no ven, corazón que no siente - Eyes that do not see, heart that does not feel
Meaning: If you aren't around to witness something, then it cannot hurt you.

English equivalent: Out of sight, out of mind.

Cuando le estaba cosiendo el pantalón a mi hijo, me di cuenta de que lo hice mal. Pero al final quedó bien, así que ojos que no ven, corazón que no siente.

When I was sewing my son's pants, I realized that I did it wrong. But in the end it turned out well, so out of sight, out of mind.

2960. Esperar al príncipe azul - To wait for the blue prince
Meaning: To wait for the prince charming.

English equivalent: To wait for the knight in the shining armour or the prince charming.

Mi prima Viviana tiene estándares muy altos, aún sigue esperando al príncipe azul.

My cousin Viviana has very high standards, she is still waiting for her prince charming.

2961. Más vale un pájaro en mano, que cien volando - A bird in the hand is better than a hundred in the air
Meaning: Focus on what you have, instead of what you don't.

English equivalent: A bird in the hand is worth two in the bush.

No vayas a renunciar aún del trabajo que tienes si aún no es seguro que te llamen después de la entrevista que tuviste. Recuerda que más vale un pájaro en mano, que cien volando.

Don't resign from the job you have if it is still not certain that you will be called after the interview you had, remember that a bird in the hand is worth two in the bush.

2962. Un clavo saca a otro clavo - One nail pulls out another nail

Meaning: A new person in your life can help you forget another person (used for relationships).

English equivalent: A nail drives a nail.

No importa si tu pareja te dejó, sal y diviértete, y recuerda que <u>un clavo saca a otro clavo</u>.

It doesn't matter if your partner left you, go out and have fun, and remember that one <u>nail drives out another nail</u>.

2963. Color de rosa - In pink color
Meaning: To be positive about everything.

English equivalent: All peaches and cream, bed full of roses.

Cuando me ofrecieron este trabajo, me lo pintaron <u>color de rosa</u>, pero resulta que hay cosas que no mencionaron que tendré que hacer.

When they offered me this job, it was <u>all peaches and cream</u>, but it turns out there are things they didn't mention that I will have to do.

2964. Zapatero a sus zapatos - Cobbler to his shoes
Meaning: Stick to what you know.

English equivalent: Let the cobbler stick to his last.

Tatiana siempre ayuda en todo lo que pueda en la casa, sin embargo, considero que los trabajos de electricidad hay que dejarlo para los profesionales, ya sabes, <u>zapatero a sus zapatos</u>.

Tatiana always helps in everything she can around the house, however, I think that electrical work should be left to the professionals, you know, <u>let the cobbler stick to his last</u>.

2965. ¿Te comió la lengua el gato? - Did the cat ate your tongue?
Meaning: Used when someone is weirdly quiet (often used with kids).

English equivalent: Has the cat got your tongue?

<u>¿Te comió la lengua el gato?</u> Hace unos minutos hablabas mucho y ahora no dices nada.

<u>Has the cat got your tongue?</u> A few minutes ago you were talking a lot and now you're not saying anything.

2966. La curiosidad mató al gato - The curiosity killed the cat (English equivalent)
Meaning: Don't be curious about things that don't concern you.

¡<u>La curiosidad mató al gato</u>! ¿Qué haces en mi habitación sin permiso?

<u>Curiosity killed the cat</u>! What are you doing in my room without my permission?

2967. Dar gato por liebre - To give a cat instead of a hare
Meaning and English equivalent: To trick, to cheat, rip off

En el anuncio, las hamburguesas se veían más grandes, ¡me dieron gato por liebre!

In the, ad the burgers looked bigger, I got ripped off!

2968. Hasta en la sopa - Even in the soup
Meaning: When you encounter someone everywhere.

Siempre me encuentro a Paolo en la calle, lo veo hasta en la sopa.

I always meet Paolo in the street, I see him everywhere I go.

2969. Consultar con la almohada - To consult with the pillow
Meaning and English equivalent: To sleep on it.

Mi novio me propuso que me fuera a vivir con él, pero no estoy segura de si debo hacerlo aún. Es un gran paso, debería consultarlo con la almohada.

My boyfriend proposed that I move in with him, but I'm not sure if I should do it yet. It's a big step, I should sleep on it.

2970. Te falta un tornillo - To miss a screw
Meaning: When someone act a little crazy.
English equivalent: Have a screw loose.

¡A ti definitivamente te falta un tornillo! ¿Cómo pudiste dejar a los niños solos?

You definitely have a screw loose! How could you leave the kids alone?

2971. El mundo se va a acabar - The world is about to come to an end
Meaning: Enjoy your life while you still can, don't worry about the future.
English equivalent: Like there's no tomorrow.

Jesús y David comen como si el mundo se va a acabar. Capaz deberían tomárselo con calma.

Jesús and David eat like there's no tomorrow. Maybe they should take it easy.

2972. Donde comen dos, comen tres - Where two eat, three eat
Meaning: There is always enough food for one more.
English equivalent: There's always room for one more.

¿Quieres venir a mi casa? Seremos dos personas nada más, pero recuerda que donde comen dos, comen tres.

Do you want to come to my house? We'll just be two people, but remember that there's always room for one more.

2973. No importar un rábano/pepino - To not give a radish/cucumber
Meaning: To not care about something at all.
English equivalent: I couldn't care less.

Me importa un pepino que tengas trabajo, el 24 de diciembre tienes que venir a la fiesta.

I couldn't care less that you have to work, on December 24th you have to come to the party.

2974. Qué mala leche - What a bad milk
Meaning: To have bad luck about something.
English equivalent: What a bad joke.

¡Qué mala leche! No pasé el examen de admisión de la Universidad de Buenos Aires.

What a bad joke! I did not pass the entrance exam for the University of Buenos Aires.

2975. Estarse asando - To be cooking oneself on a grill
Meaning: When is too hot outside.

Según el pronóstico de hoy, a las 5 pm tendremos una temperatura de 36°C. ¡Nos vamos a asar!

According to today's forecast, at 5 pm we will have a temperature of 36°C. We are going to roast!

2976. Morirse de frío - To die from cold
Meaning: To be too cold.
English equivalent: To be freezing to death.

¿Podrías cerrar la ventana? ¡Me estoy muriendo del frío!

Could you close the window? I'm freezing to death!

2977. Estar entre la espada y la pared - To be between the sword and the wall
Meaning: When you have to choose between two bad options.
English equivalent: Caught between a rock and a hard place.

No sé qué hacer en esta situación, ninguna de las opciones me beneficia, realmente estoy entre la espada y la pared.

I don't know what to do in this situation, none of the options benefit me, I am really between a rock and a hard place.

2978. Salirse con la suya - To get away with it
Meaning: When you accomplish something you were looking for.
English equivalent: To get your way, to have your way.

Mi hermano siempre se sale con la suya y a mi siempre me toca limpiar la habitación.

My brother always gets his way and I always get to clean the room.

2979. Estar en todo - To be in everything
Meaning and English equivalent: To be on top of everything.

Nunca le he visto un error a mi profesora de Inglés, ella siempre está en todo.

I have never seen a mistake from my English teacher, she is always on top of everything.

2980. Ser una gallina - To be a hen
Meaning: To be a coward.
English equivalent: To be a chicken.

¿Me podrías ayudar a cambiar este bombillo? No seas gallina, no te va a pasar nada.

Could you help me change this bulb? Don't be a chicken, nothing will happen to you.

2981. Arma de doble filo - Double-edged sword (English equivalent)
Meaning: When something has two different sides, one good and one bad.

El amor es un arma de doble filo, puede llegar a ser muy lindo; pero cuando termina, siempre acaba en dolor o traición.

Love is a double-edged sword, it can be wonderful; but when it ends, it always ends in pain or betrayal.

2982. Echar un ojo - To take a look
Meaning: To look superficially.
English equivalent: To give a cursory glance, To give a quick look.

Cuando le entregué los exámenes al doctor, me dijo que les echaría un ojo y me daría un diagnóstico.

When I gave the tests to the doctor, he said he would give a quick look and give me a diagnosis.

2983. Ir de punta en blanco - On white tip
Meaning: When someone is nicely dressed for a special event or occasion.
English equivalent: Dressed to the nines, dressed to kill, dressed for success.

Para la boda de Lorenzo, tenemos que ir de punta en blanco, es un evento muy importante.

For Lorenzo's wedding, we have to be dressed to the nines, it's a very important event.

2984. Tener sangre azul - To have blue blood
Meaning: To be part of a rich family or even royalty.
English equivalent: To be born with a silver spoon in your mouth.

Karen debe tener la sangre azul, siempre la veo con ropa muy costosa.

Karen should have been born with a silver spoon in her mouth, I always see her dressed in very expensive clothes.

2985. Ponerse rojo como un tomate - To turn red as a tomato
Meaning: When someone feels embarrassed about something.

English equivalent: To turn red as a beet.

Era evidente que Paulina estaba avergonzada ¡Se puso roja como un tomate!	It was obvious that Paulina was embarrassed, she turned as red as a beet!

2986. Ser la oveja negra - To be the black sheep (English equivalent)
Meaning: Used when someone is good for nothing.

Gabriel es la oveja negra de su familia, siempre está metido en problemas y no va a clases.	Gabriel is the black sheep of his family, he is always in trouble and doesn't go to school.

2987. Ser una rata - To be a rat
Meaning: When you talk about a betrayer, a person who cheats or makes fun of another person.

English equivalent: To be a snake in the grass, a rat.

Daniela es una rata con sus hermanos; cuando los cuida, no los deja jugar ni ver la televisión.	Daniela is a rat with her siblings; when she takes care of them, she doesn't let them play or watch TV.

2988. Tener más vidas que un gato - To have more lives than a cat (English equivalent)
Meaning: Used when someone is very lucky.

Pedro ha tenido varios accidentes este año, se cayó de la bicicleta hace poco. De verdad que tiene más vidas que un gato.	Pedro has had several accidents this year, he fell off his bike recently. He really has more lives than a cat.

2989. Ser más astuto que un zorro - To be cleverer than a fox
Meaning: To be astute and skilled in practical matters.

English equivalent: To be sly as a fox.

Mi hermano engañó a mi mamá y ella terminó llevándolo al parque; es más astuto que un zorro.	My brother tricked my mom and she ended up taking him to the park; he's sly as a fox.

2990. Ser un bombón - To be a bonbon, to be a chocolate
Meaning: When someone is very good looking.

English equivalent: To be eye candy.

Henry Cavill es un excelente actor, pero la mejor parte es que es un bombón.	Henry Cavill is an excellent actor, but the best part is that he's eye candy.

2991. Ser del año de la pera - To be from the year of the pear
Meaning: To be old.

English equivalent: To be from another era.

Tulio realmente <u>es del año de la pera</u>, aún lee el periódico cada día.	Tulio <u>is</u> really <u>from another era</u>, he still reads the newspaper every day.

2992. Ser la gallina de los huevos de oro - To be the hen with the golden eggs
Meaning: When someone/something is the source of money.
English equivalent: To be the goose that lays the golden eggs.

Siempre me pareció que mi mamá no ganaría dinero vendiendo collares, pero ahora resulta que su emprendimiento <u>es la gallina de los huevos de oro</u>.	It always seemed to me that my mom wouldn't make money selling necklaces, but now it turns out that her business <u>is the goose that lays the golden eggs</u>.

2993. Caminar con pies de plomo - To walk with lead feet
Meaning: To be careful about something.
English equivalent: To walk on eggshells.

Mi primo pequeño <u>caminó con pies de plomo</u> cuando se acercó a ver a su nueva hermana.	My little cousin <u>walked on eggshells</u> as he approached to see his new sister.

2994. Con la soga al cuello - With the rope around the neck
Meaning: To be under a really stressful situation.
English equivalent: To be in trouble.

Actualmente estoy <u>con la soga al cuello</u>, no tengo suficiente dinero para cubrir los gastos de este mes.	<u>I am currently in trouble</u>, I don't have enough money to cover this month's expenses.

2995. Costar un ojo de la cara - To cost an eye of the face
Meaning: When a product is too expensive.
English equivalent: To cost an arm and a leg.

Siempre he pensado que los iPhones <u>cuestan un ojo de la cara</u>, que son muy buenos teléfonos.	I have always thought that iPhones <u>cost an arm and a leg</u>, that they are very good phones.

2996. Dormirse en los laureles - To fall asleep in the laurels
Meaning: To stop working hard after achieving success.
English equivalent: To rest on your laurels.

Ya por fin me he graduado, pero eso no significa que vaya a <u>dormirme en los laureles</u>.	I've finally graduated, but that doesn't mean I'm going <u>to rest on my laurels</u>.

2997. A duras penas - At tough hardship

Meaning: When you barely accomplish something.

English equivalent: Hard-pressed.

Eduardo pasó el semestre a duras penas; su promedio es de 11/20.	Eduardo passed the semester hard-pressed; his average is 11/20.

2998. Perder los estribos - To lose the stirrup

Meaning: To get angry, furious.

English equivalent: To lose my temper.

Hay pocas cosas que me hacen perder los estribos, por ejemplo, los niños que lloran en los vuelos.	There are a few things that make me lose my temper, for example, children crying on flights.

2999. Pasarse de la raya - To cross the line (English equivalent)

Meaning: To exceed the limit of what is tolerable.

¡Te pasaste de la raya con ese comentario! No permitiré que insultes a tu mamá.	You crossed the line with that comment! I will not allow you to insult your mother.

3000. Ir contra la corriente - To go against the grain (English equivalent)

Meaning: To be unconventional, contrary to general opinion.

Adriana siempre va contra la corriente, nunca escucha mis consejos y siempre hace lo que le da la gana.	Adriana always goes against the grain, never listens to my advice and always does whatever she wants.

Made in the USA
Coppell, TX
03 June 2023

17639810R10193